KB137332

# 부동산 거래의 기술

Copyright ©2023, 임병혁

# 부동산 거래의 기술

부동산 거래에서 어떻게 원하는 것을 얻는가?

임병혁 지음

W미디어

# 머리말

일반적으로 사람이 살아가는 데 있어 기본이 되는 것으로 의衣−식食−주住를 들고 있다. 이들 3가지가 모두 중요하지만, 그 가운데 주거공간의 확보는 우리가 땀 흘려 열심히 일하고 난 뒤 달콤한 휴식을 위해서는 필수불가결하다. 퇴근 후 편안한 휴식을 위해 돌아갈 집이 있다는 것은 큰 행복이다. 어쩌면 집이 없는 사람들은 '내 집'을 마련하기 위해, 집이 있는 사람들은 '더 나은 내 집'을 갖기 위해 오늘도 힘찬 발걸음으로 집을 나서고 있다.

그런데 역설적으로 '부동산' 하면 일반인들은 일단 거부감부터 드는 것도 사실이다. 돈이 많은 사람들이 하는 투기, 운 좋게 살던 동네가 재개발부지에 들어간 사람들 혹은 유산으로 물려받은 땅이 신도시로 확정된 사람들… 그런 특별한 사람들의 영역이 부동산이라고 생각하는 사람들이 많다.

하지만 그것만이 전부는 아니다. 우리가 살고 있는 집이 바로 부동산이고, 월세를 살고 있다면 일 년에 한 번, 전세를 살고 있다면 2년에 한

번, 그리고 자신의 집이라면 형편에 따라 더 큰 집으로 이사 가고 싶어 하는 마음이 있으니 몇 년에 한 번은 부동산 거래를 해야 한다. 게다가 한 푼 두 푼 월급을 모아 목돈을 만드는 것은 여간 어려운 일이 아니기에 주식이다 부동산이다 남들은 재테크에 열심인데 가만히 있다가는 나만 뒤처지는 것 같아 안달한다.

그러나 조급한 마음에 행동만 앞설 뿐, 준비되지 않은 상태에서 뛰어든 재테크 현장은 말 그대로 전쟁터나 다름 아니다. 문제는 어설픈 지식은 자신감으로 이어져 나만은 절대 실패하지 않을 것 같은 망상에 빠져들게 만든다. 이런 근거 없는 자신감으로 상황을 잘못 판단해 부동산 거래를 하면서 큰 손해를 입기도 한다. 워낙 거래금액이 큰 데다 몇 년 아니 평생에 한두 번 거래할까 싶을 정도로 생소하기 때문이다. 게다가 내 집을 마련한다는 기쁨이 더해진다면 평온한 마음을 유지하기가 어려워진다. 하지만 그럴수록 우리는 더 차분한 마음으로 냉정함을 잃지 않아야 한다. 더 준비하고, 더 공부하고, 더 발품을 팔아야 한다.

그렇다면 부동산 거래에 있어 값은 어떻게 정해지는가? 빌라나 아파트 같은 공동주택은 시장에 내놓을 때 비교사례를 많이 적용한다. 즉 ○○동 ○○호가 얼마에 팔렸으니 그보다 더 좋거나 나쁘니 가격을 얼마에 내놓자고 대부분의 중개사들이 얘기한다. 부동산 소유자들도 이런 사실을 대충 알고 있다.

하지만 그런 가격에 만족하지 못하는 매도인들은 자신이 주장하는 가격에 대한 당위성을 밝히기 위해 자신만의 개별적인 요인을 부각시킨다. 전형적인 예로는 첫째, 집을 살 때 비싸게 주고 샀다. 둘째, 리모델링 비용을 많이 들였다. 셋째, 자신의 동, 층수가 가장 선호하는 곳이다.

넷째, 누군가 팔리지도 않을 금액에 내놓으면 그 금액을 곧잘 인용하는 사례 등이다.

이러한 개별적인 요인은 지극히 주관적이기에 현실에서는 조정되기 일쑤다. 그럼에도 부동산 거래에 있어 우리가 자신은 물론 상대의 말 한 마디에 정신을 집중해야 하는 것은 그것이 바로 돈과 직결되는 데다가, 결과에 대한 책임은 오롯이 자신에게 귀결되기 때문이다.

물론 대부분의 부동산 거래는 팔려는 사람과 사려는 사람 사이를 이어주는 중개사의 주도 아래 거래가 이루어진다. 전문가인 중개업자를 통하는 것이 가장 안전한 것은 사실이지만, 내 재산을 관리하고 사용하는데 무조건 중개업자만을 믿어서는 안 될 것이다. 사실 중개사는 일종의 서비스 업종으로 거래가 성사되어야 수수료를 받는 직업이다. 고객에게 조금 불이익이 떨어지더라도 일단 거래 성사가 목표라는 뜻이다. 그것이 우리가 더욱 집중해서 부동산 거래의 기술을 공부해야 하는 이유가 되겠다.

이 책에 담긴 부동산 거래 사례들을 보면 너무나 일상적이고, 누구나 겪을 수 있는 일들이라는 것을 알 수 있다. 정말 순간 판단에 따라 큰 손해를 입기도 하고, 큰 이득을 취하기도 한다. 그런데 손해는 홀로 오지 않고 엄청난 시련과 고통을 동반한다. 그런 잘못된 선택을 하지 않으려면 우리 스스로가 부단한 노력을 해야 한다. 이 책에 등장하는 다양한 부동산 거래 사례들은 공인중개사인 필자가 실무에서 20여 년간 경험한 내용을 선별해 생생하게 재현했다. 간접적으로나마 경험해보는 것도 부동산 거래에 있어 좋은 학습이 되겠다.

그렇다고 이 책에 부동산 거래에 관한 특별한 기술이 들어있다거나 거래 협상의 진수가 등장하는 것은 아니다. 하지만 우리 삶 가까이에서 너무나 자주 일어나는 거래 사례를 통해 부동산 거래의 기본을 알고, 그 바탕 위에서 어떤 사안을 접한다면 문제를 해결하기가 한결 쉬워지며, 거래 당사자들의 만족도를 높일 수 있겠다.

무엇보다 이 책은 결과보다 과정에 많은 비중을 두고 있으며, 그것을 극대화하기 위해 대화체의 문장 형식으로 이루어져 있어 바로 눈앞에서 드라마틱하게 펼쳐지는 듯하다. 현실에서 우리가 맞닥뜨리는 상황이 이와 똑같지는 않더라도 비슷한 유형의 상황은 언제든, 누구에게나 일어날 수 있다.

다만 본문에 등장하는 거래 사례들은 필자가 독자의 이해를 돕기 위해 실제의 거래 사례들에 약간의 픽션을 더하고 가공의 인물과 장소로 변형시켰으며 그럼에도 본질에서 벗어날 정도는 아니니, 설혹 사소한 오류가 있더라도 너그러운 마음으로 혜량 바란다. 아울러 면적 표기에 있어 미터법을 사용하고 있지만 기존 사용하던 평을 병행해 놓은 것은 독자들의 이해를 돕기 위한 현실적인 고충임을 밝힌다.

# 부동산 거래에서 어떻게 원하는 것을 얻는가?

서울 관악구 ○○동의 원룸을 보증금 2,000만원에 월 50만원으로 살다가 만기가 되어 이사를 할 예정인 20대 후반의 새내기 직장인 강혜원 씨. 주인아주머니에게 전화를 건다.

"아주머니, 이번에 새로운 직장을 얻게 되어 이사 나가야 해요. 다음 달이 만기니 보증금 빼주세요."

"그럼 알아서 부동산에 그 금액으로 내놔."

주인아주머니의 말에 따라 강혜원은 가까운 부동산을 방문해 자신이 사는 집을 월세로 내놓았다. 그로부터 일주일쯤 지났을 때, 저녁에 퇴근한 강혜원을 찾아온 주인아주머니가 말한다.

"계약됐어. 다음 달 3일이야. 그런데 복비는 아가씨가 내야 하는 것 알지?"

"만기가 돼서 나가는데 왜 제가 내야 해요?"

강혜원의 말에 주인아주머니의 표정이 금세 굳어진다.

"부동산은 세가 기본 2년이야."

"우린 1년 계약했잖아요?"

한참을 옥신각신하던 강혜원은 어머니뻘 되는 주인아주머니와 더 이상 다투기 싫어 체념해 버린다.

"알았어요. 제가 내드리죠."

시간이 흘러 이사하기 하루 전날, 주인아주머니가 노크한다.

"아가씨, 안에 있어?"

"예."

"내일이 이삿날인데 알지? 아가씨가 들어올 때 새로 한 깨끗한 도배 장판이었는데 저렇게 더럽게 되었으니 원상복구 해줘야지. 내가 할 때 40만원 들었는데, 내가 30만원 부담할 테니 아가씨는 10만원만 내."

"그것을 왜 제가 내요?"

주인아주머니의 표정이 굳어지며 버럭 화를 낸다.

"아니, 남들은 다 군말 없이 해놓고 가는데, 아가씨는 경우가 없구만."

당황스러워 아무말을 못하는 강혜원을 향해 주인아주머니는 더 큰 목소리로 소리친다.

"내가 보자 보자 하니까, 우리 딸 나이쯤 돼서 잘 봐주려고 했는데 안 되겠네. 조목조목 따져볼까? 벽에 못을 박아서 금이 가지 않았나, 가스레인지를 어떻게 사용했기에 벽에 그을음이 생겼지? 게다가 얼마나 험하게 사용했기에 씽크대 문짝이 덜렁거리고 말야. 저것 다 물어달라고 하면 어쩔 거야?"

강혜원은 주인아주머니의 고함과 모욕에 자기도 모르게 눈물이 흘렀다. 너무 억울해 잠시 밖으로 나와 남자친구에게 전화를 건다. 경상도 출신의 남자친구가 말한다.

"마, 그냥 줘라. 술 한 잔 옷 한 벌 안 사면 될 일인데…"

잠시 동안이지만 남자친구와의 통화가 위로가 되어 마음을 가라앉히고 강혜원은 다시 방 안으로 들어왔다. 아무 말도 없이 퉁퉁 부은 얼굴로 앉아 있는 강혜원을 보던 주인아주머니는 서북한 듯 헛기침을 한 번 하곤 입을 연다.

"아가씨가 착해서 이 정도만 받는 거야."

문을 열고 나가며 주인아주머니는 한마디 던지는 것을 잊지 않았다.

"쯧쯧, 요즘 젊은것들은 당췌 예의란 게 없다니까!"

다음날 이삿짐업체가 와서 이삿짐을 꾸리고 있는데 부동산으로 오라는 연락을 받은 강혜원. 그곳에는 들어올 세입자, 주인아주머니, 부동산업자가 잔금을 처리하고 있다. 그들 사이에 강혜원이 쭈뼛하게 서 있는 동안, 어느새 일이 끝났는지 주인아주머니가 말한다.

"보증금 2,000만원에서 이달 치 50만원 빼서 1,950만원 맞지? 잘 계산해봐."

어이가 없다. 이달 치 3일밖에 사용하지 않았는데 한 달 치를 공제한다니! 더 이상 얘기를 못하고 멍하니 쳐다보는 강혜원을 향해 주인아주머니가 말한다.

"새로 이사 가는 집에서는 나처럼 잘 해줄려나 모르겠어."

일말의 양심이나 도덕성은 물론, 일의 옳고 그름을 떠나 세월의 풍파를 헤쳐오며 닳을 대로 닳은 주인아주머니에게 사회생활을 갓 시작한 강혜원은 좋은 먹잇감일 수밖에 없었다. 자신이 목적한 바를 이룬 채 기분 좋게 걸어가는 주인아주머니의 뒷모습을 보면서 강혜원은 그저 넋이 빠진 모습으로 서 있을 뿐이다.

위의 사례에서 보듯이 가벼운 마음에서 하는 한 번의 작은 양보는 쉽게 더 큰 양보로 이어진다. 다른 거래 사례를 하나 보자.

임차인 이상범 씨는 현재 5,000만원에 낡은 빌라에 전세 살고 있고, 계약 만기일이 세 달 남았다. 그런데 집 주인 나철주 씨가 이 빌라를 전세 포함하여 1억5,000만원에 송시훈 씨에게 매각하기로 했다. 매각 시점의 전세가격은 7,000~8,000만원이다.

매도인 나철주와 매수인 송시훈 간의 매매계약 조건에서 잔금 때, 즉 임대차 만기 때 현재의 전세를 6,000만원으로 상향하는 조건으로 계약을 체결하기로 했다.

총 매매대금 1억5,000만원, 계약금 1,500만원, 중도금 4,500만원, 잔금 9,000만원

**특약 사항** 현재의 임차인 전세 보증금 6,000만원 인수 조건

나철주는 위의 내용으로 계약서를 작성한 후에, 임차인 이상범이 시세보다 낮은 6,000만원으로 전세 보증금을 올려줄지 아니면 이사 나갈 것인지를 확인한 다음 매매도장을 찍기 위해 이상범을 만난다.

이상범은 현 전세 시세보다 낮으니 이사를 나가기보다는 더 살면서 보증금 6,000만원에 맞추어 주겠다고 한다. 따라서 나철주와 송시훈은 위 내용대로 매매계약을 체결했다.

잔금 지급 일주인 전, 나철주가 새로운 임대차 계약서를 작성하기 위해 이상범의 집을 방문한다.

**나철주**  지난번 약속하신 대로 임대차 계약을 갱신하러 왔습니다.

**이상범**  아직 잔금을 치르지 않으셨죠? 곧 집이 넘어갈 텐데 새로운 계약서를 작성할 이유가 없죠. 잔금을 모두 치르시고 나면 새로운 주인과 계약하는 것이 맞는다고 생각합니다.

이 부분에서 이상범의 주장은 틀린 것이 아니다. 그의 말처럼 새로운 계약서를 작성해야 하는 것은 임대차 만기일까지다. 그렇게 일주일의 시간이 흘렀고, 나철주는 다시 이상범을 만나 임대차 만기일이니 약속한 계약서를 작성하자고 한다. 하지만 이상범은 이의를 제기한다.

**이상범**  새로운 집 주인과 계약서를 작성해야겠습니다. 지금 새로운 계약서를 작성해봤자 집 주인이 바뀌면 다시 작성해야 하지 않습니까? 번거롭게 뭐하러 그럽니까?

나철주로부터 이 말을 전해 들은 송시훈이 직접 이상범을 방문한다.

**이상범**  당신이 새로운 집 주인임을 증명할 수 있는 것을 보여주십시오.

**송시훈**  집 주인이 얘기 안 하던가요?

**이상범**  요즘 같은 때에 누굴 믿습니까? 당신이 집 주인이라면 등기부등본이라도 보여주십시오.

**송시훈**  오늘 잔금 처리할 것이니, 3일 후면 새로운 등기부등본이 나옵니다. 그렇게 못 믿겠다면 이 빌라를 거래한 부동산에서 확인서도 줄 수 있습니다.

**이상범**  안 됩니다. 새로운 등기부등본을 보여주지 않으면 새 임대차 계약서를 작성하지 않겠습니다.

기존 세입자의 전세금을 1,000만원 올려주기로 한 나철주는 결국 이상범의 비협조로 매매 잔금 9,000만원 가운데 기존 전세금(5,000만원)을 제한 4,000만원을 다 받지 못하고, 1,000만원은 현재의 세입자가 보증금 6,000만원으로 새로운 계약서를 작성할 때 받기로 하였다.

3일 후, 새로운 매수인 송시훈 앞으로 등기부등본이 나왔다. 송시훈은 이상범을 방문하여 보증금 6,000만원의 임대차 계약서를 작성하자고 한다. 이때는 이미 임대차 만기일이 지난 후였다. 하지만 이상범의 태도는 완전히 바뀌어 있었다.

**이상범**  지난번 주인과 보증금 5,000만원으로 묵시적 갱신이 되었습니다. 따라서 당신과 새로운 임대차 계약서를 작성해야 할 이유가 없지 않습니까?

기존 세입자가 묵시적 갱신이 되었다는 말을 새로운 매수인에게는 할 수 있는 말이다. 이를 번복할 수 있는 전 매도인은 이미 집을 팔았으니 현재의 세입자에게 묵시적 갱신이 아니라고 할 입장이 되지 못한다. 그는 이미 이 집을 매도하여 현재의 집과는 아무런 상관이 없는 사람이기 때문이다.

여기서 이상범이 언급한 '묵시적 갱신'에 대해 알아보자. 이것은 임대차 계약만료 전, 임대인이 계약해지 의사를 통보하지 않음으로써 임대차는 전 임대차와 동일한 조건으로 재임대한 것으로 보는 것이다. 임대차 분쟁 중 가장 많은 부분을 차지할 정도로 분쟁의 빈도수가 높은 만큼 임대인이라면 신경 써야 할 부분이다.

결국 이상범은 다시 2년을 5,000만원에 그대로 살게 되었으며, 나철주는 송시훈에게 이상범과의 계약이 만료되는 2년 후에야 나머지 1,000만원을 받을 수 있었다. 나철주와 송시훈의 속은 새까맣게 탔겠지만, 계약 상황을 적절히 잘 지켜보며 자신에게 유리하게 결론을 이끈 이상범의 계략이었다.

위의 사례에서 알 수 있듯이, 부동산 거래 협상에서 계약이나 합의도 중요하지만 그 이행이 충실히 이루어질 때까지 긴장의 끈을 늦추지 말아야 한다. 그리고 결이 조금 다른 케이스이긴 하지만, 아래 사례에서처럼 계약이나 합의에서 다 줘버리고 나면 마지막 이행완료 전에 나타나는 요구사항이 있을 때 사용할 카드가 남아있지 않게 된다. 마지막까지 히든카드 하나는 마련해둬야 한다.

단독주택에 월세를 살던 세입자가 월세가 연체되어 주인과 합의 하에 이사를 나가기로 했다. 만기 전에 나가는 세입자라 다른 사람에게 표현은 되지 않았지만 약간의 서운한 마음은 있었다고 본다. 하지만 돈이 없어 궁박한 자신의 처지를 서러워할 뿐 누구를 탓할 수도 없는 일 아닌가.

이사 당일, 나가는 세입자는 이미 짐을 다 꾸린 상태이고, 들어올 세입자도 거의 도착할 때쯤 문제가 생겼다. 집 주인과 기존의 세입자는 서로의 의견을 좁히지 못하고 부동산을 찾아와 서로 자신의 주장이 옳다고 우기며 중개사에게 냉정하게 판단해 달라고 했다. 두 사람의 분쟁 사유는 밀린 월세의 계산이 다르다는 점이다. 세입자의 주장은 이랬다.

"제가 지난 3월까지 월세를 제대로 냈다는 증인도 있어요. 그리고 기억력이 좋은 편이라 절대 실수하지도 않고요. 월세가 일이 만원도 아닌데 어려운 형편에 그 돈 나가는 것을 잊겠냐고요!"

세입자의 말에 주인도 지지 않고 받아친다.

"나는 떼부자라서 그 돈 받은 게 티가 안 날까봐? 내가 월세 받는 돈으로 생활비를 하는데 그걸 몰라? 올해 들어 한 번도 받은 적이 없어!"

"아줌마, 올해 연세가 어떻게 되시는지 모르세요? 하루에 열두 번도 더 물건 찾느라 정신이 없으신 분이 어떻게 그런 걸 기억한다고 우기세요?"

대화가 통하지 않아 답답한 나머지 세입자의 입에서 감정적인 언사가 튀어나오자 상대는 발끈한다.

"아니, 진희 엄마! 그렇게 안 봤는데 사람이 경우가 없네. 여기에서 내 건망증 얘기가 왜 나와?"

"기억력에 관한 문제니까 그렇지요! 잘 지내다가 나가는 날 이게 무슨 꼴이냐고요?"

"그러니까 일단 분쟁 금액을 중개업소에 맡겨 놓고 통장 입금자료를 확인하자는 거잖아."

"지금 주말이고, 당장 이사를 가야 하는데 언제 그 짓을 하고 있어요! 전 일단 이사 갈 집에 잔금을 치러야 하니까 보증금부터 주세요. 이 얘기는 이사 다 하고 나서 끝내요!"

"못 줘! 다 내주고 나서 진희 엄마가 틀린 거면 그 돈 돌려주겠어?"

"아니, 정말 보자 보자 하니 너무 하시네. 사람이 없이 산다고 도둑 취급하시는 거예요?"

"누가 도둑 취급했다는 거야? 경우가 그렇다는 얘기지!"

양 당사자의 의견이 너무나 팽팽해 어느 일방의 얘기를 들어줄 수도 없는 상황이다. 두 사람이 옥신각신하는 사이에 들어올 세입자가 전화를 연신 해댄다. 이사 들어가게 빨리 짐을 마저 빼달라는 것이다. 너무나 화가 난 세입자는 벌떡 일어서며 폭탄선언을 한다.

"몰라요. 그러면 나는 임대차 만기 전이니 내 짐 다시 올릴 거예요! 아줌마하고 들어올 사람하고 둘이 알아서 하세요!"

상황이 이쯤 되면 생각보다 문제가 복잡해진다. 나가는 세입자는 들어갈 집에 준 계약금을 날리니 가만히 있을 리 없고, 집 주인은 새로 들어올 세입자에게 계약위반에 몰리고, 게다가 들어올 세입자는 소송을 통해 주인에게 위약금을 청구하고… 연쇄 반응이 일어나는 것이다.

무엇보다 이미 저쪽 집에서 짐을 챙겨 이사 온 새로운 세입자는 이제 오갈 곳 없이 이삿짐을 안고 길거리에 미아가 되어버린다. 가까이에서 비슷한 금액에 바로 들어갈 집을 구한다는 것은 현실적으로 불가능한 일이다. 최악의 피해자가 생길 위기다.

무슨 뾰족한 수가 없어 이러지도 저러지도 못하고 있는 사이에 뭔가 생각난 듯 서류를 뒤적이던 중개사가 희색이 되어, 조금 전 화를 내고 돌아가버린 기존의 세입자에게 전화를 건다.

"사모님, 계약하실 때 써주신 명도각서 내용 알고 계십니까?"

"예? 그게 뭔데요?"

"오늘 비우지 않으면 주인아주머니께서 입는 손해, 들어올 사람이 입는 손해, 그 모든 손해배상을 보증금에서 바로 공제해도 좋다는 각서였습니다."

"예? 그런 내용이 있었어요? 말도 안 돼요!"

"그날 분명히 설명드렸습니다. 어쩌시겠습니까? 그래도 짐을 다시 올리시겠습니까?"

결국 기존의 세입자는 다시 부동산으로 돌아와 분쟁 금액은 중개사에게 보관하고 서로 이사부터 끝내는데 합의한다. 그리고 두 사람은 3일 후에 다시 만나 분쟁 금액에 대한 합의를 보았다.

제대로 된 증빙 자료가 없었던 이 합의에서 기존의 세입자 입지는 크게 약해져 있었다. 이미 짐을 뺀 후여서 주인을 압박할 카드가 없었기 때문이다. 세입자가 명도각서에 서명을 할 때 '만약의 사태'에 대한 주의가 조금만 있었다면 절대 그대로 사인하지는 않았을 것이다. 그랬다면 이사 당일에 궁지에 몰린 주인이 양보했을 가능성이 커지고, 기존의 세입자는 조금은 더 유리한 합의점을 이루어낼 수 있었을 터였다.

## 계약서 도장 찍기 전에 조심하라

우리가 의식하든 의식하지 못하든 부동산을 거래할 때 있어 자주 사용되는 전술들이 있다. 누구하나 딱 부러지게 설명해주지 않기에 알아차리지 못할 뿐이지만, 그걸 이해해야만 상대가 어떠한 전술을 사용하는지 알아차리고 적절히 대처할 수 있다. 다음에 소개하는 전술들은 실무에서 흔히 접할 수 있는 일반적인 거래 형태이다.

거래 협상 초반에야 약간의 실수를 하더라도 중간 또는 마지막 단계로 넘어가면서 자신의 실수를 회복할 수 있지만, 막판 단계에서의 실수는 되돌리기 어렵다. 그리고 상대와의 신뢰 관계도 문제가 될 수 있다. 따라서 부동산 거래를 위한 협상 막판에 결정을 내리고 도장을 찍어야 하는 순간이 다가올 때는 상대가 아래의 전술을 구사하지 않는지 정신을 바짝 차려야 한다.

### 1) 1/2 전략

쉽게 말해 반반씩 양보라고도 한다. 대부분의 막판 협상에서 거의 사용되고 있다. 이 1/2 전략이 부동산 거래에서 유독 많이 사용되고 있는데, 이는 특별한 이유가 있다. 부동산 거래에서는 대부분 당사자 둘만의 거래가 아닌 중개사라는 제3의 인물이 개입되어 막판 협상을 조율하게 된다.

이 제3자의 역할은 매도자와 매수자가 거래를 체결하게 하는 것으로, 그 계약이 체결되어야만 자신의 수수료가 나온다. 만일 중개사가 어느 일방에서만 중개 수수료를 받는 구조라면 1/2 전략이 사용되는 빈도수는 현저히 줄어들 것이다. 따라서 부동산 거래 현장에서는 항상 아래 내용을 숙지하고 있어야 한다.

첫째, 중개사의 역할은 거래의 체결이다. 어느 누군가의 일방적인 편을 들면서 시간을 끄는 것보다 빠른 결정으로 상황을 만들어 거래를 완료시키려 한다. 어느 일방의 입장을 유리하게 상황을 만든다고 수익에 변화가 있지는 않다. 만일 매도인에게 높은 금액을 받게 만들어주면 그만큼 수익이 많아진다거나 낮게 팔았다고 수수료가 없는 것도 아니다. 따라서 부동산 시장에서 중개사의 역할은 적당한 선에서 매도인과 매수인의 합의를 이끌어내 거래를 성사시켜야 자신의 수수료가 발생한다.

둘째, 누구나 1/2씩 양보를 공평한 양보라고 관습화되어 왔다. 중개사의 입장에서는 공평성의 입장을 내세울 수밖에 없는 거래상의 위치에 있다.

하지만 이 1/2 전략은 마지막 순간 사소한 이견 차이에서만 사용해야 한다. 다음에 소개하는 사례는 1/2씩 양보를 무원칙하게 사용하여 거래에 실패한 케이스이다.

사무실 330m$^2$(100평)을 보증금 5,000만원에 월 350만원 선에서 찾으려고 하는 임차인에게 보증금 1억원에 월 1,000만원짜리를 보여준다. 이때 의도는 그 중간선인 보증금 5,000만원에 월 750만원 선에서 절충시켜 보자는 의도였다. 중개사는 임차인에게 건물을 보여준 후 임대인을 찾아간다.

**중개사**  보증금 5,000만원에 월 350만원 정도를 원하는 사람이 사무실을 찾고 있어서 사장님의 건물을 보여주었습니다. 마음에는 들어 하는데 월세가 좀 부담스럽다는군요. 조정이 가능하겠습니까?( 당시 건물주의 건물이 5개 층 가운데 4개 층이 공실인 상태였다)

**임대인**  그래요? 어떤 업종입니까?

**중개사**  글쎄요. 아직 그것까지는 물어보지 못했습니다. 업종에 따라 조건이 달라질 수 있나요?

**임대인**  그건 아닙니다만, 꼭 하실 분이라면 보증금 1억원에 월 850만원 정도는 조정 가능합니다.

**중개사** 건물주가 보증금 1억원에 월 900만원까지는 해드릴 수 있다고 하는군요. 당신도 어느 정도 현실적인 금액만큼 지불할 의사가 있으면 더 깎아보겠습니다. 어느 정도까지 월세를 더 지불할 수 있습니까?

**임차인** 건물이 마음에 들어 월 550만원까지는 부담해도 될 것 같습니다.

**중개사** 임차인이 보증금 5,000만원에 월 500만원까지는 해보겠지만 월 850만원은 부담스러워하는군요. 월 750만원까지 의향을 떠보는 건 어떨까요? 공실로 두는 것보다는 낫지 않겠습니까?

**임대인** 너무 무리입니다. 당신 말대로 공실보다는 채우는 게 낫지만 후에 다른 층들과 형평성을 맞추어야 하고, 예전에 그 사무실이 보증금 1억원에 월 1,000만원에 있었습니다. 따라서 너무 무리한 DC는 어렵고, 그럼 보증금 1억원에서 5,000만원으로 하고 월 800만원까지 해드리겠습니다.

**중개사** 임대인이 보증금 5,000만원에 월 850만원까지는 해드릴 수 있다는군요. 지금껏 이렇게 낮은 금액으로 해준 적이 없는데, 일종의 특혜입니다. 좋은 사무실 위치인 것 확인하지 않았습니까? 놓치지 말고 잡읍시다.

**임차인** 위치가 좋은 것은 인정합니다. 그리고 월 850만원이면 다른 곳보다 비싸지 않은 것도 인정합니다. 하지만 저희 마지노선은 월 700만원입니다. 공사도 해야 하니 당연히 보증금은 5,000만원이어야 하구요.

**중개사** 보증금 5,000만원에 월 700만원이라… 어렵겠는데요. 하지만 한 번 해봅시다.

중개사가 노력한 덕분에 보증금 1억원에 월 1,000만원의 임대사무실과 보증금 5,000만원에 월 350만원을 예상한 임차인과의 차이가 1/2 전략만으로 이제 임대인이 제시한 보증금 5,000만원에 월 800만원과 임차인이 요구한 보증금 5,000만원에 월 700만원의 근소한 차이로 좁혀질 수 있었다.

하지만 마지막으로 양 당사자를 불러 보증금 5,000만원에 월 750만원으로 조율하려 했으나 합의를 이끌지 못하고 거래는 무산되었다. 처음부터 마지막 순간까지 일관되게 반반 전략을 구사하였던 것이 상대에게 노출되었던 것이다. 반반 전략은 마지막 순간에 단 한 번 사용해야 효과가 있음을 잊었던 것이다.

## 2) 경쟁의 법칙

경쟁의 법칙은 막판 흥정 단계에서 확실한 결정을 하지 못하며 주저하거나 아주 작은 금액이라도 DC를 요구해오는 상대에게 사용이 적합하다. 기본원리는 상대가 그다지 크지 않은 금액 때문에 시간을 끌면 다른 사람에게 물건이 팔릴 수도 있다. 즉 잃을 수도 있는 상황을 연출하면 상대의 결정이 빨라진다. 일례를 보자.

서울 중랑구 ○○동의 밭을 매매하면서 매도자는 6억원을 받아야 한다며 초지일관으로 한 푼도 깎아줄 마음이 없는데, 매수인은 5,000만원만 깎아달라고 하다가 다음 주가 되니 3,000만원, 그리고 나중에는 1,000만원만 깎아달라고 한다.

이때 중개사는 매도인과 매수인 간의 차이가 1,000만원 정도이니 매도인을 잘 설득하면 그 금액으로 내려갈 수 있다고 판단했지만 설득이 먹혀들지 않는다. 매수인이 5,000만원, 3,000만원, 1,000만원으로 계속 근접해오고 있는 것을 보며 매도인은 더욱 배짱을 부린다.

"안 사고는 안 될 걸."

그런데 매수인도 이 1,000만원 때문에 더 이상 추가적인 접촉을 않고 있다. 둘 다 일종의 신경전을 벌이고 있는 것이다. 이 물건은 흐름상 누가 봐도 매수인이 살 수밖에 없는 상황인 것처럼 보인다. 이를 간파한 중개사는 매도인을 설득하는 것을 포기하고, 매수인에게 말했다.

"다른 부동산에서 그 물건을 팔려고 손님들에게 보여 주고 있습니다."

어찌 되었을 것 같은가? 그 말을 들은 매수인은 당장 매도인을 부동산으로 오라고 하여 계약을 체결하자고 한다. 거짓인 줄 알면서도 당할 수밖에 없는 전술이다.

우리는 부동산 거래 현장에서 아래의 내용을 접하는 순간, 상대가 경쟁의 법칙을 사용하고 있다는 것을 알아차려야 한다.

- "다른 사람이 방금 보고 갔습니다. 곧 계약할 듯합니다. 그러나 아직 계약은 안 되었으니 그래도 한 번 보실까요?"
- 기획부동산에서 현장에 갈 때 꼭 동승자를 태운다. 대부분 고용된 바람잡이이다.
- 부동산 경매에서 자주 들을 수 있는 말. "이 물건을 보고 간 사람이 많습니다. 낙찰가율이 높을 것 같습니다. 높게 써야 할 것 같습니다."
- 매수인이 장고 중일 때 그가 앉아있는 부동산으로 다른 매수인이 그 물건을 사겠다고 전화가 올 때(진짜 매수인인지 장고 중인 매수인은 모른다). 그와 반대로,

매도인이 장고 중일 때 그가 앉아있는 부동산으로 사기로 마음먹고 흥정하던 매수인이 안 되면 다른 물건으로 찾아달라는 전화가 올 때(진짜 매수인의 전화인지 장고 중인 매도인은 모른다)

### 3) 제안 후 침묵

일반적으로 침묵 상태에 익숙한 사람은 별로 없다. 집에 혼자 있다면 분명 TV를 켜놓거나 음악을 틀어 놓는다. 실제 TV를 보고 싶거나 노래를 듣고 싶어서가 아니라 침묵을 깨기 위해서이다. 우리는 침묵 상태에 처해 있을 때 불안감을 느낀다. 그런 불안을 해소하기 위하여 침묵을 깬다.

누군가 당신에게 어떤 제안을 한 후 침묵을 지킬 때는 고수, 약간의 침묵 후 부연설명을 하는 사람은 중수, 장황하게 설명을 이어가면 하수로 봐도 된다.

A 이 제안을 수락하시겠습니까?(침묵 일관)

B …

A 이 제안을 수락하시겠습니까? 물론 부담스러워한다는 것은 압니다.(침묵)

B …

A 이 제안을 수락하시겠습니까? 물론 부담스러워한다는 것은 압니다. 하지만 이 제안을 수락하는 것이 당신에게 유리하다고 봅니다 그 이유는…

B …

## 4) 희소성의 법칙

당신의 의사는 안중에도 없이 당신의 선택권을 철저하게 박탈해가는 심리적 충동을 희소성의 법칙이라고 한다. 이때 ① 한정된 자원을 ② 남보다 먼저 가시기 위해 ③ 선택하지 않으면 타인에게 그 가질 수 있는 기회를 놓칠 수 있기 때문에 ④ 빠른 결정을 해야 한다.

부동산업계에서는 예전보다 이런 현상이 더 심해졌다. 불과 십여 년 전만 해도 부동산중개소가 적은 탓에 한 부동산에서 보유한 매물이 많아 희소성의 법칙을 적용하기 어려웠지만, 요즘은 한 집 건너 중개사무소이다. 이 늘어난 중개사무소 숫자만큼 각 부동산중개소에서 가지는 부동산 매물의 양은 비례하여 줄어들게 되는 것이다. 즉 소비자에게 보여주는 매물의 양은 예전이나 지금이나 큰 차이가 없지만, 중개사무소 입장에서는 매물 자원이 한정되어진다. 따라서 각 중개사무소 입장에서는 매물의 희소가치가 높아진다. 이 중개사무소의 입장이 여과 없이 매수자에게 그대로 전가되는 것이다.

부동산중개소를 방문했을 때, 아래의 내용을 듣는 순간 상대가 희소성의 법칙을 사용하고 있다는 것을 알아차려야 한다.

- "매물이 없습니다. 마침 딱 한 개 나온 게 있는데 보실까요? 나갔는지 확인은 해봐야겠지만…"
- "강남권 투자자들이 싹쓸이해가서 매물이 씨가 말랐습니다. 마침 한 개가 남아있는데…"
- 부동산 경매에서 흔히 들을 수 있는 말. "이 물건을 보고 간 사람이 많습니다. 낙찰가율이 높을 것 같습니다. 높게 써야 할 것 같습니다."

## 5) 마감 시한 설정

TV 홈쇼핑을 보면 쇼 호스트의 마지막 멘트와 경쾌한 리듬이 나오면서 시청자를 급박하게 몰고 간다.

"주문 전화가 폭주하고 있습니다. 남은 시간 8분! 딱 8분 이내에 주문한 물량만 받겠습니다. 지금 선택하십시오."

구경만 하는 입장에서 살까말까 망설인 당신이라면 이제 선택할 수 있는 시간은 8분뿐이다. 그리고 화면에는 어김없이 들려오는 째깍째깍 시계소리와 시계 초침이 보인다. 그 8분 동안은 분명 당신에게 선택할 수 있는 기회가 있지만, 그 시간이 지나면 당신의 선택권은 사라진다. 결정을 하려면 빨리 하라고 독촉하고 있다. 바로 마감 시한 설정인 것이다.

그와 똑같은 상황은 부동산 거래 현장에서도 볼 수 있다.

- "조금 전에 다른 아주머니가 보고 갔습니다. 만족해하며 4시에 남편과 와서 계약하겠답니다. 지금이 2시니까 아직 기회는 있습니다. 어쩌시겠습니까? 하시려면 지금 계약하셔야 하는데…"

지극히 상술적인 표현임을 알고 있더라도 당할 수밖에 없다. 그 이유는 중개사가 말하는 내용에서 "만일 진실이라면"이라는 생각을 할 수밖에 없기 때문이다. 지금 현재 자신이 먼저 계약을 체결할 수 있는 권리를 중개사가 제시하였는데, 그것도 4시까지는 먼저 보고 간 사람보다 한 발 앞서는 기회를 놓치고 싶지는 않다. 남보다 한 발 앞서 가져갈 수 있는 기회, 그 기회는 뿌리칠 수 없는 유혹이다.

유혹은 감성적인 것이다. 충분히 생각하고 사고하는 이성이 아니기에 행동이 빨라질 수밖에 없다.

- "물건이 다 나가고 회사 보유분이 마침 한 개 있습니다. 선착순 매매입니다. 예약자 순서대로 드려야 하는데, 꼭 필요하시면 제가 재량껏 드리겠습니다."
- "이번 손님한테 팔지 않으면 곧 경매 처분될 수도 있습니다."

### 6) 종결을 가장한 계약

일반적으로 실제 합의가 되지 않은 상태에서 어느 일방이 약속을 잡은 것에 대해서는 당연히 거절할 권리가 있다. 하지만 거절할 순간에 거절을 못하거나 두 번 이상의 거절은 쉽지 않다.

누군가와 약속을 하면 지켜야 한다는 것을 우리는 태어나면서부터 죽을 때까지 듣고 실행한다. 그러하지 못한 사람들을 보고 신뢰가 없는 사람이라고 평가한다. 결국 다른 사람에게 거절을 하는 것은 우리 정서에 맞지 않고, 이 정서를 교묘하게 파고드는 방법이라고 해석하면 되겠다.

전셋집을 보고 있는 임차인에게 중개사가 질문 공세를 편다. 아래의 내용을 듣는 순간, 상대가 종결을 가장한 전략을 사용하고 있다는 사실을 알아차려야 한다.

- "애들 방은 이쪽으로 하면 좋겠군요. 어떠세요?"
- "가구는 어디다 배치할 것인가요?"
- "이사 들어올 날짜는 언제로 할 예정인가요?"

중개사가 집요하게 던져오는 질문에 집을 구하려는 사람은 답변을 할 수밖에 없다. 중개사가 계약하자는 소리를 하는 것이 아니라, 가구를 어디다 둘 것이며 애들 방은 어디로 할 것인가 하는 사소한 얘기이기에 답변을 해줄 수밖에 없다. 그러고 나서 계약을 하지 않는다고 답변을 하는 것은 기존의 가구 배치나 애들 방 등의 선정에 대한 번복사항이다. 거절하기가 마음이 편하지 않다.

- "그 정도의 금액 차이는 말로 하면 안 되니 현찰을 찾아와서 돈을 보여주면서 주인의 마음을 흔들어 봅시다."

매수인이 돈을 찾아가지고 왔다면 계약서에 도장만 찍지 않았지 이미 이행에 착수한 상태이다. 일정한 요구 수준까지 못 갔더라도 이미 돈을 찾아온 매수인은 구매신호를 보낸 것이므로 적어도 매수인 측에서 사지 않겠다는 의사표시는 자신이 돈을 찾아온 행위와는 반대되는 상황이다. 즉 약속의 위반 상태이다. 따라서 그런 모습을 보여주기 싫어하는 심리 때문에 계약으로 갈 확률이 높다.

- 계약서에 금액을 미리 기재한다. 어느 일방이 반대를 해오면 그 자리에서 찢고 다시 새로운 계약서를 작성한다.

필자의 고객 중에 부동산 투자를 전문으로 하는 100억대의 갑부가 있다. 그는 늘 부동산을 사러 갈 때 이 수법을 사용하며, 필자에게 계약서를 4~5장을 꼭 챙겨 달라고 부탁한다. 그가 주문하는 것은 이런 방식이다. 매도자가 10억원을, 매수자가 8억원을 요구하는 상태에서 적당한 분위기가 형성되면 8억5,000만원 정도에 계약서를 미리 작성하라는 것이다. 매도인이 말도 안 되는 소리라고 하면 그 자리에서 찢어버리고는 다시 흥정하면서 8억7,000만원 정도의 계약서를 작성한다. 매도인이 또 다시 화를 내면 다시 흥정에 들어가 적당한 타이밍에 8억8,000만원의 계약서를 작성한다. 결국 매도인은 세 번까지 화를 내지는 못하고 수락한다. 앞에서 이야기한 1/2 전략의 변형 형태이다.

제1장

# 목표는 무엇인가

# 목표는 전술을 결정한다

당신이 주택을 구입하면서 급매물을 찾는다고 하자. 그러면 당신의 최종목표는 비교 가능한 다른 주택보다 싸게 구입하는 것이다. 상대방의 태도나 관계는 차선이다. 따라서 싸게 구입할 수 있는 방법을 모색해야 한다. 이 방법이 전술이다.

또는 당신이 집을 급히 팔아야 하는 매도자의 입장이 될 수도 있다. 이때 당신은 급매물인 것을 상대에게 알려서는 안 된다. 당신의 사정이 급하다는 것을 알면 상대는 좀 더 가격을 낮추려 할 것이고, 시간이 촉박한 당신은 결국 원하던 값보다 훨씬 낮은 가격에 집을 팔게 될지도 모른다.

부동산 거래에 있어 협상은 살 때는 시세보다 싸게, 팔 때는 시세보다 높게 받기 위해 하는 것임을 명심해야 한다. 이때 상대방의 기분이나 관계에 연연해서는 안 된다. 내가 정에 이끌린다고 해서 상대도 그렇다는 보장은 없다. 아니, 당신이 '좋은 게 좋다'라는 생각을 할수록 상대는 그 점을 이용해 더욱 당신에게 불리한 조건을 달 것이다. 아래에 소개하는 매도인과 매수인 입장에서 본 사례를 보면 그 차이를 확실하게 느끼게 된다.

노후 빌라 단지에 재건축추진위원회가 형성되면 가격이 급등한다. 이때 매도인은 계약금의 배액을 주더라도 해약하려 하고, 매수인은 중도금 날짜가 되지 않았지만 매도인이 계약을 일방적으로 해지하지 못하게 하기 위해 미리 매도인의 통장으로 중도금을 송금하기도 한다. 중개사를 통해 두 사람의 대화를 들어보자.

**① 매수인과 중개사의 대화**

**매수인** 예? 중도금 날짜가 아직 한참이나 남아있는데 중도금을 당장 송금하라니요?

**중개사** 며칠 전에 그 빌라에 재건축추진위원회가 결성됐답니다. 지금 하루가 다르게 값이 오르고 있으니 아마 저쪽에서 계약 해지를 하자고 들 겁니다.

**매수인** 그게 말이 됩니까? 계약서 다 쓰고 계약금까지 줬는데?

**중개사** 위약금을 물더라도 남는 장사니까요. 저쪽에서 먼저 움직이기 전에 송금하셔야 일방적인 해지를 하지 못할 겁니다.

**매수인** 알겠습니다. 당장 은행에 다녀올 테니 집 주인에게 연락해주세요.

**중개사** 서두르세요.

**② 매도인과 중개사의 대화**

**중개사** 매수인에게 계약금의 배액만 주면 해약이 가능합니다. 위약금을 물더라도 그게 훨씬 이득이 됩니다.

**매도인**  그렇지만 계약서에 사인하고 계약금까지 받았는데… 매수인이 어떻게
생각할까요?

**중개사**  그쪽이 어떻게 생각하든 그걸 걱정하실 때가 아닙니다. 재건축한다는
소문이 돌자마자 집값이 얼마나 뛰었는지 아십니까? 지금 파시면 평생
을 후회하실 겁니다.

**매도인**  그, 그런가요?

**중개사**  그쪽도 좀 억울하긴 하겠지만 계약한 지 얼마 안 되어 계약금의 배를
받는데 큰 불만은 없을 겁니다. 그쪽도 남는 장사 아닙니까?

이 두 대화를 보고 당신은 무엇을 느꼈는가? 양쪽 모두 자신의 이익
을 우선하기 위해 서로 간에 맺었던 계약을 무효로 만드는 데 주저함이
없다. 물론 중개사들의 관여가 있어 서로 망설이는 듯 보이지만, 자신이
손가락질을 받을지도 모르는 상황에서 잠시 주춤하는 척할 뿐이다. 만
약 위의 두 중개사가 반대의 입장으로 계약을 지키라고 두 사람에게 말
했다면 두 사람은 가차 없이 중개사를 배제하고 자신의 이익을 위해 움
직였을 것이다.

부동산 매매계약서를 쓰고 계약금까지 건넨 뒤에 일어난 이 사례에서
누가 먼저 정보를 취득했느냐에 따라 그 승패가 좌우된다. 먼저 정보를
얻은 사람의 행동이 빠를 테니 말이다.

# 목표 이상을 요구하라

부동산 거래 협상을 하면서 상대에게 기대 이상으로 요구를 해보라. 그러면 당신은 적어도 다음과 같은 실익이 있을 것이다.

**첫째, 당신이 적게 요구했을 때보다는 분명히 많이 얻는다**

토지를 거래하면서 중개업자 공지만 씨는 매수인 김선달 사장에게 중개수수료 1,000만원을 요구하려다 깎을 것에 대비하여 1,800만원을 요구하였다. 통상적으로 중개 대상 부동산이 6억원이 초과되는 주택 이외의 부동산 중개수수료는 0.9% 범위 이내에서 매수인과 중개업자 간의 상호협의에 따른다. 따라서 매수인은 통상적인 0.5%를 생각하고, 중개업자는 0.9%를 생각하기 마련이다.

매매계약 체결 후, 잔금지급이 끝나면서 중개수수료를 받아야 하는 공지만과 김선달의 대화를 보자.

**공지만**   1,800만원으로 약속하지 않으셨습니까?

**김선달**   아니, 무슨 뜬금없는 소리야? 난 당연히 0.5% 생각해서 1,000만원으로 알고 있는데. 알아보니 0.5%만 줘도 많이 주는 거라던데.

**공지만** 도대체 누가 그런 말을 합니까? 그럼 애당초 그렇게 얘기하시지 지금 와서 이러시면 어떡합니까?

**김선달** 그땐 별 생각 없이 0.5%인 1,000만원인 줄 알았지. 어쨌든 그렇게 많이는 못 줘.

**공지만** 김 사장님, 이런 분인 줄 몰랐는데 정말 섭섭합니다.

**김선달** 알았어. 이번에 공 사장이 고생한 면도 있으니 까짓거 300만원 얹어줄게.

**공지만** 1,000만원에 300만원 더 챙겨 주는 게 아니라 1,800만원 약속하시고 500만원 빼시는 것 아닙니까?

**김선달** 이 사람! 빡빡하게 굴지 말게나. 나도 1,000만원 생각했다 300만원 더 나가서 속이 쓰리다니까. 우리가 이번만 거래하고 말 사이인가? 다음 번엔 제대로 계산해줄 테니까 기분 풀어.

**공지만** 나 참! 김 사장님한테는 어쩔 수 없다니까요. 알겠습니다. 그렇게 알고 계셨다니 할 말이 없네요.

**김선달** 하하하… 역시 젊은 사람이라 화끈하다니까. 어디 가서 한잔하지. 내가 오늘 500만원 잊을 때까지 확실하게 쏠 테니.


공지만은 분명 김선달이 중개수수료를 1,000만원 이상은 생각지 않고 있다는 사실을 알고 있었다. 하지만 돈독한 관계를 위한다는 명목으로 처음부터 공지만이 1,000만원을 요구했다면 어떻게 되었을까? 김선달은 분명 1,000만원에서 100-200만원 정도는 깎으려 들었을 것이다.

사람들은 정찰제가 아닌 이상 모든 가격을 깎으려 든다. 그리고 아무리 법정 중개수수료 운운해도 중개사가 요구하는 최고치인 0.9%를 다 주려고 하지 않는다. 0.1%만 깎아도 수백만원이 오고 가기 때문에 부동산 거래에 있어 수수료율은 늘 분쟁의 대상이자 협상의 대상이 되고 있다.

위의 사례에서 공지만이 부른 최고 금액은 서로의 신뢰를 깨뜨리는 터무니없는 금액이 아닌 법적으로 보장된 최고치인 거래금액의 0.9%를 요구함으로써 일단 자신이 양보를 해줄 수 있는 위치를 확보하게 되었다. 그리고 적정선을 상대와 타협하면서 양보를 해준다. 이 양보로 인하여 매수인은 수수료를 깎았다는 만족감을 갖게 되고, 공지만은 실리를 얻게 된다.

**둘째, 타협 범위가 넓어야 합의에 이르기 쉽다**

경매낙찰 후 가장 골치 아픈 문제는 집을 잃게 된 채무자나 점유자를 내보내는 일이다. 당당히 경매에서 낙찰받았지만 전세금을 날린 세입자가 살고 있는 경우에 그들을 내보내기는 생각처럼 쉽지 않다. 그들은 분명 피해자이고, 하루아침에 살던 집에서 쫓겨나게 된 사람들이다. 악에 받쳐 나가지 않으려 버티는 건 어쩌면 당연한 일일 수 있다. 하지만 동정심에 흔들려선 그 집을 차지할 수 없게 된다. 안 됐지만 그들은 나가야 할 사람들이고, 나는 정당한 집 주인이다.

이제 세입자와 이사비를 협상하기 위해 경매로 낙찰받은 집을 찾는다. 사실 이사비는 법적으로 정해져 있는 것은 아니다. 그들이 나가지 않겠다고 버틸 때 법원에 강제집행을 신청하면 오히려 쉬울 수 있다. 하지만 강제집행 역시 이사합의금 정도의 집행비용이 들고, 일정 기간의 시간도 소요되므로 가급적 합의 하에 내보내는 것이 양쪽 모두에게 이익이다.

이사합의금은 대부분 집행비용 수준에서 결정된다. 점유자가 500만원을 요구하는데 낙찰자가 200만원을 제시하면 타협의 범위는 200만원에서 500만원 사이가 된다. 하지만 200만원을 생각한 낙찰자가 50만원을 제시한다면 타협의 범위는 50만원에서 500만원 사이로 그 폭이 엄청 넓어진다. 원래 생각한 200만원 한도까지는 아직 150만원의 양보 여력이 남아있다. 벼랑 끝에 몰린 상대이지만 그 폭만큼 상대의 형편을 고려한 협상에 임할 수 있다.

**셋째, 양보를 얻어내기가 쉽다**

친구 이유돈 씨에게 급히 200만원을 빌리려는 전차남 씨. 두 사람의 대화를 보자.

**전차남**  난데, 급한 일이 있어서 그러니 지금 2,000만원만 빌려줘. 이틀 후에 돈이 나올 곳이 있으니 염려 말고.

**이유돈**  지금 당장은 그렇게 큰돈이 없는데, 아내와 상의도 해봐야 하고…

**전차남**  큰돈은 없다고? 그럼 재수 씨에게 허락 구하지 않고 당장 빌려줄 돈이 1,500만원 정도는 안 될까? 이틀만 사용하면 되는데.

**이유돈**  그만큼은 없고, 한 200만원밖에 없는데.

**전차남**  그것밖에 안 되겠나?

**이유돈**  미안하네. 그게 전부야.

**전차남**  어쩔 수 없지. 그것이라도 좀 빌려주게. 지금 어디야? 바로 갈게!

전차남은 성공적으로 자신이 원했던 200만원을 빌렸다. 친구 이유돈은 거금 2,000만원에서 200만원으로 줄어든 것에 감사할 따름이다. 만약 전차남이 처음부터 200만원을 부탁했다면 그는 돈을 빌리지 못했을 가능성이 크다.

우리는 가까운 사이일수록 돈 거래를 하지 말라는 말을 들으며 자라왔다. 돈 때문에 정말 친했던 두 사람이 멀어지는 모습을 주변에서, 혹은 본인이 겪으며 살고 있다. 때문에 친구가 돈을 빌려달라는 말을 하는 것 자체가 스트레스로 다가온다. 상대편의 입에서 돈 이야기가 나오는 순간부터 거절할 방법을 모색한다. 위의 경우는 처음부터 너무 큰 액수를 불렀기 때문에 거절할 구실이 생겼지만, 그와 함께 거절한다는 미안함에 그보다 훨씬 작은 액수는 빌려줄 수 있다는 마음이 생긴 것이다.

이 방법은 누가 가르쳐 주지 않았는데도 의외로 많은 사람들이 돈을 빌릴 때 써먹고 있다. 여기에 이 사례를 소개한 것은 당신이 이 방법으로 친구에게 돈을 빌리라는 뜻이 아니라, 이 방법에 속아 큰돈을 덥석 빌려주는 실수를 범하지 말기를 바라는 마음에서이다.

# 계획은 구체적이어야 한다

목표가 설정되면 구체적인 실행계획을 세우게 된다. 경험에 의존하는 형태는 계획보다는 순간순간 상대가 나오는 반응에 따라 전략을 구사할 수 있다. 만약 상황을 주도하지 못하고 상대의 반응이 주가 되고, 그 역작용으로 당신이 반응해야 할 때는 많은 지식과 순간 대처 능력을 필요로 한다. 이런 순간적인 대처 능력을 향상하기 위하여 우리가 문제해결을 위해 무엇을 해야 할지 A4용지에 아래의 다섯 가지 제목을 달고 한번 기술해보라. 명확한 답은 얻을 수 없더라도 문제해결의 실마리는 얻을 수 있다고 본다.

| 인 | 목 | 준 | 상 | 대 |
|---|---|---|---|---|
| 인식 | 목표 | 준비 | 상대 분석 | 대안 |

첫째, 무엇이 문제인가?(인식)

둘째, 내가 얻고자 하는 목표는 무엇인가?(목표)

셋째, 목표를 이루기 위해 무엇을 준비하고 있는가?(준비)

넷째, 상대의 예상되는 반응은 어떠한가?(상대 분석)

다섯째, 목표를 이루지 못했을 때 내가 취할 대안은 무엇인가?(대안)

첫머리 글자만 적은 이유는 문제에 맞닥뜨렸을 때 자동적으로 위의 내용이 떠오른다면 순간 대처 능력이 빨라질 수 있으며, 문제가 장기화되거나 더 크게 번지는 것을 사전에 막을 수 있을 것이라는 마음에서이다. 실무에서의 예를 살펴보자.

전세 임대차 만기가 되었는데 보증금 반환을 하지 않는 임대인과 임차인 간의 문제를 풀어갈 때, 임차인 입장에서 위의 내용대로 움직여보자.

① **문제가 무엇인가?** : 집 주인이 보증금 반환을 안 하는 것인가, 못 하는 것인가?

② **나 자신이 원하는 해결 방안이 무엇인가를 생각한다** : 약정기일 내의 원만한 보증금 반환이 그 목표로 설정된다.

③ **어떻게 목적을 이룰 것인가 생각해 그 방법을 준비한다** : 내용증명으로 수차례 독촉하는 한편, 증거자료 확보 및 소송을 대비한 당사자의 연락처와 거소를 확인하는 등 필요한 방법은 모두 동원할 준비를 한다.

④ **집 주인의 태도가 어떤가를 파악한다** : 무작정 '법대로 하라'인가, 아니면 '기다려 달라'며 차일피일 미루고 있는가? 이 경우는 그나마 집 주인이 관심을 보이고 있지만, 극단적으로는 아예 연락을 차단하고 잠적해 버리기까지 한다. 상대의 태도에 따라 행동 방법이 달라지므로 정확한 분석이 필요하다.

⑤ **끝까지 모르쇠로 일관하는 집 주인을 상대로 원하는 날짜에 어떻게 보증금을 받아낼지 충분히 생각해야 한다** : 최후의 경우 법적인 조치를 취해야 하므로

보증금 반환 청구소송 혹은 조정절차를 통한 다음 부동산 강제경매까지도 생각해야 한다.

이런 극단적인 사례 외에도 일상에서 임대인과 임차인의 분쟁은 자주 일어나고 있다. 예를 들어, 보일러가 고장 나서 수리를 했는데 집 주인이 수리비를 안 주려 한다. 이런 경우 어떻게 할 것인가?

첫째, 수리비 지급을 안 한다는 것인가, 아니면 지금 줄 수 없다는 것인가?

둘째, 즉시 수리비용을 받는다.

셋째, 영수증을 복사한 후 내용증명을 보내면서 첨부하고, 원본은 보관한다. 뜯어낸 헌 보일러는 보관한다. 영수증 뒷장에 보일러 설치기사의 소견서를 받는다.

넷째, 1/2씩 부담하자거나 원상복구하라(역공격), 나중에 나갈 때 준다, 임차인의 과실이라는 등의 말로 책임 회피를 하고 있다.

다섯째, 소액심판을 청구한다. 보증금 반환 시 받는다.

'보일러 수리 정도의 작은 액수에 꼭 이렇게까지 해야 할까'라고 생각하는 사람들도 물론 있다. 하지만 보일러 수리는 아주 작은 예에 불과하다. 작은 일에서 원만한 해결을 위한 합리적인 태도를 취하는 것이 몸에 익을 때 비로소 큰 사건에서 자연스럽게 협상을 위한 태도가 배어나올 터이다. 작은 것을 얻어야 큰 것을 얻는다는 말이다.

# 쟁취해야 할 목표가 무엇인가

　서울 서대문구 ○○동에 사는 김진만 씨. 사람들이 너도나도 주식이다 펀드다 부동산이다 하며 재테크에 열중하는 것을 보고 자신도 뒤처질 수 없다는 마음에 경매 현장에 뛰어들었다. 시간을 쪼개 경매 입문서를 공부하고, 법원을 드나들며 몇 번 응찰을 해보다 덜컥 다세대 주택을 낙찰받게 되었다.

　하지만 싸게 낙찰받았다는 기쁨도 잠시, 현재 그 집에 거주하고 있는 채무자를 내보낼 생각을 하니 걱정이 태산이다. 김진만의 걱정에 법원에서 몇 번 만나 친해진 오귀순 여사가 위로하듯 말한다.

　"걱정할 것 없어요. 그 사람들이 안 나가겠다고 버티면 강제집행 해버리면 되지."

　오귀순의 말에 마음 약한 김진만은 고개를 가로젓는다.

　"돈도 없이 집까지 잃은 사람들에게 야박하게 어떻게 그래. 살길 찾을 시간은 줘야지."

　김진만의 말에 오귀순은 기가 막힌다는 표정이다.

"언제 살길 찾을 줄 알고. 당신 말마따나 집 잃고 돈 잃은 사람들이 어딜 가겠어? 그런 것 생각하면 경매 못해."

"하여튼 난 그렇게까지 매정하게는 못하겠어. 찾아가서 이사비를 줄 테니 나가달라고 부탁해야지."

"부탁은 무슨 부탁! 낙찰받았으면 이제 그 집은 당신 집인데, 남의 집에 있는 사람들이 나가는 게 당연하지."

"됐어, 됐어. 내가 알아서 해."

자신을 냉혈한 보듯 하며 돌아서 가는 김진만의 뒷모습을 보며 혀를 끌끌 차는 오귀순.

"쯧쯧, 저러다 얼마나 고생을 하려고…"


김진만은 직장 때문에 평일에는 시간이 나지 않아 주말에 자신이 낙찰받은 빌라를 찾아갔다. 김진만을 맞이한 채무자는 다행히 사람 좋아 보이는 인상이다.

채무자 역시 마음 약해 보이는 김진만을 보고 안심한 듯 구구절절 자신의 어려운 처지를 늘어놓기 시작한다. 그렇지 않아도 남의 불행을 기회 삼아 이득을 취했다는 약간의 죄책감을 가지고 있던 김진만은 채무자의 부탁을 거절하지 못하고 말았다.

채무자는 3개월만 시간을 달라고 했고, 그때까지 기다려주면 은행이자 5%보다 높은 10%의 이자율을 주겠다고 제안했다. 모질지 못한 김진만이었지만 그래도 각서 한 장은 받아야겠다는 생각에 어렵게 얘기했고, 채무자는 흔쾌히 각서를 써주었다. 각서의 내용은 10%의 이자와 모든 공과금을 청산하고, 정확히 3개월 후에 집을 비워주겠다는 내용이었다.

각서를 받고 돌아오는 김진만의 발걸음은 가벼웠다. 왠지 자신이 좋은 일을 한 듯 뿌듯하기까지 했다. 채무자가 3개월 후에 이자까지 쳐주겠다는 것을 보면 분명 그에게 경제력을 회복할 방법이 있다는 뜻 아닌가. 자신이 3개월 물러서준 덕분에 한 가정이 안정을 찾을 수 있게 된 것이다. 싸게 집을 얻은 데다 좋은 일까지 했으니 김진만의 인생도 이제 보람으로 가득 찬 듯하다.

그로부터 3개월 후, 기분 좋게 자신의 빌라를 찾은 김진만은 몹시 황당한 상황에 맞닥뜨리게 된다. 단 3개월 만에 채무자의 인상이 바뀌어 있었다. 아니, 태도가 완전히 달라져 인상이 험악하게 느껴진다. 말투까지 거칠어진 채무자는 경매로 집을 싸게 낙찰받았으니 이사비를 달라고 요구했다. 자신이 쓴 각서 따위는 신경조차 쓰지 않는 듯 했고, 터무니없는 이사비를 요구하며 자신의 요구를 들어주지 않으면 집을 비워주지 못한다고 으름장 놓는 것 아닌가.

완전히 질린 김진만은 더 이상의 입씨름을 포기한 채 돌아섰다. 채무자의 얼굴을 다시는 마주치기 싫었던 김진만은 그제야 오귀순의 도움을 받아 강제집행 절차를 밟기 시작했다. 그것도 마음처럼 바삐 움직여 주지 않아 명도를 완료하기까지 2개월이나 더 걸렸다.

김진만이 낙찰받은 집을 완전히 소유하게 된 것은 최초 낙찰받은 이후 5개월 만이었다. 게다가 소송비용 부담은 물론 밀린 연체공과금이 200만원 넘게 나왔다. 그렇게 완전히 질려버린 김진만은 주변 사람들에게 경매는 절대 하지 말라고 떠들고 다니고 있다.

여기에서 우리는 김진만에게 한 가지 질문을 던져보자.

"당신의 목표가 무엇이었습니까?"

말할 나위도 없이 김진만의 목표는 낙찰받은 집의 완전소유였다. 이자는 그저 자신의 호의에 대한 보답일 뿐이라고 순진하게 생각한 것이다. 그저 좋은 게 좋은 것이란 안일한 생각이 김진만을 표류하게 만들었고, 시간적 금전적인 손실을 입게 했다.

김진만은 목표를 명확하게 잡았어야 했다. 가령 '3개월 내 완전명도 완료', '명도비용 200만원 이내'와 같은 분명한 명도기간이나 이사합의금의 데드라인이 필요했다. 그랬다면 채무자의 절절한 애원을 들을 일도 없었을 것이고, 사람에게 속고 돈을 잃는 불상사는 없었을 것이다. 목적지가 분명하지 않은 배는 망망대해를 떠돌 뿐이다. 정말 운이 좋다면 배에 먹을 것이 다 떨어지기 전에 육지에 닿을 수도 있겠지만 말이다.

# 목표가 명확하지 않으면 어디로 갈지 모른다

임대차 만기 전, 보증금 1,000만원에 매달 38만원의 월세 아파트를 비워 달라는 얘기를 들은 임차인 차명호 씨. 임대차 만기까지는 아직 4달이 남았으나 임대인 윤익준 사장의 간곡한 사정으로 이사합의금을 받고 비워주기로 했다.

윤익준은 지금 자신이 전세로 살고 있는 집에서 나와야 하는 상황이라고 했다. 차명호는 어차피 이사갈 예정이었기 때문에 시간을 조금 앞당기는 조건으로 이사합의금을 받게 되어 기분이 나쁘지 않은 상황이었다. 이사합의금에는 포장 이사비와 중개수수료, 그리고 2달치의 월세를 받지 않기로 했으니 왠지 앉아서 돈을 번 것 같은 기분이었다.

윤익준은 차명호에게 보증금 1,000만원의 일부인 200만원을 먼저 반환했다. 다행히 차명호는 약속한 날짜에 맞게 들어갈 집을 찾을 수 있었다. 기존에는 월세로 있었지만 모아둔 돈을 합치고 전세자금 대출을 받아 전세금 9,000만원짜리 집을 계약하고, 계약금으로 900만원을 걸어놓았다.

서로 이사를 약속한 이틀 전에 차명호는 혹시 이사 일정에 차질이 없나 확인하기 위해 윤익준에게 전화를 걸었다.

**차명호**  사장님, 안녕하세요!

**윤익준**  모레 이사하는데 차질은 없겠지?

**차명호**  예. 약속하신 금액은 이사 가는 날 주실 건가요?

**윤익준**  당연히 줘야지. 그런데 금액이…?

**차명호**  184만원입니다.

**윤익준**  뭐, 184만원? 자네 계산 잘못한 것 아닌가?

**차명호**  예? 무슨 말씀이세요?

**윤익준**  내 계산은 아무리 해도 135만원 미만인데.

**차명호**  제가 금액을 부풀리기라도 했다는 겁니까?

**윤익준**  아니 내 말은…

**차명호**  원래 이사 안 가도 되는 걸 하도 부탁하시길래 무리해서 새로 집을 구하느라 힘들었는데… 그리고 주변에서 따로 합의금도 안 받고 나왔다고 잔소리들이 심해 열받아 있는데 너무하시네요. 윤 사장님, 그렇게 안 봤는데 정말 실망입니다!

**윤익준**  이보게, 그렇게 화를 낼 일이 아니야. 분명 내가 계산한 바로는…

**차명호**  됐습니다. 저도 이런 일로 구차한 인간 취급받기 싫습니다. 그냥 살면 되는 거 아니겠습니까?

**윤익준**  이보게, 차 씨? 차 씨?

차명호는 아예 전화기를 꺼버렸다. 몹시 화가 난 것이 분명해 보인다.

윤익준은 난감한 표정으로 전화기만 바라보고 있을 뿐이다.

이사를 몇 번 다니다 보면 꼭 한 번은 이런 비슷한 상황에 마주칠 것이다. 당신이 윤익준의 입장이라고 생각해보자. 아래에서 한 가지를 고르라면 무엇을 선택할 것인가?

① 차명호가 요구한 금액을 준다.

② 차명호를 설득해 금액을 절충한다.

③ 당신이 주장한 금액 130만원을 받아들이라고 얘기한다.

④ 모레 이사 가기 위해 전화가 올 것이라고 생각하고 상대가 전화할 때까지 기다린다.

참고로, 아래 내용은 차명호와 윤익준이 생각한 각각의 이사비용 내역이다.

- **차명호의 이사비용 계산**

  1) 2달 월세 합 76만원

  2) 들어갈 집의 중개수수료 9,000만원의 0.4%인 36만원

  3) 손 없는 날 포장이사비 50만원

  4) 에어컨 탈착 및 들어갈 집에 부착 각 6만원씩 합 12만원

  5) 사다리차 내리고 올리는데 각 5만원씩 합 10만원

- **윤익준의 이사비용 계산**

  1) 2달 월세 합 76만원

  2) 기존 집(1,000만원에 월 38만원)의 중개수수료 18만원

(1000만원+38만원×70%=3,660만원, 이것의 0.5%는 18만3,000원)

3) 포장이사비 40만원

4) 임차인이 들어올 때 에어컨이 없었으므로 에어컨 탈부착비는 생각 안 힘

5) 사다리차 부분은 생각지도 못함

간단해 보이지만 당사자가 되어보지 않으면 그 심각함을 실감하지 못한다. 위의 질문에서 ①을 선택한 사람은 요구한 금액 184만원을 다 준다. 조금 손해 보면 제일 편한 방식이다. 그리고 당신의 자아가 손상되지 않기 위해 당신의 계산이 틀렸고, 차명호의 생각이 옳다는 것을 합리화해야 한다.

②를 선택하면, 일단 손실은 최소화할 수 있다. 하지만 핸드폰을 꺼놓은 세입자와 타협을 이루기 위해 이틀 내에 그를 찾아가야 한다. 하지만 그를 설득하여 이사비를 깎을 수 있는지가 문제다. 깎지 못할 때는 위의 ①을 선택할 수도 있고, 아래의 ③, ④를 선택할 수도 있다.

③을 선택했을 때, 상대가 받아들이지 않으면 당신은 어떻게 할 것인가를 생각해 대안을 마련해야 한다.

④를 선택했다면, 이틀의 시간 동안 당신은 무엇을 할 것인가. 그리고 당신이 살고 있는 집을 이틀 뒤 비워줘야 하면서 당신이 들어갈 집은 들어갈 수 있을지가 불명확하다. 그리고 당신이 임차인에게 지급한 보증금 반환금은 200만원이지만, 잔금을 지불하지 않았을 때 현재 임차인이 날릴 계약금은 900만원이다. 그 문제에 대해 임차인은 간과하지 않을 것이다.

위의 질문에서 정답은 없다. 당신의 선택에 따라 일은 쉬울 수도 있

고, 어려울 수도 있다. 다만 처음부터 두 사람이 이사비를 협의할 때 좀 더 구체적인 액수를 산정했더라면 이런 문제가 벌어지진 않았을 것이다. 게다가 처음 협의가 이루어지지 않았더라도 중간에 차명호에게 이사비 목록을 알려달라는 전화 한 통이라도 있었다면 문제가 이처럼 커지지 않았을 것이다.

사람들은 대부분 요구를 할 때에는 최대한의 가격을 요구하게 되고, 주는 사람은 최소한의 경비를 산정하게 된다. 직접적인 금전거래이기 때문에 민감한 사항임이 분명한데도 윤익준의 대처가 너무 안일했다. 금액의 많고 적음도 중요하지만, 인간관계까지 틀어지게 만드는 실수를 한 것이다.

물론 차명호도 화가 났다고 해서 일을 크게 만든 책임이 없는 것은 아니다. 이사를 못하게 돼서 계약금 900만원을 날리게 된다면 물론 윤익준에게 책임을 물을 수도 있겠지만, 그 경우 얼마나 번거롭고 서로에게 피해가 되겠는가. 전세 계약 만기까지 그 집에서 살게 된다 해도 언젠가는 집을 비워주고 나가야 하는 상황이 벌어질 텐데, 그땐 또 어떻게 윤익준과 얼굴을 마주할 것인가.

협상에서 '대충'이란 없다. 대충하고 싶다면 상대방이 요구하는 대로 아무 말 말고 들어줘야 한다. 꼼꼼히 세부사항까지 챙기는 사람을 우리는 흔히 속이 좁고 호탕하지 못하다고 비난한다. 하지만 그 한 번의 수고로 두고두고 편한 것이 바로 협상이며, 거래이다. 금전을 사이에 둔 협상에서만큼은 반드시 세부사항을 체크해서 협의하는 버릇을 들여야 한다.

강원도 평창군 ○○면에 조그마한 땅을 가지고 있는 배달수 씨. 사람들의 관심이 높았던 지역인 만큼 투자자들로 붐볐지만 지금은 땅을 내놓은 지 오래도록 팔리지 않고 있다. 원하는 가격은커녕 땅을 보러 오는 사람조차 없는 형편이다. 더 큰 문제는 땅의 위치가 워낙 오지여서 근처에 부동산이라고는 단 한 곳뿐이라는 점이다.

아무리 인터넷이 대세라고는 하지만 현지의 부동산중개소를 결코 무시할 수는 없다. 땅을 보기 위해 현장 답사를 왔다가 눈앞에 보이는 부동산중개소를 들를 것은 불 보듯 뻔하다. 따라서 이 부동산 중개업자와의 사이가 원만하지 못하면 평생 땅을 팔 수 없을지도 모르는 처지다.

한 번은 서울에서 그 땅을 사겠다는 사람이 나타났다. 하지만 이 고객이 계약을 위해 문제의 부동산중개소를 혼자 방문했었는데, 중개업자는 투자 가치가 없다며 다른 물건을 소개했다는 것이다. 당연히 그 고객은 배달수의 땅을 포기하고 중개업자가 소개한 다른 곳의 땅을 사고 말았다.

배달수는 분한 마음에 당장 그 중개업자를 찾아가 따지고 싶었다. 오랜 기다림 끝에 겨우 찾은 은인이나 마찬가지인데, 중개업자가 땅을 팔아주기는커녕 투자 가치가 없다고 떠들어대는 바람에 땅을 팔지도 못했을 뿐 아니라 오히려 사기꾼 취급까지 받게 된 것이다.

하지만 배달수는 혼자 화를 삭여야 했다. 위에서 말한 대로 독과점이나 마찬가지인 그 중개업자와 틀어지면 그 땅은 대를 넘길 때까지 팔 수 없을지도 모른다. 마음을 가다듬은 배달수는 일단 상황 파악을 해야 한다고 생각했다. 처음 땅을 내놓을 때 직접 부동산중개소를 방문하지 않았던 사실을 감사히 여기며, 문제의 부동산중개소를 찾아갔다. 땅을 사려는 손님인 것으로 가장해서 자신의 땅 근처의 시세를 확인하고자 하는 목적이었다.

50대 초반으로 보이는 중개업자는 얼굴선이 굵고 거친 인상이었지만 근본 성격이 나빠 보이지는 않았다. 아니, 오히려 친해지면 정이 넘칠 스타일이다. 배달수가 자신의 땅 근처에 종잣돈을 투자하려 한다고 하니 중개업자가 기어코 말린다. 시세가 형편없이 싸긴 하지만 투자 가치가 없다는 것이다. 배달수는 낙담할 수밖에 없었다. 중개업자의 말이 현실이었기 때문이다.

하지만 배달수는 자신의 땅을 빨리 팔아야 할 처지였다. 만약 당신이 배달수라면 어떤 방법을 선택해야 할지 생각해보자.

① 인근 다른 읍내의 많은 부동산중개소에 매물을 뿌려 놓는다.

② 서울의 부동산중개소에 내놓는다.

③ 지방 벼룩시장(정보지)에 내놓는다.

④ 중개업자를 설득하여 자신이 받고자 하는 금액이 정당하다고 설득한다.


①을 선택했다면, 당신의 매물이 경쟁력이 있어야 한다. 다시 말해 당신의 매물이 있는 곳에서 멀리 떨어져 있는 중개업자들이 팔아줄 그 무엇인가가 있어야 한다. 흔히 말하는 중개수수료를 많이 준다는 것도 하나의 방법일 수 있다. 하지만 문제의 땅을 다른 읍내의 중개업자나 매수인이 시세파악을 위해 방문을 한다면(실무상 방문할 확률은 상당히 높다) 같

은 결론이 나올 수밖에 없다.

②를 선택했다면, 서울의 중개업자가 강원도 평창이라는 멀리까지, 그것도 크지 않은 당신의 땅을 팔아주기 위해 몇 번이나 내려갔다 와야 한다. 얼마나 많은 사람이 그렇게 해줄 수 있다고 생각하는가?

③을 선택했다면, 걸려오는 전화의 대부분이 부동산업자의 전화다. 그리고 간혹 걸려오는 전화 내용에는 곧 매매될 것이라며 시세 확인서를 만들어야 한다고 일정금액을 요구하는 광고 사기가 태반이다. 그리고 진정한 매수인일지라도 정말 그 땅을 살 사람인지, 그리고 도대체 몇 번이나 강원도를 내려갔다 올라와야 하는지 예측되지 않는다. 시간과 차량 기름값이 생각보다 많이 들 것이다.

④의 경우, 당신이 손님인 것처럼 방문했을 때 중개업자는 당신이 가진 물건 주변의 땅값을 터무니없이 낮게 불렀었다. 부동산중개소가 딱 하나밖에 없는 그곳의 특성을 감안한다면 중개업자를 설득할 수 있겠는가? 혹시 시세를 전혀 모르는 사람이라고 핀잔을 들을 것 같지는 않는가?

위의 상황을 헤아려본다면 멀리 있는 땅을 사두겠다는 생각은 일찌감치 접는 것이 좋다. 땅 투자가 큰돈을 벌어준다는 환상만으로 무리해서 사둔다면 위와 같이 급박한 상황일 때 현명한 판단을 내리기 힘들어지기 때문이다.

서울에서 먼 오지의 땅은 급매로 던져도 살 사람이 극히 드물다. 만일 땅을 사려는 사람이 있다 한들 근처 부동산중개업자가 시세를 제대로 모르는 사람이라고 당신이 아무리 설득하려 한들 절대 먹혀들지 않는다. 땅을 사려는 사람은 땅 주인보다는 중개업자의 말을 더 신뢰하기 때문이다.

그렇다면 이 상황에 정답은 없는 것일까?

다행스럽게도 배달수는 나름대로의 방법으로 문제를 해결했다. 빠져나갈 길 없어 보이는 답답한 현실에 마냥 앉아만 있을 수 없었던 배달수는 무작정 부동산중개소를 들락거리기 시작했다. 처음엔 그저 근처 땅 시세를 알아보며 답답한 마음에 이런저런 이야기를 주고받다가 나오기를 여러 번. 워낙 오지라 찾아오는 손님도 많지 않았던 탓에 중개업자는 배달수의 방문이 귀찮다기보다는 오히려 반가웠다. 땅이며 자주 바뀌는 부동산 정책 등을 이야기 나누다가 급기야는 술도 한 잔씩 하며 형님 아우 하는 사이까지 됐다.

어느 날, 배달수가 고급 양주 한 병을 들고 부동산중개소를 찾았다.

"형님, 땅도 안 사면서 형님 시간을 너무 뺏는 것 같아 죄송스런 마음도 있고 해서 마침 선물 들어온 양주가 있길래 가져왔습니다."

"이런, 지난번에 저녁도 한턱 단단히 쏘더니… 이럴 필요 없는데…"

"아닙니다. 저도 선물로 받은 것이니 부담 갖지 마세요."

"그래? 마침 출출하던 차였는데 잘됐네. 같이 한잔하세."

두 사람은 고급 양주로 낮술을 했다. 주거니 받거니 술이 얼큰하게 올랐을 때쯤 중개업자가 배달수의 얼굴을 뚫어져라 바라본다.

"자네, 무슨 고민 있지?"

갑작스런 중개업자의 말에 배달수는 적잖이 당황했다.

"고, 고민이라니요?"

"숨기지 말고 말해보게. 처음 땅을 보겠다고 찾아왔을 때도 그렇게 생각했지만, 딱히 이런 곳에 땅을 사놓을 이유가 있어 보이지도 않고, 그렇다고 아주 한량이라 하릴없이 놀러 오는 것 같지도 않고… 서울에 사는 자네가 이곳에 이리 자주 내려오는 이유가 뭔가? 무슨 사연이 있는 게지?"

중개업자의 말에 배달수는 잠시 시선을 피하며 핑곗거리를 찾다가 에라 모르겠다는 심정으로 고개를 떨구며 입을 연다.

"형님, 죄송합니다. 사실 땅을 사러 온 게 아니고 팔러 온 겁니다."

배달수의 말에 이번엔 중개업자가 당황한다.

"땅을 팔러와?"

배달수는 그동안의 일들을 이야기했다. 중개업자는 별 반응 없이 듣고 있기만 했다. 아무 반응이 없자 배달수의 마음은 더욱 불안해지기 시작했다. 거의 울먹일 듯한 얼굴이 된 배달수가 호소하듯 말한다.

"그렇다고 오해는 마십시오, 형님. 그저 답답한 마음에 들르다가 형님하고 이렇게 술 한잔하는 것이 좋아서 온 것뿐입니다. 결코 정보를 빼내거나 하려는 게 아니고…"

배달수의 말에 중개업자가 갑자기 호탕하게 웃는다.

"하하하… 이런 오지에 빼낼 정보가 어디 있다고."

중개업자는 배달수의 어깨를 두드리며 기분 좋게 말한다.

"그런 일이 있었으면 진작 말하지. 알았네, 동생이 그리 고민이라는데 내가 도와줘야지. 암!"

그날 이후 한 달이 채 지나기도 전에 배달수의 애물단지 땅은 시세보다 훨씬 높은 가격에 팔렸다. 형님으로 삼은 중개업자의 노련한 실력 덕분이었음은 말할 것도 없다. 배달수는 계산하지 못한 행동이었지만 이 경우 인간미에 호소한 결과라고 할 수 있다.

위의 거래 사례를 읽고 '꼭 그렇게까지 해야 하나?'라거나 '그런 방법은 결과가 확실치 않고 합리적이지 않은 방법'이라고 생각한다면 그것은 당신이 절실하지 않은 탓이다. 어떤 방법으로도 결과가 만족스럽지 못할 거라는 가정이 나왔을 때, 우린 정석이 아닌 다른 방법도 생각해봐야 한다. 설득이나 이해보다 단순한 선물과 마음 씀씀이가 사람의 마음을 더 빨리 움직일 때가 있다.

제2장

# 정보를 수집하라

# 사전정보 취득은 실력보다 노력이 필요하다

부동산 거래 협상에서 정보는 선택할 수 있는 대안 개발과 힘의 우위를 확보하는데 유용하다. 하지만 현실적으로 정보의 필요성은 인식하면서도 정보의 취득에 시간과 비용을 들이지 않는 게 사람들의 일반적인 모습이다.

거래 협상을 매일 접하면서도 그것이 협상인 줄 모르는 사람은 무엇을 파악해야 할지를 모르고, 노련한 협상가는 경험 때문에 사전정보 취득의 필요성을 과소평가한다. 자신이 쏟을 수 있는 최대의 시간과 비용을 정보취득에 할애해보면 그 효과는 의외로 크다는 것을 알 수 있다.

경기도 ○○시에 임대수익률이 높은 창고를 매입하려고 부동산중개소를 방문한 주창규 씨. 중개업자는 마침 급매로 나온 물건이 아주 조건이 좋다고 권한다. 주창규에게 운이 좋다고 치켜세우는 것도 잊지 않았다. 수완이 좋은 중개업자가 분명하다. 그가 추천한 물건은 다음과 같다.

목장 용지 1983m²(600평)에 있는 793m²(240평) 물류창고가 보증금

4,000만원, 월 480만원에 나와 있는데, 현재 사용 중인 세입자가 있다. 급매물로, 총 매매가는 시세보다 싼 13억원이다.

이런 상황에서 주창규가 사전정보를 취득하는 일반적인 경로를 살펴보자.

**첫째, 중개업소를 통해 매각사유를 물어본다.** 일단 물어보면 어떤 식이든 답이 나올 것이다. 믿고 안 믿고는 나중에 판단할 일이다.

**둘째, 등기부 상의 보유기간 및 해당거주지를 확인한다.** 현지인인지 외지인이 투자한 것인지를 확인한다. 보유기간이 얼마 되었는지도 꼭 확인한다.

**셋째, 지적도를 확인하며 땅의 모양이 올바른지, 트집을 잡을 곳이 있는지를 확인한다.** 물론 현장 방문 시 건물의 하자 잡을 곳이 있는지도 확인한다.

**넷째, 인터넷을 통해 해당 면적과 같은 매물이 나와 있는지 확인한다.** 요즘은 부동산중개소가 과다경쟁으로 인해 매도 물건을 빨리 팔기 위해 인터넷에 바로 선전하는 곳이 많다.

**다섯째, 매도 물건 반경 2km 이내의 부동산중개소를 방문하여 이와 유사한 물건이 있는지, 가격은 어느 정도인지를 확인한다.** 이때 대안의 물건을 2개 정도 찾아낸다면 매도인과 흥정할 때 유리하다.

**여섯째, 부동산중개소에는 나중에 가족과 다시 한번 와서 봐도 되겠느냐는 양해를 구한 후, 중개사를 배제하고 방문했을 때 세입자에게 주인이 왜 팔려고 하는지, 불편함이 없는지를 물어본다.** 대부분의 세입자는 임대차 만기가 안 되었는데 주인이 부동산을 판다고 하면 불편함을 감추지 못하고 부동산중개소에서 말하지 않은 내용들을 들려준다.

이 정도의 기초정보에만 접근해도 매도인과의 가격흥정에 들어갈 때 큰 판단 실수는 나오지 않는다. 더 이상의 접근은 전문 분야에서 일하는 사람들의 몫이다.

## 1) 사전정보, 어디까지 믿을 것인가

다음은 앞에서 취득한 정보가 어디까지가 진실일지를 판단해봐야 한다.

**첫째, 중개업자가 얘기하는 매도 사유가 여러 가지 있을 수 있다.** 일례로, 매도인의 사업이 위축돼 급히 팔아야 한다고 중개업자가 말했다고 보자. 사업이 위축될 정도면 적어도 두 가지의 의심을 가질 수 있다. 다른 물건 가격보다 싸거나, 등기부에 압류나 근저당이 최근에 설정되어 있으면 믿어볼 만하나 그렇지 않다면 매도 사유를 의심해봐야 한다.

**둘째, 매도 물건이 다른 부동산에도 나와 있다면, 그리고 그 가격이 서로 다르다면 어느 것이 진실일까?** 대부분 가격이 낮게 나온 곳이 정직할 것이라고 생각하지만 매도인이 1년 전에 매물로 내놓았다가 가격이 맞지를 않아 다른 곳에 수정된 가격으로 내놓았을 수도 있다. 그럴 경우에는 높은 금액을 제시한 쪽이 현재 매도인과 긴밀한 거래를 하는 곳일 수도 있다.

**셋째, 인터넷에 나온 매물이 땅의 면적과 건평이 같다고 동일 매물이라고 생각했는데 다른 물건일 수 있지 않은가?** 땅이나 건물 등 부동산 물건은 비슷할 수는 있지만 똑같은 조건을 갖고 있기는 힘든 법이다.

**넷째, 세입자가 들려주는 정보가 어디까지 진실일까?** 혹시 매도인이 사전매수를 한 것은 아닐까 의심해볼 수도 있다.

이와 같이 자신이 취득한 정보를 분석하면서 최소한 위의 네 가지는 의심해보는 것이 좋다. 의심을 한다고 손해날 일은 없다. 모든 사람이 내 마음 같지 않다는 말을 명심해야 한다. 큰돈이 오가는 부동산 거래에서 의심을 하지 않는 것은 오히려 큰 화를 자초하는 일이다.

## 2) 대화를 통해 구체적인 정보가 교환된다

주창규는 직접 매수인을 만나봐야겠다고 생각한다. 좀 더 정확한 정보와 가격 타진을 위해서는 당사자와의 만남만큼 효율적인 것은 없다. 중개업자의 중재로 약속이 잡혀 부동산중개소에서 매도인과 만난 주창규. 서로 인사를 나눈 두 사람은 이제 본격적인 탐색전에 돌입한다.

| | |
|---|---|
| **주창규** | ① 좋은 땅을 가지고 계시더군요. |
| **매도인** | 감사합니다. |
| **주창규** | ② 가지고 계셔도 돈이 될 법한데 아까운 것을 파시려 하는 이유가…? |
| **매도인** | (매도 사유가 나온다) |
| **주창규** | 그러시군요. ③ 그런데 사실 때 얼마 주고 사신 것인가요? |
| **매도인** | (반응이 나온다) |
| **주창규** | 지금 계약금은 바로 찾을 수 있는데, ④ 목돈이 6달 후에 나와서 그런데 잔금을 6개월로 하는 게 가능한지요? |
| **매도인** | (반응이 나온다) |
| **주창규** | 저 역시 유통업을 하고 있어서 ⑤ 지금의 세입자를 내보내야 하는데 가능합니까? |
| **매도인** | (반응이 나온다) |

주창규는 이 대화에서 주도권을 쥐고 대화를 이어가고 있다. 간단한 몇 가지 질문만으로도 상대방의 상황과 자신이 수집한 정보에 대한 검증을 할 수 있는 것이다. ①의 질문은 큰 의미는 없으나 다음 질문으로 이어 가기 위해 상대가 듣기 좋아할 단어로, 상대를 칭찬하는 것보다 상대의 땅을 칭찬한다.

②는 중개사가 한 얘기와 맞는지 다시 한번 검증해본다. 대부분 이 질문에서 답변이 길어지면 아쉬움의 표현이나 진짜 팔고자 하는 이유로 해석해도 무방하다. 하지만 거의 단답형이거나 중개사가 한 얘기와 꼭 같다면 한 번 의심해보자.

③은 상당히 중요한 질문이다. 이 질문을 던질 땐 "얼마 주고 사신 건가요?" 하고 물은 뒤 가만히 있어라. 쓸데없이 부가되는 질문을 할 필요는 없다. 침묵을 지켜라. 상대가 알려주지 않아도 크게 낙심할 필요가 없으며, 단지 상대의 반응을 유심히 살펴보자. 대부분의 사람들이 생각하는 것만큼 기분 나빠하지 않는다.

④의 질문은 상대의 의향을 떠보기 위함이다. 급매라고 하면 통상 토지 같은 경우는 2달 이내를 말한다. 그런데 상대가 "yes"라고 하면 중개사가 얘기하던 급매와는 거리가 멀다. 상대는 이 부분에서 진짜 급매라면 믿을 만한 내용과 정보를 노출하게 된다.

⑤의 질문은 두 가지 의미가 있다. 첫째는 통상의 세입자는 한 번 세든 창고를 다시 옮기는데 상당한 비용이 드는데 매도인이 가능하다고 하면 사전에 임차인과 얘기를 나누었다는 것이며, 임차인은 임대인의 급박한 사유를 어느 정도 알 수 있다는 것과, 둘째는 세입자를 내보내지 못한다고 하면 매수인이 임차인에게 이사비를 지급하여 내보낼 테니 금

액을 깎자고 할 수 있는 근거로 사용한다.

이상에서 우리는 일단 상대를 만나기 전부터 만남까지의 간단한 정보 취득 과정과 만남에서의 정보교환, 그리고 상대가 보내오는 정보를 해석하는 과정을 살펴보았다. 이때 정보가 준비되지 않은 상태에서는 너무 많은 말을 하다 보니 핵심적인 내용을 잊어버리고 거래 협상과는 전혀 상관없는 주제로 얘기가 흐를 수 있다. 이를 피하기 위해서도 사전정보 취득 노력은 꼭 필요하다.

그렇다면 이제 입장을 바꿔 매수인 주창규가 아닌 땅을 팔려고 내놓은 매도인의 입장에서 다시 위의 상황을 한 번 살펴보자. 대화의 주도권은 매수인이 쥐고 있다. 어떻게든 팔아야 하는 매도인은 대화를 뒤엎을 수도 없는 노릇이다. 게다가 매수인은 상황파악을 위해 질문만을 할 뿐 매매에 대한 의사표시나 가격에 대한 언급이 없다.

이런 분위기에서 매도인이 대화의 내용을 유리하게 이끌기 위한 방법은 무엇일까? 이런 때는 대화를 잠시 중단하거나 상대의 질문에 역질문을 해야 한다. 간단한 예를 보자.

①에 대해 "어떤 점이 좋아 보이던가요?"

②에서는 "글쎄요. 팔 이유가 없는데 자꾸 부동산에서 팔자고 얘기를 하여 일단 한 번 부동산에 나와 본 것입니다. 그런데 당신은 왜 사려고 합니까?"

③에서는 "얼마 주고 산 것처럼 보이세요?"라고 매수인에게 역질문할 수 있다. 이에 상대가 "내가 모르니 물어보는 것이지요"라고 대답하면,

당신은 그저 "살 때는 아내가 사서 정확한 금액을 모릅니다. 나중에 꼭 필요하다고 하면 가르쳐 드리지요"라고만 해도 된다.

④에서는 "당신 같으면 그런 조건을 내세우면 어떻게 할 것인가요?"라고 묻는다.

⑤에서는 "먼저 답변을 듣고 싶은데, 그렇게 해드리면 바로 계약하실 건가요?"라고 응대하면 당신의 정보만 발설하지 않고 상대의 정보도 얻을 수 있다.

# 정보 차단은 상대의 행동을 야기시킨다

　　정만호 씨는 경기도 ○○시의 그린벨트 내에 있는 단독 구옥을 팔고자 부동산중개소 2곳에 매물로 내놨다. 어느 쪽이든 높은 가격을 제시하는 쪽으로 팔려는 생각이었다. 마침 거의 비슷한 시간에 신속부동산과 팔자부동산 두 곳 모두에서 사겠다는 사람을 데려오겠다는 연락이 왔다.

　　먼저, 신속부동산에서 소개한 신상대 씨와 마주 앉은 정만호. 두 사람은 서로를 탐색하듯 바라보고 있다. 이윽고 신상대가 먼저 입을 연다.

**신상대**　토지 1254m²(380평)를 평당 140만원을 드리겠습니다.

**정만호**　그건 곤란한데요. 저는 평당 150만원은 받을 생각인데요.

　　　　(정만호의 대답에 신상대가 약간 비아냥거리듯 미소를 지으며 말한다)

**신상대**　저런, 욕심이 과하시네요. 그린벨트 내에 있고, 그런 구옥을 사려는 사람도 많지 않을 텐데… (신상대의 태도에 기분이 상한 정만호. 표정이 굳은 채 역시 비아냥거리듯 되받아친다)

**정만호**　그렇긴 하지요. 하지만 그런 형편없는 집을 사겠다고 지금 나선 분이 있지 않습니까?

　정만호의 반격에 순간 당황하는 신상대. 신속부동산의 중개사가 황급히 두 사람 사이에 끼어든다.

**중개사**　두 분 사장님들, 너무 감정적으로 하지 마시고 흥정은 기분 좋게 해야 하지 않겠습니까?

**신상대**　물론 그렇지요. 저쪽 사장님께서 너무 과한 요구를 하시니…

**정만호**　내 물건이 비싸면 안 사면 그만 아니겠소? 이곳에만 매물로 내놓은 것도 아니고, 급매도 아니니 제값 쳐줄 사람 나타날 때까지 기다릴 참이오.

　두 사람의 분위기가 험악해지자 중개사는 안절부절못한다. 흥정은커녕 다툼이 일어날 분위기 아닌가. 중개사가 어떻게든 분위기를 바꿔보려고 입을 여는 순간, 정만호의 핸드폰이 울렸다. 전화를 받는 정만호의 표정이 확 밝아진다.

**정만호**　그래요? 당연히 가야지요, 내 당장 달려가리다.
　　　　　　(전화를 끊으며 벌떡 일어서는 정만호를 보며 중개사와 신상대는 당황한다)

**중개사**　아니, 정 사장님. 흥정을 하다 말고 어딜 가시려고요?

**정만호**　내가 말하지 않았소? 여기에만 내놓은 것이 아니라고.

**중개사**　그, 그럼…?

**정만호**　팔자부동산에서 온 전화였소. 괜찮은 가격에 사겠다는 임자가 나섰다는군.

**중개사**  예? 어, 얼마에…?

**정만호**  그거야 가봐야 알겠지만 얼추 내가 부른 가격을 맞춰줄 듯싶구려.

　　　　　(중개사와 말을 하던 정만호가 당황한 빛이 역력한 신상대를 내려다보며 한마디 던

　　　　　진다)

**정만호**  그 쓸모없는 집을 사겠다는 사람이 왜 이리 많은지 말입니다. 그럼, 만

　　　　　나서 반가웠습니다.


　신상대가 미처 입을 열기도 전에 정만호는 부동산중개소의 문을 나갔
다. 뒤에 남은 신상대와 중개사는 할 말을 잃고 잠시 멍하니 있다.
　먼저 정신을 차린 신상대가 중개사를 비난하듯 말한다.


**신상대**  아니, 뭡니까? 살 사람이 많지 않은 땅이라면서요!

　　　　　(신상대의 역정에 오히려 기가 막힌 중개사)

**중개사**  그거야 시장 원리가 그런 걸 어쩝니까? 한산한 줄 알고 가게에 들어가

　　　　　면 갑자기 손님이 몰리는 것 본 적 없으십니까? 사장님이 마음에 들어

　　　　　하시면 다른 사람도 마음에 들어한다는 것을 아셔야지요.

**신상대**  아무리 그래도, 이거 제대로 흥정을 시작도 못하고…

**중개사**  그 땅을 사실 마음이 있긴 있으셨던 겁니까?

**신상대**  당연히 마음에 있지요!

**중개사**  그럼 왜 그렇게 땅 주인 마음을 상하게 하신 겁니까?

**신상대**  마음을 상하게 하려던 게 아니고 싸게 사려던 마음에…

**중개사**  싸게 사기는커녕 신 사장님한테는 팔고 싶지 않을 것 같던데요. 같은

조건이라면 다른 사람에게 팔 겁니다.

(중개사의 말에 당황한 빛이 역력한 신상대)

신상대  그, 그런가요? 저쪽 사람에게 팔아버리면 어쩌지요?

중개사  어쩌긴요. 할 수 없는 일이지요.

신상대  빨리 전화 좀 해요.

중개사  어디로요?

신상대  땅 주인이지 어디겠어요. 원하는 값을 쳐드릴 테니 그쪽 만나볼 필요

        없이 당장 돌아오라고 해요!

중개사  진심이세요?

신상대  당연하지요! 난 그 땅이 필요하다고요!

(다급하게 전화를 하는 중개사. 일그러진 표정으로 신상대를 돌아본다)

중개사  전화기가 꺼져 있다는데요.

신상대  뭐, 뭐요? 그럼 그쪽 부동산에 전화를 넣어 봐요.

중개사  소용없을 겁니다. 그 중개사도 거래가 성사돼야 수수료를 받는데 연결

        해 주겠습니까?


   중개사의 말에 얼굴이 사색이 되는 신상대. 조금 싸게 사려던 짧은 생
각에 좋은 물건을 놓치게 되었다고 생각하니 정신이 아득했다. 신상대
는 더 생각할 것도 없이 벌떡 일어섰다.


신상대  갑시다!

중개사  가다니요? 어딜요?

신상대  은행에요! 돈을 찾아 당장 현금으로 계약해야겠습니다! 이대로 놓칠 수

는 없다고요!

신상대의 행동에 더욱 기가 막힌 중개사였다.

이 거래 협상에서 신상대를 이렇게 초조하게 행동하도록 만든 것은 바로 정보의 차단 효과다. 정만호가 받은 전화가 정말 다른 매수자가 나타났다는 전화인지 그는 확인할 방법이 없는 상태이고, 설상가상으로 정만호의 전화기가 꺼져 있어 지금 연락이 되지 않는 상황이다. 짧은 시간에 신상대는 수만 가지 생각을 하게 되는 것이다.

물건을 놓치고 싶지 않다는 마음에 차단된 정보는 불에 기름을 부은 격이 된다. 정만호는 단지 휴대폰을 꺼놓는 것만으로 승리했다. 이처럼 정보의 차단은 사람을 불안하게 만들고, 그 불안을 느낀 사람은 행동으로 그 불안을 해결한다. 이것은 비단 일반 사람들의 이야기만은 아니다. 실무에서는 전문가들조차 이런 경우에 종종 당하곤 한다. 알면서도 당하는 것, 바로 그것이 정보의 힘이다.

사람들은 흔히 상대와 만나는 횟수가 많아질수록 금액을 흥정하기 쉽다고 생각한다. 처음 보는 사람에게 금액을 깎자고 하기에는 여간 어려운 것이 아니다. 하지만 만남의 횟수가 많아지면 상대에게 가지는 부담감이 덜해진다. 따라서 누군가에게 접근하여 요구하는 바를 관철하기 위해서는 만남의 횟수를 늘여가야 하며, 반면 상황을 자신에게 유리하게 이끌어가기 위해서는 상대와의 흥정과 만남의 기회를 가급적 차단시켜야 한다.

만나려고 해도 만나기가 어려운 상대를 만났을 때 우리는 흔히 "5분만 시간을 내주십시오"라는 말로 시작하여 자기의 목적을 그 짧은 만남의 시간 안에 다 표현하려 한다. 보험이나 자동차 영업사원들에게서 흔히 볼 수 있는 모습이다. 그 짧은 시간 내에 자신을 파는 것이다.

하지만 부동산 거래 협상에서 이런 상황이 연출된다면 어떻겠는가? 가지고 간 모든 정보를 쏟아내놓고 오는 것 외에 얻은 소득은 별로 없을 것이다. 상대의 선택만을 목이 빠지게 기다릴 뿐이다.

결론은 상대가 취득할 정보의 시간을 차단하라. 그러면 상대의 결정에 대한 행동은 놀라울 정도로 빨라진다.

# 정보를 얻을 땐 '차<sup>TEA</sup>'를 생각하라

세상이 아무리 변해도 변하지 않는 것이 몇 가지 있다. 그 가운데 하나가 겸손한 사람한테는 누구든지 도와주려는 마음이 생긴다는 것이다. 그렇다고 해서 세상 사람들이 모두 친절하여 그런 것은 절대 아니다. 모르는 사람에게 자기가 가진 지식을 전하면서 자기만족과 우월감을 느끼기 때문이다. 사람은 각자 자신의 전문 분야가 있다. 그 전문 분야에 대해 누군가 도움을 청해오거나 질문을 해오면 기다렸다는 듯이 답변을 해주게 되어있다.

- T<sup>teach</sup>     잘 모릅니다. 가르쳐 주세요.
- E<sup>emotion</sup>  신기하군요. 그렇군요. 맞습니다. 저런…
- A<sup>ask</sup>      그래서요? 다음은요?

위와 같이 'T'로 시작하여 자신의 신분을 낮추고, 'E'로 상대의 설명에 적당한 감탄과 감정을 몰입하면 자연스레 정보를 제공하는 자와 감정적

간격이 좁아진다. 그리고 'A'로 본론적인 질문에 돌입한다.

"모릅니다. 도와주세요."

우리가 관공서를 출입할 때 입에 달고 나녀야 하는 말이다. 복잡하고 까다롭다거나 생소한 업무라면 더욱 그렇다. 당신이 만일 관공서에 민원을 도움받기 원한다면 몰라도 아는 것처럼 행동하기보다는 알아도 "모릅니다"로 일관하는 것이 좋다. 그 효과의 차이가 생각보다 크다는 것을 확실히 실감할 수 있다.

건축 인허가 문제로 관공서를 들락거리다 보면 각 부서마다 업무 범위가 달라 여러 곳을 방문해야 한다. 직접 관공서를 방문하여 자문을 구하거나 정보를 취득해본 사람들은 알 것이다. 원하는 답이 한 번에 시원하게 나오지 않는 것은 차지하더라도 이 부서, 저 부서를 왔다 갔다 하다 보면 하루해가 짧다. 하지만 아래의 방법과 절차로 공무원을 대한다면 많은 정보를 친절히 얻어낼 수 있을 것이다.

① 담당 부서를 방문한 후 10초 동안 직원들을 바라본다. 그러면 누군가 "어떻게 오셨습니까?" 하고 당신에게 말을 걸어올 것이다.

② "민원 좀 해결해 주십시오. 한 시간째 어느 부서를 찾아야 하는지 몰라 헤매고 있습니다."

일단 그렇게 해서 담당자를 만나게 되면

③ "꼭 좀 도와주십시오. 이제 제가 제대로 찾아온 것 맞지요?"

상대에게 직접적인 도움의 손길을 뻗는다. 이때 가급적 담당 공무원과 최대한 밀착한다.

④ "쉽게 설명 좀 부탁드립니다. 내게는 상당히 중요한 일들인데 사용하는 용어가 너무 어렵습니다."

그들에게는 일상적인 용어이지만 민원인에게는 생소한 말이라고 표현될 때 전문용어를 사용하는 자는 우월감을 가지게 되어있다.

⑤ "너무 감사합니다. 이제 뭔가 알 듯합니다. 이렇게 도움을 주신 것에 대해 어떻게 감사를 표해야 할지… 커피라도 대접하고 싶은데…?"

그럴 때 대부분은 웃으며 "됐습니다. 남은 일 잘 보세요"라고 거절한다.

⑥ "이제 어느 부서, 누구를 만나서, 어떻게 질문을 해야 해답이 나올까요?"

부동산중개업자인 서성한 씨와 한기주 씨는 수년 전부터 잘 알고 지내던 사이였다. 과거에 공동 중개를 한 경험도 몇 번 있었다. 공동 중개라 함은 서성한이나 한기주 둘 중 한 사람이 매도 물건을 가지고 있고, 다른 한 사람이 매수자를 붙여서 거래하는 공조 체계다.

이번 일도 서성한이 경기도 ○○시에 농지 1,056m²(320평)와 그곳에 딸린 대지 264m²(80평)를 가지고 있는 매도인을, 한기주는 매수인을 각각 자신의 고객으로 가지고 있었고, 두 사람이 공동 중개하여 평당 130만원인 5억2,000만원짜리 계약이 체결되었다.

매수인 염상구 씨가 산 농지는 토지거래 허가구역이었다. 따라서 계약서의 특약조건에는 토지거래 허가조건부가 기재되어 있었다. 당시 염상구는 토지 소재지 관할지역에 미리 1년 전부터 전입을 해놓았으나 관련 법규가 갑자기 바뀌면서 상황이 어긋나기 시작했다.

서울에 주택을 가지고 있던 염상구는 서울의 주택을 처분한다는 처분계획서가 첨부되어야 하는데, 예기치 못한 과도한 양도소득세로 인하여 서울의 주택을 처분할 수 없는 상황이라는 것을 알았다.

당연히 토지거래 허가를 받을 수 있을 것이라고 생각했던 염상구는 이미 계약금 5,200만원과 중도금 2억원을 지급한 상태였다. 결국 염상구는 특약조건대로 토지거래 허가를 취득하지 못하였으므로 본 계약은 무효라고 주장한다. 따라서 매도인 안길준 씨에게 지급한 계약금과 중도금을 반환해 달라고 한다.

하지만 안길준은 이미 그 돈을 다른 부동산을 구입하는데 사용했다며 오히려 잔금 지급을 독촉했다. 그리고 잔금을 지급하면 등기권리증과 소유권 이전 서류 일체를 넘겨줄 것이니 나중에 토지거래 허가를 받으라고 얘기한다.

하지만 매수인 염상구 입장에서는 소유권 이전에 대한 모든 서류를 받아봐야 토지거래 허가를 얻지 못하면 아무 필요가 없는 서류인 것이다. 결국 매수인과 매도인의 입장 차이가 좁혀지지 않았고, 매도인 안길준은 중개업자 서성한에게, 매수인 염상구는 중개업자 한기주를 통해 이 문제를 해결해줄 것을 요청한다.

이런 난감한 상황에서 서성한과 한기주는 자주 만나며 문제를 어떻게 풀어갈 것인지 각자의 의견을 주고받았지만, 뾰족한 묘안이 없다. 그렇게 시간은 흘러 1년이 훌쩍 지나가 버렸다.

**염상구**　해결 방법이 없겠습니까?

**한기주**　사장님이 서울에 가지고 있는 주택을 처분한다는 계획서가 첨부돼야 합니다.

**염상구**　그 얘기는 벌써 수차례 나눴던 얘기 아닙니까? 불가능하다고요.

**한기주**　그러면 방법이 없습니다.

**염상구**　정말 방법이 없겠습니까? 그럼 할 수 없죠. 매도인에게 가서 얘기를 전해주시오. 다음 달까지 뚜렷한 해결책을 제시하지 않으면 변호사 선임해서 법적 대응을 할 것이라고 말입니다.

한기주는 이런 매수인의 태도를 서성한에게 전하기는 했으나, 특별한 해결책을 가지고 있지 못한 두 중개업자는 신경만 날카로워질 뿐이었다.

**한기주** 이렇게 합시다.

**서성한** 어떻게요?

**한기주** 어차피 매도인은 그 돈을 다 써버렸고, 매수인은 서울의 주택을 처분하기 어려우니 제3자에게 전매합시다. 안 되는 사람 잡고 있어 봐야 해결될 리 없고, 우린 한 번 더 거래하여 이중의 수수료를 챙길 수 있으니…

**서성한** 그 방법 외에는 없겠군요. 그렇게 진행해 봅시다. 나는 매도인을 잘 구스를 테니 당신은 매수인을 잘 컨트롤 해주시오.

그로부터 2달 정도가 흐른 뒤 매수인 염상구가 한기주를 찾아온다.

**염상구** 한 사장! 우리가 사기로 한 그 물건 내가 다른 사람한테 팔았으니 매도인에게 연락하여 인감 및 기타 서류를 내가 판 사람 앞으로 발급해 달라고 하시오. 왜 계약 때의 이름과 다르냐고 물어보면 내 명의로 가져올 수 없어 내가 동생 명의로 받으려고 한다고 하고요.

**한기주** 아니, 그런 일이 있으면 저에게 귀띔이라도 해주시지…

**염상구** 그런 걸 일일이 다 얘기하나. 부동산중개소만 믿고 있으니 도저히 해결이 안 될 것 같아서 내가 아는 사람한테 팔았지.

말은 그렇게 했지만 한기주는 매수인 염상구가 제3자에게 전매를 한 것에 크게 신경 쓰지 않았다. 차라리 고맙다고 말하고 싶었다. 그리고 한기주는 매도인 안길준에게 잔금을 치를 테니 소유권 이전에 필요한 서류를 준비하라고 연락했다.

한편, 열흘 후 매도인 안길준과 한기주가 잔금과 서류를 맞교환하려고 계획한 하루 전날에 한기주는 잔금 치를 시간 때문에 서성한의 사무실을 방문한다. 당시 매도인 안길준은 서성한에게 모든 사항을 위임한 상태였기에 매도인과 별도의 통화는 할 필요가 없었고, 서성한하고만 얘기를 나누면 되는 상황이었다.

하지만 한기주를 만난 서성한이 뜬금없는 얘기를 들려준다. 이런 날 벼락이!

> **서성한** 마침 잘 왔어요. 그 물건 5일 전에 다른 사람에게 팔았어요. 보름 후면 매수인에게 계약금 및 중도금 2억 5,200만원을 환불해줄 수 있게 됐어요.
>
> **한기주** 예? 저희 매수인이 동생 앞으로 소유권 이전을 해놓으려고 한다는 얘기를 전하러 온 건데. 이제 토지거래 허가를 받을 수 있는 상황입니다. 잔금을 치르겠다는 말을 하러 왔다고요.

한기주는 그동안 자신의 고객인 염상구가 제3자에게 이미 팔았다는 얘기를 꺼낼 수가 없었다. 결국 서성한과 한기주의 통화가 단절된 것이 이 사건의 시발점이었다.

한기주는 난감한 상황에서 정신을 차려 보려 하지만 뾰족한 수가 없었다. 매수인 염상구가 제3자에게 전매했다는 얘기를 서성한에게 하면 자신의 고객인 염상구가 위험한 상황에 빠질 수 있다. 게다가 자신을 믿고 이야기한 염상구와의 신뢰를 저버릴 수도 없는 일 아닌가.

**서성한** 안 됩니다. 계약금과 중도금을 반환해 달라고 할 때는 언제고 이제 와서…

**한기주** 시간을 너무 오래 끌지 않았습니까? 염 사장도 답답한 마음에 취한 조 지인데…

**서성한** 어쨌든 안 됩니다. 이미 계약을 했어요. 곧 새로 산 사람 앞으로 토지거 래 허가신청 접수를 할 겁니다.

**한기주** 아니, 그런 일이 있으면 전화를 주셨어야지요. 그런데 얼마에 계약했습 니까?

**서성한** 5억 2,000만원에 했습니다. (나중에 밝혀진 바에 의하면 5억 4,000만원으로 체결하였다) 매수인을 잘 설득해보세요.

**한기주** 설득은 해보겠지만 만일 염 사장이 포기할 수 없다고 나오면?

**서성한** 그건 당신이 알아서 할 문제이지요.


한기주는 이런 사실을 매수인 염상구에게 전하고 대책을 강구할 것을 제의한다. 염상구는 소유권 이전 서류를 무사하게 받을 줄 알았는데, 일 이 잘못된 것에 실망을 감추지 못한다.

하지만 문제는 이제부터이다. 염상구 역시 제3자에게 전매를 하였으 니 서성한과 거래한 사람, 그리고 염상구 자신이 전매를 한 사람 둘 중 한 사람은 소유권 이전 절차를 받을 수 없게 된다.

이 상황에서는 매도인 안길준의 매매에 대한 위임장까지 다 받아 놓 은 서성한이 더 유리할 수밖에 없다. 따라서 염상구가 판단할 수 있는 것은 단 한 가지이다. 서성한이 제3자에게 전매한 것은 아직 계약금밖 에 건네지 않았으니 빠른 시일 내에 이를 막아야 한다. 이를 막지 못하면 염상구는 자신과 거래한 제3자에게 미등기 전매에 대해 약점을 잡히며 형사 처벌까지 받을 수 있다.

이런 상황을 알 리 없는 서성한은 한기주에게 매수인 염상구가 계약을 포기할 것을 종용한다. 한기주는 염상구 역시 전매를 한 것을 알기에 응할 수 없다고 맞선다. 그렇지만 서성한은 자신이 매도인의 위임장을 받고 일을 처리하는 것이기 때문에 좀 더 우위의 입장이라고 생각한다. 그리고 염상구가 과거에 계약금 및 중도금을 환불해 달라고 분명히 얘기했고, 이 사실을 매도인은 물론 자신과 한기주 모두 알고 있다. 따라서 서성한은 자신의 주장을 강하게 밀고 나간다. 즉 서성한 자신의 행동이 선의였음을 한기주가 부인할 수 없다는 계산을 한 것이다.

한편, 한기주는 1년 전에는 분명히 해약한다고 말했다는 점을 인정했다. 하지만 그 이후 계약이행의 걸림돌이었던 토지거래 허가를 받을 수 있는 조건을 구비했으니 제일 먼저 계약한 매수인 염상구 앞으로 등기 절차가 이루어져야 한다고 주장했다. 또한 매도인 안길준과 그의 동의를 얻은 서성한은 제3자에게 다시 매각하면서도 중도금까지 지급한 매수인 염상구에게 어떠한 연락도 하지 않았었다. 따라서 매도인 안길준은 적법한 해약절차를 거치지 않고 제3자에게 매매하였으니 명백한 이중매매라고 보는 것이다. 이것은 형사 처벌감이다.

서성한과 한기주가 동일한 사안을 바라보는데 큰 시각 차이가 발생하고 있었다. 하지만 서성한이 전매한 제3자 앞으로 등기를 이전하면 염상구는 매도자 안길준과 법정 소송을 통해 그 권리를 구제받을 수밖에 없으며, 염상구가 전매한 제3자는 그 사실을 자연적으로 알게 된다. 염상구 역시 그 제3자의 책임추궁에서 자유로울 수 없다.

한기주 역시도 위 부동산의 거래지역이 토지거래 허가구역이었으나 사전허가를 받지 않고 계약 및 중도금이 건네진 상태이므로 관할관청의 중개업법상의 처벌이 내려질 수도 있는 부담감을 가졌기에 소송까지 가는 걸 원하지 않았다.

이제 상황을 각각의 관점에서 간략하게 요약해 보자.

매수인 염상구가 제3자에게 전매한 사실은 중개업자 한기주만 알고 있다. 중개업자 서성한은 자신이 전매를 한 제3자와 무사히 등기이전이 완료되어야 더 큰 수수료가 보장된다. 따라서 자신이 제3자에게 거래한 계약을 포기할 수 없다. 염상구는 자신이 전매한 사람에게 소유권 이전을 해줄 서류를 받지 못하면 형사상 책임을 받을 수도 있다. 매도인 안길준은 모든 일을 서성한에게 위임했고, 염상구가 전매한 제3자와 서성한이 새롭게 전매한 제3자 각각은 이 사실을 모르고 있는 상황이다.

염상구는 먼저 처분금지 가처분을 신청해놓는다. 이 시점에 서성한에게 문제의 토지를 산 제3자는 중도금을 건넨다. 이때 서성한이 등기부 열람을 해보았더라도 사태가 확산되기 전에 수습할 수도 있었지만 아쉽게도 그렇지 못했다.

서성한에게서 거래를 한 제3자는 토지거래 허가신청서를 중도금을 건넨 후 자신이 직접 접수하였다. 접수 후 14일 이전에 별다른 이변이 없는 한 토지거래 허가는 나온다. 토지거래 허가결정이 나오기 3일 전, 서성한은 등기부를 출력해본다. 등기부 갑구에 가처분 설정이 되어있다. 가처분권자는 한기주와 거래했던 매수인 염상구다. 서성한은 이 사실을 제3자에게 알렸고, 그는 어떻게 된 일이냐고 따져 묻는다. 서성한은 부랴부랴 한기주에게 전화통화를 한다.

**서성한**   어찌된 것입니까? 계약금과 중도금 반환해준다고 했는데 가처분이라니요!

**한기주**   저도 몰랐습니다. 지난번 말씀하신 내용을 전했더니 있을 수 없는 일이라고 펄쩍 뛰시더니… 그리고는 더 이상 통화를 하지 않았습니다.

**서성한**   빨리 매수인한테 전화해서 가처분 말소해 달라고 하십시오.

**한기주**   지난번에 충분히 얘기했는데 말이 통하지 않았습니다. 서 사장님이 직접 통화를 하는 것이 좋을 것 같은데요?

**서성한**   알았소.

중개업자 서성한은 매수인 염상구에게 전화를 건다.

**서성한**   염 사장님, 우리가 거래했던 부동산에 가처분을 걸어놓았더군요. 한 사장을 통해 말씀드린 대로 계약금과 중도금을 반환해 드린다니까요.

**염상구**   한 사장이 얘기 안 했습니까? 이제 내가 그 부동산을 내 앞으로 옮길 수 있다고요?

**서성한**   얘기는 들었습니다만, 이미 한 달 전에 그 부동산을 다른 사람한테 매매했습니다. 그리고 지금 토지거래 허가가 접수되었고요. 염 사장님께서 양보해주셔야 합니다.

**염상구**   한 달 전에 매매를 했으면서도 나에게 일언반구도 없더니, 이젠 포기하라고? 어림없는 소리! 장난치지 말고 빨리 소유권 이전 날짜나 잡으시오.

다급해진 서성한은 다시 한기주를 만난다.

**서성한**  염 사장이 내 얘기는 도저히 안 듣는군요. 당신이 좀 설득해주시오.

**한기주**  안 됩니다. 그 사람 의지가 확고한 건 직접 통화해 보았으니 알 것 아닙니까?

**서성한**  이 건만 잘 마무리되면 1,000만원 드리겠소.

**한기주**  안 된다니까요. 나야 돈도 돈이지만 원만한 해결을 원하는데, 염 사장이 고지식한 데가 있어서 도저히 말이 안 통합니다. 지금 토지거래 들어가고 있는 것을 중지하는 것이 더 쉬울 겁니다.

**서성한**  그건 어렵고… 당신이 염 사장을 설득해보시오. 그게 당신이나 나나 더 유리하지 않겠소?

**한기주**  저도 수없이 얘기해 보았지만, 말이 안 통합니다. 자꾸 얘기하면 오히려 저까지 의심한다니까요.

**서성한**  그런 식으로 나오면 이쪽도 방법이 없는 건 아닙니다.

**한기주**  무슨 말을 하고 싶은 겁니까? 똑바로 얘기하십시오.

**서성한**  알았소. 나중에 봅시다.


다음날 염상구가 서성한의 사무실을 직접 방문한다. 분위기가 심상치 않다.


**염상구**  내가 분명히 얘기했는데 이렇게 고집 피울 작정입니까? (그리고 중개사무소의 공인중개사 자격증을 쳐다본다) 자격증도 없이 다른 사람 것 빌려서 하고 있었군요. 당신이 한 행동을 알고 있소?

**서성한**  무슨 말씀입니까?

**염상구**  이중매매 말이오. 이건 형사 처벌감이오. 게다가 매도인이 직접 다른 사람과 거래를 한 것이 아니라 위임장을 받은 중개사라고 매도인이나 나에게 알리지도 않고 미등기 전매를 하셨더군. 내가 그렇게 만만해 보입니까? 3일 시간을 주겠소. 소유권 이전 서류를 빨리 준비하시오. 만일 그렇지 않으면 쇠고랑 찰 준비를 해야 할 거요!

서성한은 염상구의 태도가 단호함을 알고 결국 자신과 거래한 제3자를 설득시키는 게 낫다고 판단한다. 게다가 자신이 공인중개사 자격증 없이 타인의 자격증을 빌려서 부동산중개소를 운영한다는 것을 염상구가 알아버리지 않았는가. 섣불리 싸우다간 오히려 큰 화를 입을 수도 있는 상황이다. 염상구를 상대하느니 자신과 거래한 제3자에게 양해를 구하는 쪽이 희망이 있다. 즉시 그를 사무실로 불러낸다.

하지만 어리숙하게만 보였던 제3자가 서성한을 몰아세운다. 계약금과 중도금이 건너갔으니 그 계약금과 중도금의 2배를 배상하지 않으면 손해배상 청구와 자격증 대여, 그리고 미등기 전매에 대해 법적으로 처리하겠다고 협박을 한다. 서성한은 자신의 수수료보다 미등기 전매에 대한 형사 처벌이 더 문제가 될 것임을 알고 있다. 염상구뿐만 아니라 자신이 거래한 제3자의 공격에 진퇴양난이다.

이 상황을 다시 한번 짚어보자.

서성한은 매수자 염상구와 자신이 전매한 제3의 매수자 모두에게 협공을 받고 있다. 이런 불리한 상황에 빠지게 되면 해야 할 말, 하지 말아야 할 말을 가리지 않고 하다가 자신에게 불리한 정보를 누설하는 경우가 많다. 누군가에게 하소연하고 싶고, 도움도 받아 보고픈 절박한 심정이 된다. 서성한이 당황하고 있는 모습이 상대인 한기주와 염상구, 그리고 제3의 매수인에게 보인다. 하지만 한기주는 이 모든 상황을 다 알고 있기에 서성한이 처한 상황에 대해 여유로운 마음으로 지켜보고 있다. 그리고 염상구는 한기주가 자신이 전매한 사실을 함구하고 있기에 서성한과 매도인 안길준에게 압박을 가하며 등기이전을 요구하고 있다.

서성한은 이제 모두에게 코너에 몰린 생쥐 입장이 되었다. 동물의 세계를 보면 알듯이 겁먹고 있는 약자는 결국 처참하게 물어뜯기게 되어있다. 서성한은 한기주에게 매일 찾아와 이 사건을 마무리하기 위한 조언을 구해보지만, 한기주에게서 뾰족한 대안이 나올 리 없었다.

이제 잔금 날짜가 얼마 남지 않았다. 토지거래 허가가 떨어지면 제3의 매수인은 소유권 이전을 요구하게 되고, 그 소유권 이전을 위해 염상구가 설정한 가처분의 말소를 문제 삼으며 매도인 안길준과 서성한에게 손해배상 청구까지 할 태세다. 이런 상황에서 한기주와 염상구는 이 일이 어느 쪽으로 전개될지 얘기를 나눈다.

**한기주** 서 사장이 코너에 몰린 것 같습니다. 하지만 우리가 가처분만 설정한 상태에서는 정상적으로 소유권 이전을 해올 수가 없습니다.

**염상구** 그러게 말입니다. 저쪽은 전매한 사람과 계약 파기를 할 수 없는 상황인가요?

**한기주** 이미 서 사장이 사장님한테 먼저 매매하였다는 사실을 제3의 매수인에게 얘기했더니 약점을 잡은 듯이 더 강하게 소유권 이전을 주장하고 있는 상태입니다. 안 사장(안길준) 역시 서 사장에게 위임장을 맡겼는데 그가 제3의 매수인과 계약을 또 하였으므로 이중매매에 의한 형사 처벌을 걱정하며 서 사장에게 책임을 묻고 있습니다.

**염상구**  저쪽은 아직 우리가 전매한 사실을 모르고 있지요?

**한기주**  아직 그럴 것입니다. 하지만 이렇게 시간을 끌다 사장님이 전매한 그 사람에게 이 내용이 귀에 들어가면 저쪽 입장과 똑같아질 텐데요.

**염상구**  그러게 말입니다.


서성한은 이제 이 거래만이 문제가 아니라 자신에게 공인중개사 자격증을 대여해준 사람과의 문제도 고심이다. 모두가 자신에게 추궁할 것을 생각하니 하루하루 피 말리는 상황을 이어간다. 잔금 날짜가 되기 전 사무실을 폐쇄하고 잠적할 생각도 하였지만, 매도인 안길준과 제3의 매수인이 자신의 집을 알고 있으니 도망치는 것도 한계가 있다.

이런 서성한의 급박한 상황과는 반대로 한기주와 염상구는 이보다는 덜한 스트레스를 받고 있었다. 서성한이 큰 스트레스 속에서 살아남기 위해 어떠한 돌파구를 마련할 것이라는 생각에서였다. 바로 이 점이 정보를 장악한 자의 여유이고, 그렇지 못한 자의 고통이다.

제3의 매수인이 잔금을 치르기 위해 토지거래 허가 신청한 것이 오늘 결과가 나오는 날이다. 서성한은 알고 있다. 당연히 자신과 거래를 한 제3의 매수인이 토지거래 허가받는 것에 전혀 이상이 없다는 것을.

하지만 토지거래 허가 신청이 불허가 처분되었다. 서성한은 믿기지 않아 그 불허가 사유를 확인해보니 제3의 매수인이 자신의 명의가 아닌 동생 명의로 토지거래 허가를 접수한 것이다. 매도인과 중개사에게 알리지 않은 명백한 계약위반이다.

서성한에게는 하늘이 도운 것이다. 서성한은 제3의 매수인에게 여지껏 자신이 받은 스트레스를 다 쏟아내며 분풀이를 해대었다. 결국 쌍방이 약점이 있는 관계로 제3의 매수인은 별도의 위약 문제없이 계약을 포기하기로 했다. 한 중개업자의 지옥과 천당을 오가던 악몽은 그렇게 끝났다.

한편, 염싱구는 사신의 전매 상황을 알고 있는 한기주가 어떻게 나올지가 두려웠다. 자신의 편에서 일을 처리해 주기는 했지만, 그는 후환이 두려워 결국 자신의 동생 명의로 정상적인 등기를 하고, 대신 자신이 전매한 제3의 매수인에게는 3년 후 소유권 이전을 할 수 있는 소유권 이전 가등기를 설정해주고 추가로 매매대금에 대한 근저당을 설정해주면서 그 후환의 싹을 잘랐다.

제3장

# 거래 상대를 파악하라

부동산 거래 협상에 있어서는 분명 상대가 존재한다. 그 상대가 한 명일 수도, 두 명일 수도, 아니면 그 이상일 수도 있다. 하지만 사람이 많다고 문제해결이 어렵고 복잡해진다거나, 상대가 한 사람이라고 쉬워지는 것은 아니다.

무엇보다 최종 결정은 당신이 선택해야 한다는 점이다. 실무적인 업무는 공인중개사가 진행한다지만, 사고파는 결정은 언제나 당신이 선택함으로써 최종 매듭지어진다. 이때 당신은 상대와의 관계에서 자신에게 이득이 된다고 판단했고, 그에 따라 선택했다. 그것이 다른 누군가의 설득에 못 이겨 어쩔 수 없이 받아들인 것이었다 하더라도 결국 그러한 결정을 내린 것은 당신 자신이다.

주변에서 흔히 맞닥뜨릴 수 있는 몇 가지 사례를 짚어가며 그 상황을 한 번 들여다보자.

# 먼저 양보하는 것의 의미

첫째, 사람에 따라 거래의 선택기준은 다르다. 어떤 사람은 한 번의 거래에서 각자가 취할 최대의 이익을 취하기도 하지만, 한 번의 거래는 다음 거래를 위한 첫걸음이라고 생각하는 사람도 있다. 후자를 우리는 일상생활에서 "단골을 위하여"라고 쉽게 표현한다. 그런데 이 단골을 위해서는 지속적인 만남을 전제로 한다. 하지만 당신과 거래하는 상대와의 거래물건이 자주 사고팔 수 없는 상당히 큰 규모의 거래금액이거나 일생에 한두 번 거래할까 말까 한 정도라면 당신의 양보는 되돌려받을 수 있으리란 보장이 없다.

둘째, 단골을 위하여 처음의 양보는 당신이 했지만, 다음 거래에서는 상대가 양보를 해주어야 한다. 남녀 간의 사랑이나, 형제 간의 거래나 부모와 자식 간의 사랑이 아닌 한 상대와 주고받기가 되어야 한다. 하지만 상대가 당신의 양보를 악의적으로 해석하고 이 양보를 관례화, 습관화로 여겨 당신에게 일관된 양보를 요구해올 때 먼저 양보한 당신은 불리한 상황을 마주할 수 있다.

셋째, 처음 당신이 양보를 해주면서 상대에게 말로 표현하든 의중으로 표현하든 다음에는 상대가 양보해주기를 원한다. 그리고 그 목적으로 먼저 양보를 해주었지만, 서면으로 합의가 되지 않은 이상 상대의 신뢰에 맡길 수밖에 없다. 게다가 당신이 먼저 양보를 한 행위를 상대가 언제까지 기억하고 있을지에 대해서도 생각해봐야 한다. 당신의 양보는 후일을 도모하기 위함이지만, 수많은 당신의 경쟁자들이 상대를 낚아채 갈 확률이 있다고 생각해보라. 서면으로 반대급부를 요구하진 못하더라도 당신의 양보에 배반하지 못할 책임감을 느끼게 할 그 무엇인가의 확답은 상대방 입으로라도 얻어두어야 할 것이다.

넷째, 상대가 요구하지 않았음에도 추후의 더 큰 거래를 위해 당신이 먼저 양보를 하는 유형이라면 당신 자신을 되돌아볼 필요가 있다. 남에게 잘해주면 상대도 그 답례를 꼭 해줄 것이라는 믿음은 희망일 뿐 절대 현실은 아니다.

다섯째, 그러면 현실에서는 누가 이런 유형을 많이 따를까? 대부분의 사람들이 나중의 더 큰 거래 관계를 위해 자신이 먼저 양보한다고 한다. 하지만 대부분의 부자들과 사기꾼은 이 유형을 택하지 않는다. 그들은 먼저 자신이 이득을 취한 후에, 다음은 그때 가봐서 얘기하자고 한다. 분명히 기억해두어야 할 것은 부자와 사기꾼은 자신이 먼저 이득을 취하면서도 마치 자신이 양보를 한 것처럼 말한다는 점이다. 그들에게 양심의 가책이나 미안한 마음은 전혀 없다. 반면, 가난한 자와 피해자들은 후일을 기약하며 정말로 자신이 먼저 양보를 한다. 말로써 하는 양보와 행동으로 하는 양보는 그 이득의 결과로 나타난다. 부자는 괜히 부자가 된 것이 아님을 기억하자.

아래 두 가지 사례를 한 번 비교해 살펴보자. 당신은 어느 유형인가?

**사례 1** 　 사무실 임대차를 중개하면서 보증금 2,000만원에 월 100만원의 사무실을 중개한 호박부동산 강신주 씨. 법정중개 수수료율은 보증금 2,000만원 +100만원×100 = 1억2000만원에서 이 금액의 0.2%~0.8%인 24만원~96만원 이었다. 통상 0.5%선에서 임대인과 합의가 이루어져 약 60만원이 중개수수료이지만, 막상 수수료를 결재할 때가 되자 임대인이 중개사 강신주에게 말했다.

"첫 거래이니 싸게 해주세요. 다른 곳은 30만원 주곤 했는데, 너무 많습니다."

건물의 1층부터 4층까지의 상가와 사무실을 독점 관리할 기회라고 생각한 강신주는 임대인이 다른 곳과 거래한 금액과 같은 30만원을 받기로 한다. 후일 다른 층의 사무실이 공실로 나왔을 때, 강신주는 당연히 임대인이 자신에게 그 사무실의 임대차를 제일 먼저 내놓을 것이라 생각했다.

하지만 그것은 강신주의 희망사항일 뿐 임대인의 생각은 전혀 달랐다. 온 동네 부동산에 매물을 내놓은 것이다. 그리고 그 사무실은 다른 부동산에서 임대차가 체결되었다. 임대인은 거래를 체결한 부동산에서 이제 이렇게 말한다.

"호박부동산에서는 수수료 30만원이면 충분하다고 하더군요. 당신은 얼마를 받을 예정입니까?"

**사례 2** 　 사무실 임대차를 중개하면서 보증금 2,000만원에 월 100만원의 사무실을 중개한 대박부동산 양경모 씨. 법정중개 수수료율은 보증금 2000만원 +100만원×100 = 1억2000만원에서 이것의 0.2%~0.8%인 24만원~96만원이었다

"중개수수료는 0.7%인 84만원입니다."

"뭐가 그렇게 비쌉니까?"

임대인은 화들짝 놀란다.

"법정 중개수수료 요율표를 보여 드릴까요?"

"그러지 말고 50만원에 합시다."

양경모는 침착한 모습으로 임대인을 바라보며 단호하게 말한다.

"84만원과 50만원은 차이가 너무 심합니다. 60만원과 84만원이라면 절충할 여지는 있습니다만…"

"우리 건물을 전적으로 관리해줄 중개사무소를 찾고 있는데, 이번에 싸게 해주면 대박부동산에 일을 주로 맡기고 싶은데…"

임대인의 은근한 눈빛에도 양경모의 표정은 흔들림이 없다.

"중개수수료 주시는 것 보면서 제가 사장님을 판단하겠습니다. 사장님께서 먼저 믿음을 주십시오. 이번에 제대로 지불을 하시면 다음 거래부터는 요율을 크게 낮추어 드리지요."

양경모의 단호한 말에 임대인이 졌다는 듯 웃는다.

"좋소! 이번엔 제대로 드리지. 대신 다음번엔 잘 해줘야 합니다."

"당연하죠. 감사합니다."

# 직접적인 만남에서 상대를 파악한다

부동산 거래에 있어 정보는 거래 전에 최대한 많이 확보할수록 유리하다. 그렇지 못했을 경우에는 처음 만났을 때 많은 질문을 통해 상대를 분석하고 순간순간 상대의 의중을 파악할 수밖에 없다. 상대와 첫 만남에서 확인해야 하는 몇 가지를 알아보자.

**첫째, 상대가 사물의 가치를 판단할 때 차이형 시각인지, 동일형 시각인지를 확인해야 한다.** 간단한 예를 보자.

서울 구로구 ○○동에 82m²(25평) 아파트가 7억원에 거래가 되었을 때 차이형은 동수나 층수 등 가격에 민감한 부분을 확인하고, 동일형은 무조건 '25평 시세가 7억원이다'라고 주장한다. 결국 차이형 사람은 다른 거래 사례보다 더 좋은 점을 부각시켜 높은 금액을 부를 가능성이 높다. 반면, 동일형은 주변 거래 사례보다 자신의 물건이 좋지 않을 때 주로 주장한다. 즉, 차이형은 거래 사례가 8층이 7억원에 매매되었다고 할 때 "우리 집은 더 좋은 동이고, 층수도 더 좋은 13층이니 7억원보다는 더 받아야 합니다"로 얘기할 가능성이 높고, 동일형은 자신의 아파트가 거래

된 아파트와 동수는 같고 4층일 때 "우리 아파트가 7억원이 시세입니다"라고 주장할 수 있다. 우리는 이런 부분을 대화 도중 잘 체크해야 한다.

다른 예로, 이사비를 언급할 때를 보자.

전세 만기 전, 주인이 들어와야 할 상황에 임차인과 적정한 이사합의금을 받기로 합의했다. 이때 문제는 임차인은 차이형이었고, 임대인은 동일형이었던 것을 서로 알지 못했다는 점이다. 다시 말해, 꼼꼼한 성격의 임차인은 이사합의금을 계산할 때 부동산중개 수수료, 포장 이사비, 에어컨 탈부착비, 하루 출근을 못한 노동비 등 예측되는 모든 것들을 끌어다 포함시켰다. 반면, 임대인은 다른 여느 집처럼 중개수수료와 포장 이사비만을 더한 가격을 이사합의금으로 생각한다. 이후 둘 사이에 분쟁이 발생한 것은 두말하면 잔소리다. 굳이 차이형, 동일형이라고 하지 않아도 받을 사람은 최대한 많이 받아내려 하고, 줄 사람은 최대한 적게 주려는 것이 당연하다. 서로의 차이점을 염두에 두지 않은 합의에는 필연적으로 분쟁이 따를 수밖에 없다.

**둘째, 상대가 감성적인가, 이성적인가?** 이 문제는 간단한 것 같지만 현실적으로 그 경계를 파악하기는 쉽지 않다. 따라서 부동산 거래에 있어 상대가 제시하는 의견이 감성적인지, 일정한 데이터나 전문가의 논거를 판단 기준으로 삼는 이성적인지 유심히 살펴보아야 한다.

주변에 경매로 부동산 재테크를 하려는 사람들을 향해 "경매는 안 좋은 물건이다, 경매는 시세보다 아주 싸야 한다, 주변에서 경매로 사서 손해가 난 경우가 있다"는 등의 얘기를 하는 사람들이 있다. 판단하는 기준이 다분히 개인적일 수밖에 없다. 이미 느꼈겠지만 이런 사람들은 대부분 이성보다는 감성이 앞서는 사람이라고 생각하면 된다. 하지만 경매낙찰 통계가 어떻게 되는지, 경매로 낙찰받을 때 시세보다 얼마나 더 쌀 수 있는지 구체적으로 설명을 하는 사람들을 보자. 그들은 주변에서 떠들어대는 감성적인 이야기에는 귀를 기울이지 않는다. 자신이 조사한 자료를 근거로 이성적인 판단을 하는 사람들이다.

우리가 부동산 거래를 하면서 상대에게서 이 부분을 판단해야 하는 이유는 이성적인 사람에게 감성적으로 설득하고, 감성적인 사람에게 이성적으로 설득하는 것은 필요 이상의 시간이 걸릴 수도 있고, 상대와의 입장 차이에서 논쟁으로 비화될 수도 있기 때문이다. 당신이 종교적인 만남으로 상대방을 마주한 것이 아니라 비즈니스 상대로 만나고 있다면 세상 사람들을 다 설득할 필요는 없다.

**셋째, 의사결정에 최종결정 권한이 있는가?** 대화 도중 상대가 의사를 결정할 때 특정 부분에 대해서는 다른 제3자의 판단이 필요하다고 얘기할 때가 있다.

일례로, 공장 부지를 물색하는 사장은 적은 금액으로 넓게 사용하려고 좀 더 싼 곳을 선호할 수 있지만 직원들은 출퇴근 거리를 염두에 두고 판단한다. 다시 말해 사장은 서울에서 먼 거리라도 계약하려 할지 모르지만 마지막에 직원들의 반대로 거래가 무산될 수 있다는 말이다. 따라서 협상 초기단계에서 그와 같은 제3의 의사 참여자들에 대한 협상당사자의 권한 범위를 짚고 넘어가야 한다. 양 당사자는 긴 시간을 가지고 협상 테이블에 머물렀지만 제3자들에 의하여 협상을 포기하는 사례가 실무에서는 비일비재하다.

**넷째, 말이 많은가, 적은가?** 상대가 말의 많고 적음은 매우 중요하다. 입시학원 강사라면 별표 몇 개라도 치게 하고 싶다.

입에 자물쇠를 채운 듯 듣기만 하고 거의 말이 없는 상대와 협상을 해본 경험은 누구나 있을 것이다. 이런 상대를 만나고 나면 그가 큰 요구조건을 들먹이지 않았음에도 까다롭다거나 어렵다는 느낌을 가지게 된다. 경험이 많은 협상가라면 나름대로 상황을 주도할 수 있겠지만, 초보 협상가에게는 어쩌면 제일 어려운 상대가 이렇게 말이 없는 사람들이다. 이런 상대를 만났을 때 반드시 필요한 것이 바로 잡담이다. 그리고 말하는 비율과 듣는 비율을 2:8보다 더한 1:9의 비율을 지켜줄 필요가 있다. 말이 적은 사람은 한마디 한마디에서 진실의 말이 나오는 경우가 많다. 이런 과묵형과 협상을 할 때는 질문의 기술이 필요하다.

하지만 이와는 정반대 유형인 다변가와 협상을 하게 될 때는 대화를 통제하는 기술이 필요하다. 상대의 말을 듣다 보면 엉뚱한 곳으로 빠지기 일쑤다. 당신이 할 일 없이 상대를 만나고 있다면 상관없으나 비즈니스를 하고 있다면 상대의 수많은 말 중에서 진실을 가려내야 한다. 그리고 주제와 상관없는 말들을 적절히 통제해야 한다.

# 친한 사람과의 부동산 거래

친한 사람과의 비즈니스 관계는 능률적일 수 있으나 위험할 수도 있다. 능률적인 부분에서는 의사결정에 있어 이해과정이나 설득하는데 들어가는 시간이 짧다는 점이다. 즉, 당신의 친구나 친인척이 부동산 중개사무소를 운영하고 있는데 좋은 물건이 있어 투자를 권유할 때는 그 부동산업자와의 특수 관계상 믿고 살 수도 있다. 하지만 다른 일반 중개사가 권유를 할 때는 투자물건에 대한 분석도 필요하지만, 그 중개사의 신뢰성도 충분히 생각할 것이다. 결정을 내리는데 시간이 걸릴 수밖에 없다.

대부분의 사람들은 자신과 아주 친한 사람을 선호하고, 그렇게 안 될 때는 친구의 친구라도 찾게 된다. 특히 나이가 있을수록 혈연과 학연, 지연을 통해 순간적으로 끈끈한 정이 쌓이는 특징이 있다. 친한 사람이 많고, 그들을 철저히 믿는 편이다. 하지만 믿는 도끼에 발등 찍힌다는 말처럼 그래서 위험한 상황에 빠지기도 한다. 이 위험한 상황은 크게 두 가지로 나눌 수 있다.

첫째, 의도하진 않았지만 일이 틀어져 상황이 나빠졌을 때, 우리는 금전적인 손해도 보지만 그 친한 사람과의 인간적 관계에도 큰 손해를 보게 된다. 그래서 흔히 친한 사람과는 금전거래나 동업 등 비즈니스를 하지 말라고들 한다. 주변에서 친구도 잃고, 돈도 잃었다는 말을 심심치 않게 들었을 것이다.

하지만 이 부분보다 더 깊게 봐야 할 점은 두 번째 사유이다. **가까운 사람과의 거래에는 의심을 하기 어렵다.** 조금 미심쩍어도 물어본다는 것 자체가 상대에 대한 신의를 배신하는 듯한 느낌이 들기 때문에 '설마, 우리 사이에…' 라는 자기 암시를 주고 의심의 느낌을 혼자 접어 버리는 것이다.

그러나 현실은 그렇게 녹록하지 않다. 특히 비즈니스 관계에서 의심을 하지 않는다는 것은 상당히 위험한 일이다. 의심을 하지 못함으로써 상대의 불법적인 행위에 대비할 시간이 없다. 한마디로 상대가 뭔가 나쁜 마음을 먹는 순간 당신은 아무런 방비도 못한 채 모든 것을 잃게 될 수도 있다는 뜻이다. 또한 뭔가 잘못되고 있다는 사실을 바로 알기도 어렵다.

주변에서 사업의 부도과정 중 흔히 보는 것이 가장 친한 사람에게 중요한 역할과 임무를 맡겼다가 발생되는 위급 상황이다. 사업주는 항상 확인하는 절차를 지키지만 아주 친한 사람에게는 확인절차를 생략하게 된다. 믿었기 때문에 맡겼으니 일일이 확인할 의미가 없다고 생각한다. 왜냐하면 그 사람은 가까운 혈연관계이거나 오랜 시간을 함께한 '친구'이기 때문이다.

이제 이 상황을 냉정하게 이야기한다면, 첫 번째 사유인 친구와 친한 사람을 잃는 것은 어쩌면 큰 문제는 아니다. 시간이 흘러 상황이 좋아지면 그 인간관계는 회복할 수도 있고, 친구를 잃은 것이 속상할 정도라면 내가 입은 금전적 손실이 회복 가능한 범위라는 뜻이다. 그러나 두 번째 사유는 문제가 더욱 심각하다. 첫 번째 사유인 친구를 잃는 것도 포함해서 당신이 완전히 길에 나앉게 되는 상황이 벌어질 수도 있기 때문이다.

사업을 하는 사람들은 부도를 제일 먼저 예감한다. 그래서 나름대로 재산을 은닉하거나 명의를 바꾸는 등 대책을 강구하게 된다. 물론 도덕적으로 해서는 안 되는 일이지만, 현실적으로 자신과 가족을 살리기 위해선 어쩔 수 없는 방법이라 생각한다. 하지만 믿고 의지한 가까운 이의 사기 행각은 전혀 예상치 못하기 때문에 대책도, 방어도 할 수 없다. 튼실했던 회사가 순식간에 무너지며 부도처리가 돼도 당신이 할 수 있는 일은 아무것도 없다. 믿었던 사람의 배신보다 평생을 쌓아 올린 당신의 사업체와 가족의 미래가 한순간에 무너져 버리는 순간이다. 이래도 그를 믿을 것인가?

부부 사이가 원만하지 못한 차동진 씨 부부. 부동산 투자에도 전혀 다른 방법을 취한다. 아내는 뉴타운과 재개발에 관심이 많았지만, 남편은 토지에 열중하고 있었다. 아내는 자신의 투자방식이 안전하다고 우겼고, 남편은 재개발 뉴타운 빌라는 큰돈을 벌지 못한다고 아내를 구박했다. 두 사람이 이혼하지 않는 이유는 단지 평생 모은 재산을 상대에게 한 푼도 주고 싶지 않아서일 뿐이라고 주변 사람들은 수군거렸다.

항상 다른 곳을 보던 부부가 이번에도 각자 다른 곳의 물건을 두고 티격태격한다. 남편은 엄청난 투자 이익금을 가져다줄 땅이라며 자신이 보고 온 땅을 사자고 주장했고, 아내는 마침 좋은 재개발 물건이 나왔다며 그것을 먼저 사고 땅 투자는 뒤로 미루자고 우겼다. 서로 의견 일치를 보지 못하고 사이만 더욱 나빠졌다.

결국 남편이 아내와의 합의 없이 혼자 덜컥 땅을 계약하고 돌아왔다. 계약금을 걸었으니 한 푼에도 벌벌 떠는 아내가 어찌하지 못할 것이란 계산에서였다. 남편의 예상대로 아내는 매섭게 노려볼 뿐 더 이상의 말이 없었다. 아내의 기를 꺾고 마음에 드는 땅을 사게 된 남편은 몹시 기분이 좋았다.

드디어 잔금 당일, 매도인과 매도인측 중개사, 그리고 남편측 중개사와 법무사가 거래를 알선한 부동산중개소에 모였다. 부부는 아직 도착하지 않은 상태다. 중개사가 차동진에게 전화를 건다.

"어디쯤 오고 계십니까?"

"거의 다 왔습니다. 5분만 기다려주세요."

부동산중개소 앞에서 차동진이 아내가 운전해온 차에서 내리며 말한다.

"사람들이 기다리니 내가 먼저 들어가 있을게. 당신 혼자 은행 가서 잔금 찾아올 수 있지? 불안하면 거기 청원경찰한테 같이 좀 가자고 부탁하고…"

"내가 알아서 할 테니 얼른 차 문이나 닫아!"

표독스런 아내의 말투에 머쓱해진 남편이 차 문을 닫는다. 요란한 굉음과 함께 멀어지는 차를 보며 투덜대는 남편.

"이미 이렇게 된 거 기분 좋게 해주면 좀 좋아?"

그렇게 거래 당사자들 모두가 모인 자리에서 부동산 소유권 이전에 관련한 서류를 쌍방이 확인하며 시간을 보내다 문득 돈을 찾으러 간 아내가 아직 오지 않았다는 사실을 안다. 이미 오고도 남을 시간이라 차동진은 약간 걱정이 되기 시작한다.

"금요일이라 사람이 많은 모양이지요."

중개사의 말에도 왠지 불길한 느낌이 든 차동진은 아내에게 전화를 걸지만 받지 않는다. 부리나케 은행으로 달려가 보지만 그곳에도 아내는 없다. 혹시 납치된 것은 아닌지 이젠 돈과 함께 미웠던 아내까지 걱정되기 시작한다. 당장 경찰에 전화를 하려다 혹시나 하는 마음에 다시 전화를 건다. 이번엔 낭랑한 아내의 목소리가 들린다. 반갑기도 하고 화가 나기도 한 남편이 버럭 소리를 지른다.

"당신 뭐야! 잔금 찾아오랬더니 지금 어디 있어!"

화가 난 남편의 목소리에 아랑곳하지 않는 아내의 목소리가 울린다.

"내가 지난번에 말했던 뉴타운 빌라 샀어. 계약금 없이 그냥 일시불로 처리했으니까 그리 알아."

자신이 할 말만 하고 끊어버리는 아내. 남편은 망치로 뒤통수를 얻어맞은 표정으로 그저 멍하니 서 있었다. 남편은 아내가 자신을 배신할 거라고는 추호도 생각하지 못했다. 아무리 사이가 나빠도 부부이고, 계약금은 두 사람의 공동재산 아닌가?

이들 부부의 사례가 약간 과장된 표현인지는 모르겠지만 첫 번째 유형, 즉 의도하진 않았지만 일이 틀어져 금전적인 손해를 본 상황이다. 철저히 믿고 있었던 사람에게서 배신을 당해 금전적 손해를 본 것이다. 물론 남편은 앞으로 다시는 아내를 신용하지 않을 것이고, 비록 한 집에 산다 해도 서로 간의 금전 공유는 더 이상 불가능할 것이다.

이렇듯 우리는 절대 믿었던 누군가에게 너무나 예상치 못한 부분에서 배신을 당할 수도 있다. 금전과 나의 재산이 걸린 문제에서 나 자신 이외에 완벽하게 믿을 수 있는 사람이란 없다. 삭막하게 들릴지는 몰라도 그것이 나의 소중한 인간관계를 깨지 않는 기본 마음가짐이다.

믿는 도끼에 발등을 찍힌 부동산중개사의 사례를 하나 소개한다.


주로 토지거래를 중개하는 중개사 박시완 씨와 김병권 씨는 평소 형님 동생 하는 절친한 사이였다. 두 사람이 제법 규모가 큰 토지를 공동 중개하게 되었다. 이 매매에서 박시완의 활약이 훨씬 컸지만, 평소 두 사람의 관계와 뒤에 남은 서류작업 등의 업무를 김병권이 처리하기로 하면서 중개수수료는 정확히 반반으로 배분하기로 했다.

잔금이 완료되었다는 소식에 박시완은 중개수수료를 배분하기 위해 김병권의 사무실을 찾아갔다. 하지만 김병권은 소유권 이전 서류가 다 넘어가고 난 뒤에 배분하자고 한다. 통상의 중개수수료 배분은 잔금이 끝나면서 바로 받는다. 하지만 김병권의 제안이 있을 수도 있는 대답이라고 생각한 박시완은 그걸 수용하고 그냥 돌아왔다.

그런 박시완을 보며 아내가 답답한 듯 한마디 한다.

"아무리 친한 사이라도 돈 문제인데… 그런 문제는 확실하게 하고 넘어가는 것이 좋지 않겠어요?"

아내의 말에 마음이 상한 박시완이 나무라듯 말한다.

"그 친구하고 나하고 어떤 사이인지 몰라? 그 친구가 얼마나 진솔한 친구인데 그런 말을 해?"

"오랜 친구도 아니잖아요. 일 관계로 만난 사람인데 그렇게 마냥 믿는 건…"

"어허, 법 없이도 살 수 있는 친구라니까!"

박시완의 언성이 높아지자, 아내는 더 이상 말을 하지 않는다. 하지만 여전히 미심쩍은 표정으로 박시완을 보고 있다.

4~5일 후 등기는 다 나왔는데, 아직 김병권한테서 전화가 없다. 박시완은 친한 사이에 돈을 달라고 얘기하기가 머쓱해 기다리고 있었다. 하지만 일주일이 지나도 전화가 없다. 이 정도 되면 슬슬 불안해지기 시작한다. 잔금이 끝난 후 10일이 경과한 것이다.

다시 전화를 하니, 김병권은 급한 일 때문에 연락을 못해서 미안하다고 연신 사과하며 2~3일만 지나면 일이 끝나니 그때 만나자고 한다. 박시완은 '그러면 그렇지, 급한 일이 있어 전화를 안 한 거구나' 생각하고 잠시나마 상대를 의심한 자신을 반성했다.

그 후 3~4일이 지나도 전화가 없다. 서로 약속한 날이 지났지만 3~4일 만에 전화하는 것은 상대를 신뢰하는 것이 아니라는 생각을 한 박시완은 좀 더 기다려 보기로 한다. 김병권의 급한 일이 생각보다 복잡하게 얽힌 모양이라고 스스로를 위로하기까지 한다. 다른 중개업자와의 거래였다면 있을 수도 없는 일이었지만, 박시완은 김병권과 자신의 사이를 너무나 확실하게 믿고 있었다.

그로부터 다시 일주일이 지났는데도 아무런 연락이 없자, 박시완은 이제 슬슬 화가 나기 시작했다. 김병권에게 전화를 건 박시완은 당장 만나자고 화를 냈다.

"내가 자네를 믿어서 계속 기다렸는데, 이거 너무한 것 아닌가? 지금 당장 내가 갈 테니 사무실에 있어!"

"형님, 정말 죄송합니다. 요 며칠 제가 제정신이 아니었습니다. 매도인이 양도소득세 신고한 것 중 일부가 잘못되어 그 뒷수습을 해주고 있습니다. 제 실수로 일어난 일이라 이게 회복이 안 되면 제가 아주 난처한 상황이 되거든요."

"자네 실수라니? 그게 무슨 말인가?"

"사실 형님께는 말씀드리지 않았지만 매매할 당시 양도세 얼마가 나온다는 조건을 달아 주었거든요. 그러니 제가 약속한 양도세 금액과 실제 부과되는 금액이 차이가 없어야 한다고 하면서 매수자가 중개수수료를 다 주지 않은 상태입니다. 곧 마무리될 터이니 조금만 더 기다려주세요. 정말 죄송합니다."

김병권의 호소에 순간 화가 수그러지며 걱정하는 마음까지 드는 박시완.

"그런 일이 있었어? 난 그런 것도 모르고… 미안하네. 일은 잘 해결될 것 같은가?"

"예. 2~3일이면 해결될 것 같습니다. 다음 주 초에 제가 형님 한 번 모시겠습니다. 이번에 제가 실수한 것도 만회할 겸 크게 한턱내겠습니다."

"어허, 실수라니… 사람이 정신이 없으면 그럴 수도 있는 거지. 내 걱정은 말고 일 처리나 잘해."

"감사합니다, 형님."

통화가 끝난 후 박시완은 자신이 사람을 잘못 본 것이 아니었다는 생각이 들어 기분이 좋아졌다. 어려운 매매를 혼자서 매듭짓고 그 뒷수습까지 혼자 하고 있는 후배가 기특하고 고맙기까지 했다. 다음에 만나면 자신이 크게 대접하리라 마음먹었다.

그렇게 한 달이 지났다. 그런데 이렇게까지 연락이 없다니 뭔가 일이 크게 잘못된 것이 분명하다. 박시완은 김병권에게 전화를 거는 대신 매도인을 찾아갔다.

하지만 매도인은 자신을 찾아와 김병권과 세금에 대해 묻는 박시완이 황당한 듯 바라본다.

"무슨 소립니까? 양도세라니요? 그분하고는 매매 이후 만난 적도 없는데요?"

"예? 그럼, 중개수수료는?"

"절반의 수수료는 계약 때 그분께 드렸고, 나머지 절반은 잔금 치를 때 따로 봉투에 담아 드렸는데요? 아직 못 받으신 겁니까?"

박시완은 너무 큰 충격에 할 말을 잃었다. 한 번만 의심을 했어도 벌어지지 않았을 상황이다. 금전 문제에 자신이 너무 안일했다는 것을 그제야 깨닫는다. 물론 김병권은 그동안 자신의 사무실을 처분하고 잠적해 버렸다. 그가 사기를 친 사람은 박시완뿐만 아니었다. 사기를 당한 사람들 대부분은 금전적인 손해보다 믿었던 사람의 배신에 더 큰 타격을 받았다.

박시완은 그 후 친근하게 다가오는 사람들에 대해 병적인 경계심이 생겼다. 그리고 주변 사람들에게 항상 이런 말을 하곤 한다.

"믿는 도끼에 찍힌 발등은 정말 눈물 나게 아프다."

한때 재건축 재개발이 부동산시장 흐름을 주도하던 시기에 대지 지분 많은 노후 연립은 인기였다. 아래 사례는 당시 재건축 관련 노후 빌라를 사는 과정에서 문제가 발생했고, 협상을 통해 마무리된 사건이다. 이 사건에는 등장인물이 여럿 등장해 이틀(48시간)이라는 짧은 시간 동안 다자 협상이 복잡하게 전개되지만, 결국 마지막에는 당사자 협상으로 귀결된다. 등장인물을 소개한다.

**구임차** 보증금 1억4,000만원에 전세 살고 있던 임차인

**신임차** 새로 이사 들어올 임차인

**권매도** 예전에는 박중개가 임대차를 놓아주었으나 이번에는 최중개가 매매를 진행 처리

**황매수** 최중개의 권유로 해당 빌라를 매입

**박중개** 구임차와 신임차 간의 임대차 계약 체결

**최중개** 권매도와 황매수 간의 매매 계약 체결

## 1) 도입 단계

황매수는 최중개가 운영하는 중개사사무실 근처의 노후 빌라 단지가 향후 재건축 재개발의 가능성이 높아보여 투자를 할 생각이다. 권매도가 내놓은 금액이 1억8,000만원이었으나 최중개가 권매도와 통화해 1억7,000만원으로 깎아놓았다. 2시간 후, 멀리 거주하고 있는 권매도가 최

중개의 사무실을 방문하여 매매계약서를 작성한다.

총 매매대금 1억7,000만원, 계약금 1,700만원, 중도금 5,300만원, 잔금 1억원

**특약사항**   1. 잔금기일은 현 임차인의 명도기일인 임대차 만기일로 한다.

                2. 현 임차인의 명도는 매도인이 부담한다.

**황매수**   세입자의 만기일이 언제입니까? 저는 월세로 놓아야겠습니다.

**권매도**   아직 2달 정도 남았습니다. 확인해볼까요?

**황매수**   아닙니다. 아직 시간이 충분하니 천천히 확인하지요. 그리고 세입자 얼굴도 보고 보증금 반환 문제도 얘기할 겸 제가 방문하지요.

## 2) 문제 발생

거래 체결 15일 후, 최중개는 황매수를 대신해 자신이 거래한 빌라를 방문했다. 새로운 주인인 황매수가 보증금 반환할 준비가 되어있으니 집을 비우라고 전할 생각이었다.

**최중개**   계세요?

**구임차**   누구세요?

**최중개**   빌라를 새로 산 주인이 언제 이사 나갈지 확인해 달라고 합니다.

**구임차**   무슨 말씀이세요? 우린 모레 이사 나가는데…

**최중개**   예? 아니, 이 집에 사시는 분이 구임차 씨 아닙니까?

**구임차**   예, 제가 구임차입니다.

**최중개**   집 주인(권매도)이 이 사실을 알고 있나요?

**구임차**   예, 알고 있을 겁니다.


최중개는 권매도에게 바로 전화를 건다.


**최중개**   권 사장님, 지금 빌라 101호를 다녀오는 길인데 임차인이 말하길 전세
를 체결했고 모레 이사를 한다는데 모르고 계셨습니까?

**권매도**   예? 내가 계약서를 작성한 일도 없는데 무슨 말입니까?


### 3) 무엇이 문제인가

최중개는 다시 구임차가 거주하는 빌라 101호를 방문한다. 여기에서
핵심은 집 주인과 임차인 가운데 한 명이 거짓말을 하고 있거나, 의사소
통에 문제가 있다는 점이다. 누구의 말이 진실인지 찾아내기 위해 각자
가 말한 취지와 의도를 분명히 짚고 가야 한다.


**최중개**   확인할 것이 있어서 다시 왔습니다.

**구임차**   뭘 확인하는데요?

**최중개**   집 주인(권매도)은 임대차 계약서를 작성한 적이 없다고 하는데요?

**구임차**   무슨 말씀이세요. 부동산에서 다 작성했는데…

**최중개**   어느 부동산에서 작성했습니까?

**구임차**   사거리에 있는 대한부동산에서요.


최중개는 박중개의 대한부동산을 방문한다.

**최중개**  ○○빌라 101호 전세 계약 때문에 왔습니다.

**박중개**  무슨 문제라도 있습니까?

**최중개**  임차인(구임차)이 이곳에서 임대차 계약서를 작성했다는데 사실입니까?

**박중개**  맞아요. 모레가 이삿날인데?

**최중개**  집 주인(권매도)은 계약한 사실이 없다는데 어떻게 된 것입니까?

**박중개**  남의 집 전세계약을 왜 묻는 겁니까?

**최중개**  집 주인(권매도)이 그 빌라를 팔았습니다. 특약조건에 현 임차인의 명도
는 매도인이 부담하는 것입니다.

**박중개**  언제 팔았습니까?

**최중개**  보름 전입니다.

**박중개**  그럼 우리와는 상관이 없군요. 우린 한 달 전에 이미 계약한 것이니…

**최중개**  계약서 좀 볼 수 있습니까?

**박중개**  여기 있습니다.


임대인 : 경기도 고양시 덕양구 ○○동 110 임대인 권매도 ( 인 )

대리인 : 서울시 강북구 ○○동 220 ○○빌라 101호 대리인 구임차 ( 인 )

임차인: 서울시 강북구 ○○동 330 임차인 신임차 ( 인 )

중개사: 서울시 강북구 ○○동 440 중개사 박중개 ( 인 )

특약사항 : 대리권에 대한 문제 발생 시 임차인인 구임차가 책임지기로 한다.


**최중개**  임대인의 인감이 첨부된 위임장이 있어 작성된 것입니까?

**박중개**  아니오. 임차인(구임차)이 임대인(권매도)의 권한을 위임받고, 자신이
책임진다고 해서 작성한 겁니다.

**최중개** 법을 모르는 사람들이야 그렇다고 치더라도 공인중개사인 당신은 이 계약에 중대한 하자가 있다고 보지 않으십니까?

**박중개** 무슨 소리를 하는 겁니까? 당신이 경력이 얼마나 됐다고 가르치려 드는 거요?

**최중개** 지금 감정적으로 생각할 때가 아니지 않습니까? 일단, 이 문제를 어떻게 해결하면 좋을지 의논해봐야 하지 않겠습니까?

**박중개** 해결은 무슨… 당신은 당신 일이나 알아서 하시오. 우린 모레 이사시킬 것이니…

**최중개** 후회하실 텐데요. 모레 어떤 일이 벌어질지 상상해 보세요.

**박중개** 남 걱정하지 말고 당신 일이나 똑바로 하시오.

박중개의 대한부동산을 나온 최중개는 이 상황을 매수인 황매수에게 보고한다. 황매수는 임대인의 서명 날인 없는 임대차 계약은 무효이며, 절대 이 상황을 받아들일 수 없다고 한다.

이 상황을 좀 더 쉽게 이해하기 위해 각각의 입장에서 중간점검을 해보자.

구임차는 모레 이삿날에 무엇인가 잘못될 수도 있다는 것을 최중개의 방문을 통해 예감한다. 대체 누가 잘못한 것인지 임대차계약서를 작성한 박중개와 상황에 대한 의견을 주고받는다.

신임차는 모레 이사 들어올 것만 생각하고 사건 당일 핸드폰이 꺼져 있다. 선의의 피해자이면서 모레 어떤 일이 발생할지 상상도 못하고 있다.

권매도는 현재 살고 있는 세입자(구임차)가 체결한 임대차 계약이 자신의 잘못 때문인지 아직 잘 모르나 그럴 수 있다고 생각한다.

황매수는 중개사(최중개)가 일 처리를 잘하고 있으며, 그다지 문제될 것이 없다고 생각한다. 그러나 세입자가 나가기로 한 모레가 조금은 불안하다.

박중개는 모레가 이삿날이니 지금 원점으로 돌려 임차인(신임차)에게 새로운 집을 찾아주기에는 시간이 없고, 대책을 강구하기 위해 그에게 통화를 시도하지만 여전히 핸드폰이 꺼져 있다. 대리계약에 대한 일정 부분의 책임이 있음을 알고 있다.

최중개는 법적으로는 문제될 게 없으나 매수인(황매수)에게 신뢰에 금이 갈 수 있고, 구임차와 신임차가 서로 법을 무시한 채 입주를 강행하면 명도소송절차나 매도인에 대한 손해배상으로 이어질 수 있다. 피곤하게 소송에 휘말릴 수 있다.

### 4) 문제의 핵심은 무엇인가

최중개는 대리권에 문제가 있음을 알아냈으나 구임차가 권매도에게 어떻게 위임을 받았는지가 확인되지 않았다. 최중개는 다시 구임차를 찾아간다.

**최중개** 임대인(권매도)이 대리권한을 줬다고 했는데, 관련 서류는 없으시고…
왜 이런 현상이 발생되었는지 궁금합니다.

**구임차** 우리가 전세금 1억4,000만원에 4년 동안 살고 있었는데, 나간다고 하니 주인(권매도)이 그 금액에 부동산에 내놓으라고 하시더군요. 그리고 별로 신경 쓰고 싶지 않다면서 잔금 때나 오겠다고 하셨죠. 그것이 위임이 아니고 뭡니까?

**최중개**  만일 이 계약이 잘못되면 계약당사자로서 당신이 임차인(신임차)에게 손해배상 문제가 대두될 수 있습니다. 그러면 당신은 임대인(권매도)에게 다시 손해에 대해 책임지라는 구상권을 행사할 수도 있을 겁니다. 하지만 법으로 가면 당신에게 위임장이 없으므로 누가 이길지는 장담할 수 없습니다. 이 임대차 건에서 1차적인 책임을 면하기는 어려울 것 같습니다.

최중개의 말에 구임차의 표정이 흔들린다. 자신의 잘못을 어느 정도 인지하고 있는 것이다. 구임차와의 만남에서 문제를 파악한 최중개는 권매도에게 전화를 걸었다.

**최중개**  임차인(구임차)한테 전세금액 1억4000만원에 그대로 내놓으라고 하셨습니까?

**권매도**  그러긴 했는데…

**최중개**  그러면 이 부분을 매매계약하기 전에 미리 말씀을 하셨어야죠!

**권매도**  그게 그렇지 않습니다. 구임차가 3번인가 4번인가 전화를 했었죠. 그때마다 집이 나갈 것이라고 했었지만 번번이 계약이 무산되었다고요. 그래서 이번의 매매계약 전에 온 전화도 당연히 안 되었겠거니 생각했지요. 그 이후에도 전화가 없으니 그리 믿는 게 당연하지 않습니까? 하필 이번에 계약이 됐을 줄이야…

**최중개**  그럼 일정 부분은 과실이 있음을 인정하셔야겠습니다.

**권매도**  그럴 수도 있지요. 하지만…

**최중개**  알겠습니다. 일정 부분 과실이 있음을 인정하는 것으로 알겠습니다.

문제 발생의 핵심은 바로 이 부분에 있었다. 의사가 전달된 시차가 문제였다. 이쯤 되니 실무에서 충분히 있을 법도 한 일이라 판단된다. 최중개 자신이 구임차나 권매도의 입장이라도 충분히 이해는 간다.

하지만 일은 벌어졌고, 수습을 해야 한다. 이제 구임차와 권매도는 각자 일정 부분 서로의 과실을 인정하였다. 남은 문제는 선의의 피해자인 신임차이다.

최중개는 문제가 발생된 지 하루가 지나 어렵게 신임차와 전화통화가 되었다. 최중개와 통화로 문제의 심각성을 인지한 신임차는 사태 점검을 위해 박중개의 부동산을 방문한 후에 최중개의 부동산을 방문한다.

**최중개**  내용을 전부 들었습니까?

**신임차**  예, 집을 소개한 중개사(박중개)에게 다 들었습니다. 하지만 제가 잘못한 것도 아니고… 큰 문제는 없을 거라고 하던데요?

**최중개**  선생님이 선의의 피해자인 것은 인정합니다. 공인중개사 사무실에서 계약서를 작성하셨으니 안심이 될 것이라고 생각하겠지만, 최종적으로 계약 체결에 대한 잘못 유무는 계약 체결 당사자에게도 책임이 있습니다. 누구의 과실이 더 큰가 하는 차이만 있을 뿐입니다.

**신임차**  예? 그럼 문제가 될 수도 있단 말입니까? 내일이 이삿날인데 이제 와서 문제가 되면 어쩌란 말입니까? 새로 찾을 시간도 없을 뿐더러 요즘엔 전세 구하기가 어렵지 않습니까?

**최중개**  새로 산 집 주인은 원칙적으로 전세를 하지 않을 생각입니다. 그리고 이 계약 건에서 선생님이 실수를 한 것이 있습니다.

**신임차**  그게 뭡니까?

**최중개** 임대차 계약 체결 당시, 임대인의 대리인 자격으로 기존 임차인(구임차)

이 임대인란에 자필 서명할 때 분명히 이 부분을 언급하셔야 했습니다.

**신임차** 당연히 그렇게 했지요. 그래서 특약 부분에 임차인(구임차)이 책임진다

는 얘기를 넣었구요.

**최중개** 알고 있습니다. 하지만 1달이란 시간이 주어질 동안 구임차나 박중개에

게 대리권을 증명할 위임장을 구비하거나 계약서에 추인을 받았어야

했습니다.

**신임차** 그 일을 제가 해야만 하는 것이었나요?

**최중개** 당신이 계약당사자이니 자신이 확인했어야 합니다. 나중에 일이 잘못

되었을 때 구임차나 박중개에게 일정 부분 책임을 물을 수도 있지만,

지금 제일 곤란한 건 선생님이 아닙니까?


신임차도 일정 부분의 과실을 인정하였다. 최중개는 이 정도면 일이 쉽게 풀려나갈 수도 있겠다는 생각이 들었다. 하지만 싸움은 새로운 국면으로 접어든다.

구임차와 신임차는 박중개와 다시 얘기를 나누는 동안 자신들이 인정한 과실 부분이 억울하다는 생각이 들었다. 두 사람은 박중개와 한 목소리를 내기로 했다.


## 5) 이해당사자들을 협상 테이블에 올려라

D-데이까지 불과 몇 시간 남지 않은 순간인데 원점으로 돌아가는 듯하다. 일단 의사소통 라인에 문제가 있으니 다시 한번 의사소통 체계를 되짚어보자.

구임차는 계약 책임을 회피하기 위해 박중개와 한 배를 타야 하는 입장이다. 따라서 박중개와 함께 집 주인 권매도를 공동의 적으로 몰아가 책임을 권매도에게 물어야 자신이 안전하다. 그리고 자신의 대리권 인정 여부를 가장 잘 대변해줄 사람이 박중개다. 그런 이유로 구임차는 무조건 박중개와 함께 한다. 따라서 협상을 풀어나가려면 구임차와 박중개를 분리시켜 놓는 것이 필요하다.

신임차는 박중개에게 절반의 책임과 절반의 희망을 가질 수 있다. 책임은 대리계약에 대한 잘못을 추궁하는 것이고, 희망은 내일 이사 들어가는데 부동산 분야의 전문가인 그의 노력이 지대할 것이라는 생각이다. 하지만 새로운 매수인의 신임을 얻고 있는 최중개와도 일정한 거리를 유지해야 하는 어중간한 위치이다.

박중개는 구임차를 자기편으로 끌어들이고, 최중개는 물론 집 주인인 권매도 및 황매수를 상대해야 한다. 이를 최중개 입장에서 보면, 박중개가 논리적 자료제출이나 임차인들인 구임차나 신임차의 신뢰를 받지 않게 하기 위해서는 그가 권매도 및 황매수와 접촉하는 것을 차단해야 한다.

힘의 우위가 어떻게 재편되는지도 알아볼 일이다.

① 구임차와 신임차가 합류한 박중개와, 권매도 및 황매수가 한 목소리를 내는 최중개. 이 싸움은 100% 최중개 쪽의 승리이다. 임대차 분쟁에서는 누가 임대인을 조정할 위치인가가 관건인데, 최중개가 임대인 위치인 권매도와 황매수의 입장을 대변하고 있기 때문이다.

② 신임차는 구임차에게 대리권한의 하자에 기한 손해배상청구 가능성도 있다.

박중개는 신임차의 책임을 면할 수 없지만 특약사항에 대한 내용으로 구임차에게 책임을 전가할 수도 있다. 다시 한번 특약사항 내용을 보자 [대리권에 대한 문제 발생 시 임차인인 구임차가 책임지기로 한다.]

③ 구임차는 이 상황에서 누구에게도 책임을 물을 수 없다. 그가 할 수 있는 것은 지금 연락처를 차단한 권매도뿐이다. 따라서 이들 각자 사이의 힘의 우위는 신임차 > 박중개 > 구임차이다.

④ 주인과 임차인 간의 문제만 보면 권매도와 황매수에게 신임차는 가장 불리하다. 위 ③의 입장에서는 가장 유리한 그가 역설적으로 임대인 간의 문제에서는 제일 불리하다.

이를 바탕으로 힘의 우선순위를 요약해보면, 아래와 같은 상황에 놓여있음을 알 수 있을 것이다.

황매수 > 최중개 > 권매도 > 신임차 > 박중개 > 구임차

다시 말해, 모든 것을 결정하고 좌우하는 황매수의 선택이 나머지 사람들의 힘의 관계를 좌우한다. 신임차가 이사 들어오는 내일까지는 24시간이 채 남지 않았다. 박중개가 구임차 및 신임차와 연합해 있는 이 순간 최중개는 황매수에게 최종 의사결정을 타진한다.

**최중개** 문제가 복잡하게 얽혀 있습니다. 문제를 풀 수는 있지만 그 전에 한 가지를 약속해 주셨으면 합니다.

**황매수** 그게 뭡니까?

최중개  내일이면 신임차가 이사 들어옵니다. 최종적으로 이 임대차를 인정 안 하면 구임차와 신임차는 상당히 곤란한 상황에 처하게 되는 것이죠.

황매수  나도 알고 있소. 하지만 어쩔 수 없는 일 아니오?

최중개  그래서 한 가지를 제안할까 합니다. 지금의 전세 1억4,000만원을 보증금 1,000만원에 월 70만원으로 세놓으려고 하지 않았습니까? 월세를 받으려던 계획에는 차질이 빚어지셨겠지만, 1년에 840만원의 월수입 중 이 문제에 관련된 당사자들이 450만원을 따로 부담해준다면 내일 들어올 임차인들의 전세 계약을 인정해줄 수 있겠습니까? 도배 장판 안 해주고 전세 놓으면서 450만원을 일시불로 받습니다.

황매수  그리 나쁜 조건은 아니군요.

최중개  그럼 이 시간 이후부터 누구의 전화도 받지 마시고 제 전화만 받으세요.

황매수  알았소.


최중개  내일이 세입자가 들어오기로 한 날입니다. 권 사장님께서 구임차에게 계약을 체결하라는 말씀을 하셔서 구임차가 상당히 곤란한 처지에 몰려 있습니다. 그가 입게 될 손해배상 금액이 1,400만원이 될지도 모르는 상황입니다.

권매도  그래서요?

최중개  사장님의 과실 부분을 인정한다면 구임차가 입게 될 손해에 대해 일정 부분 같이 부담해야 하지 않을까요?

권매도  1,400만원을 전부 내가 부담하라는 말이오?

최중개  1,400만원은 너무 무리하지 않습니까? 약 500만원 정도는 어떻습니까?

권매도  300만원 정도면 몰라도 500만원은 좀 억울한데요.

**최중개** 그럼, 약간 더 부담해 400만원 정도는 괜찮겠습니까? 물론 거절하시
고 나중에 법정에서 시시비비를 가릴 수도 있습니다만…

**권매도** 아니오, 솔직히 내 잘못도 일정 부분 있으니 그 정도는 부담하지요.

**최중개** 알겠습니다. 지금 이 순간부터 내일 오후 4시까지는 아무 전화도 받지
마십시오. 상황이 정리되면 전화 드리겠습니다.


## 6) 크게 요구하고 전략적으로 양보하라

아침부터 비가 주룩주룩 내린다. 박중개의 대한부동산 앞에 구임차
와 신임차가 있다. 이삿짐 차량은 ○○빌라 101호 앞에 꼼짝 않고 있다.
이삿짐업체 직원들은 연거푸 전화를 해대며 줄담배를 태운다. 최중개는
출근하지 않았지만, 자신의 중개사사무실 실장을 통해 상황을 보고받고
있다.

오후 3시경 내리던 비가 그칠 때쯤 실장에게서 박중개가 자신의 잘못
을 인정하니 중개수수료고 뭐고 다 포기할 테니 상황을 종식시켜 달라
고 한다며 최중개에게 전화가 걸려온다. 당시 이사 들어올 신임차나 이
사 나갈 구임차, 박중개 모두 임대인과의 통화를 할 수가 없었다. 그러
는 와중에 세 사람 간 책임 소재를 두고 언성이 오간 것이다. 당시 박중
개의 주장은 구임차와 신임차에게 소송을 하면 이길 수 있으니 소송을
하자고 부추겼다. 하지만 두 사람은 지금 당장이 급한 상황이다. 그리고
소송을 감행하더라도 이길 수 있다는 보장도 없다.

오후 4시쯤에 최중개가 나타나 구임차와 신임차만 따로 불러 얘기를
나눈다.

**최중개**  어제와 그저께 해결할 수도 있었지만, 두 분이 박중개와 뜻을 같이 하시기에 더 이상 도움을 거절한다는 것으로 판단해서 손을 뗀 것입니다.

**구임차**  집 주인(권매도)이 연락이 안 됩니다(아직 상황 판단을 못하는 중이다).

**최중개**  구 선생님이 이번 계약 건에서 가장 책임이 큰 관계로, 이 전세 계약 건을 인정받기 위해서는 매수인(황매수)의 제안을 받아들여야 하겠지요? 당연히 거절할 권리도 있습니다.

**구임차**  말씀해 보세요.

**최중개**  새로운 집 주인이 월세를 놓지 못하여 1년에 840만원을 손해봐야 하는 상황입니다.

**구임차**  그것을 전부 내가 물어야 한다는 것인가요? 너무 많습니다.

**최중개**  새로운 주인도 그것이 부당하다는 것을 압니다. 선생님이 얼마까지 부담할 수 있을까요?

**구임차**  적으면 적을수록…

**최중개**  밀고 당기는 흥정을 시도하려면 어제 했어야지요. 당신이 결정을 못 해주면 지금 신임차가 집에 들어갈 수 없습니다. 1분 1초가 짜증나는 상황인데… 해 떨어지기 전까지는 결정해주세요. 그때까지 저는 관여하지 않겠습니다.

**구임차**  아닙니다. 200만원 내에서 부담하지요.

**최중개**  그 정도 금액에서 원만히 합의된다면 괜찮겠습니까? 물론 거절하셔도 좋습니다.

**구임차**  내야지요. 지금 서로가 고생하고 있는 상황에서 벗어날 수만 있다면… 딱 200만원 이내라면 이의를 달지 않겠습니다.

**최중개**  그렇게 알겠습니다. 잠시 밖에서 기다려주시죠.

그렇게 구임차를 만난 최중개는 신임차를 만나 조율에 들어간다.

**최중개**　지금 이사해서 들어가도 밤늦게나 정리가 되겠군요.

**신임차**　빨리 마무리 지어졌으면 좋겠습니다. 너무 피곤합니다.

**최중개**　이번 일은 모두가 피해자이며, 모두가 과실이 있습니다. 하지만 이해당사자들이 조금씩 양보하며 해결하자는 쪽으로 가닥이 잡혀가는군요. 선의의 피해자인 선생님께서 부당하다고 거절하시면 모든 게 원점에서 다시 누군가가 시작해야 합니다.

**신임차**　어쩔 수 없지요.

**최중개**　괜찮겠습니까?

**신임차**　선택의 여지가 없지 않습니까?

**최중개**　선생님이 가장 선의의 피해자이니 구임차의 1/2 수준, 즉 100만원을 부담하면 어떨까요?

**신임차**　다소 억울하지만, 그 정도라면 부담해야지요.

이렇게 개인적인 합의는 어느 정도 이루어졌다. 정리하면, 황매수는 월세를 받으려던 계획에 차질이 빚어졌지만 도배 장판 안 해주면서 전세를 놓고, 월세로 했을 때의 손실분 840만원 가운데 450만원을 일시불로 받는다. 그에게는 더할 나위 없이 좋은 조건이다.

이제 황매수에게 지불할 금액 450만원을 최종 분배할 일만 남았다. 그 돈은 권매도가 400만원, 구임차가 200만원, 신임차가 100만원을 부담하기로 했다. 분배해야 할 돈은 450만원인데 부담하기로 한 금액은 700만원이다. 이제 형평성 있게 다시 조정해줄 일만 남았다.

**최중개** 최종의사를 확인하려고 전화 드렸습니다. 권 사장님께서 400만원 부담한다는 뜻을 전하였더니 매수인(황매수)이 전세 계약을 인정하겠다고 합니다.

**권매도** 정말 잘 됐군요. 한 시름 놓았습니다.

**최중개** 그리고 사장님께서 400만원 부담하는 것은 자신도 너무 미안하니 300만원 받는 선에서 마무리하자고 합니다.

**권매도** 그래요? 잘 되었네요.

**최중개** 세입자(신임차)를 오늘 입주시키겠습니다. 그리고 소유권 이전은 내일 하면서 약속하신 300만원은 잔금에서 공제하는 형식을 취하겠습니다. 총 매매대금에서 300만원 깎아주었다고 생각합시다.


**최중개** 다들 피해를 분담하기로 하여 일이 최악의 순간까지 가지는 않았습니다.

**구임차** 어쩔 수 없지요.

**최중개** 구 선생님께서 부담하기로 한 200만원 중 집 주인(권매도)이 미안하다며 자기가 더 내겠다고 하는군요. 그래서 100만원만 부담하면 되겠습니다.

**구임차** 그래요? 그 양반 그래도 경우없는 사람은 아니었네.

**최중개** 대신 그에게는 더 이상 책임을 묻지 않아야 합니다.

**구임차** 이미 다 끝난 일인데… 이번 일로 많은 것을 배웠소.


**최중개** 마음고생이 심했으리라 봅니다. 아까 100만원 부담하기로 하셨지요?

**신임차** 예, 지금 드릴까요?

**최중개** 아닙니다. 그 얘기가 아니라 들어올 세입자가 무슨 잘못이 있느냐며 새로운 집 주인(황매수)이 50만원만 받겠다고 하시더군요. 그리고 임대차 중개수수료 70만원을 대한부동산에서 중개에 대한 과실의 뜻으로 포기하겠다니, 결과적으로는 20만원 이득 보는 셈이네요.

**신임차**   정말 감사합니다.


이로써 이틀간에 걸친 48시간 동안의 다자 협상이 마무리되었다.

제4장

# 첫 제안이 중요하다

경기도 김포시 ○○동 ○○아파트 112m²(34평)의 시세가 4억3,000만
원이다. 송지호 씨는 8층을 4억2,000만원에 매물로 내놓았다. 최경화 씨
는 9층을 4억4,000만원에, 김치국 씨는 10층을 5억원에, 이종무 씨는 6
층을 4억7,000만원에 매물로 내놓았다고 해보자. 그리고 각각의 사유를
들어본다.

송지호는 집을 빨리 팔고 싶다. 그리고 분양 때부터 입주한 집이라 다
른 집보다 수리가 덜 되어있다. 게다가 싸게 내놓아야 빨리 팔린다는 생
각을 갖고 있다.

최경화는 건교부 실거래가 확인을 통해 지난 달 9층이 4억2,000만원
에 매매된 것을 확인한 후 그보다는 더 받아야겠다고 생각해 4억4,000
만원을 제시했다.

김치국은 팔리면 좋고 안 팔리면 그냥 살면 된다는 생각이다. 꼭 팔아
야겠다는 의지는 없다.

이종무는 지난 달 9층 매물은 융자에 못 이겨 급매로 팔렸기 때문에

시세보다 싸게 나온 것이란 생각이다. 또한 자신보다 못한 층인 2층이 4억6,000만원에 매물로 나와 있고, 거래되는 매물도 별로 없으니 최소한 4억7,000만원은 받아야겠다고 한다. 게다가 가까이에 지하철역도 들어선다고 하니 굳이 팔아야 할 이유가 없다고 생각한다.

이런 현상은 실무에서 너무나 흔한 상황이다. 이처럼 첫 제시 금액은 정보와 매도자 각자의 스타일에 밀접한 관계가 있다. 먼저, 송지호는 남을 의식하는 성격이 짙은 유형이다. 표면상 이유는 시세보다 싸게 내놓아야 잘 팔린다는 이유이지만 자기가 받고자 하는 요구보다 상대의 거절을 두려워한다. 거래 협상에서 스스로 상당히 불리한 상황으로 몰고 간다.

최경화는 일반적인 매도자의 유형이다. 최근에 몇 층이 얼마에 거래되었으니 나는 이 정도는 받아야겠다는 것이다. 자신의 계산보다 남과 비교해서 우위를 점하면 그것으로 만족한다.

김치국은 일단 높게 부르는 것은 다행이지만 정보가 빈약하다. 높게 불러야 할 근거가 없을 때는 중개사나 매수인에게 실없는 사람으로 여겨진다.

이종무가 이들 가운데 가장 이상적인 유형이라 할 수 있다. 무엇보다 첫 제시가격이 높다. 하지만 높이 받아야 할 이유를 제시한다. 그 이유가 객관적 정보를 바탕으로 했기에 상대가 무조건적인 반대 입장을 취할 수 없다.

부동산을 사려 할 때는 이처럼 각자가 제시하는 첫 제안 가격의 근거를 파악해야 하며, 그 근거가 합리적이지 않다면 조정되어야 한다. 그 다음에 가격조절에 나설 일이다.

# 누가 먼저 제시할 것인가

상대로 하여금 먼저 제시하게 하는 게 좋다. 내가 집을 사기 위해 집을 매물로 내놓은 사람과 만났을 때 그쪽이 먼저 제시하게 한다면 다음과 같은 이점이 있다.

**첫째, 상대가 제시한 금액이 생각보다 낮게 나올 수 있다.** 나는 현재 상대의 상황을 모르고 있다. 상대는 돈이 급해 빨리 팔아야 하는 형편일지도 모른다. 그렇다면 가급적 사겠다는 사람이 나타났을 때 팔고 싶어 한다. 당신이 생각한 시세보다 낮은 금액을 제시할 가능성이 커진다.

**둘째, 상대가 부른 금액에서부터 1/2 타협전략을 구사하는 것이다.** 상대가 급매가 아닌 상황이어서 시세보다 높은 금액을 부르더라도 그쪽의 생각을 알고 나면 거래 협상을 하기가 편해진다. 부른 금액에서부터 깎아 나가면 되는 것이다.

하지만 두 번째의 방법은 다음과 같은 위험에 빠질 수도 있다. 시세가 4억3,000만원으로 알고 있는데 상대가 먼저 4억7,000만원을 제시하면, 자신이 4억을 제시해 1/2 타협전략을 구사하더라도 4억3,000만원쯤에서 합의를 볼 가능성이 높아진다.

한편으론 자신이 원하지 않았는데도 무조건 상대가 먼저 가격을 제시하는 상황도 있다. 당신은 집을 내놓은 적이 없는데 근처 부동산업자가 집으로 찾아와 좋은 가격에 팔아 줄겠다고 제안할 때다. 이때 당신이 생각한 것보다 많은 금액을 제시할 때에는 당신이 모르는 개발정보가 있거나 당신의 부동산이 꼭 필요해서 왔을 것이라 생각하면 된다.

만일 상대가 먼저 제시하지 않는다면 어떻게 해야 할까? 장담컨대 결코 그럴 일은 없다. 상대는 당신과 흥정을 해보기 위해 일부러 시간을 내어 찾아온 사람이다. 아무 소득도 없이 돌아가려고 시간을 허비하지는 않을 것이다.

하지만 그가 부른 가격이 생각보다 높다고 해서 덥석 팔아버리면 절대 안 된다. 말했다시피 그는 전문가이고, 적어도 당신보다는 자신에게 유리한 가격을 불렀을 테니까 말이다. 그가 부른 가격에서 더 높은 가격을 부르며 협상을 시작해 보자.

이와는 반대로 당신이 먼저 가격을 제시해야 할 때도 있다. 시간이 흐를수록 당신의 상황이 불리해지고, 선택할 수 있는 조건이 급격히 좁아질 때이다.

일례로, 경매로 집이 낙찰되었을 때 당신이 채무자나 대항력 없는 점유자라면 어떨까? 통상적으로는 경매가 끝나면 낙찰자는 점유자와 원만한 합의를 위해 접촉하러 오기 마련이다. 이때 점유자는 가급적 빨리 합의를 보는 것이 좋다. 너무 억울하다든가, 이사비를 적게 준다고 해서 화를 내거나 버틴다면 오히려 불리해진다. 상대는 인도명령이나 강제집행을 할 수 있는 권리가 있다. 괜히 버티다가 이사비조차 받지 못하고 쫓겨나는 신세가 될 수도 있다.

하지만 상대가 너무나 터무니없는 액수를 제시한다면 당신도 가격을 부를 수 있다. 통상적인 강제집행 비용을 평수와 계산해 놓았다가 그에 상응하거나 약간 높은 가격을 부르면 된다. 상대는 강제집행 비용보다 조금 더 소요되는 경비라면 받아들일 것이다. 왜냐하면 강제집행을 하려면 법원에 청구를 해야 하는 시간적인 낭비가 따르고, 점유자를 강제로 내쫓는 것이 결코 기분 좋은 일은 아니기 때문이다. 만약 당신이 반반씩 양보하는 전략을 잘 구사할 자신이 있다면 처음부터 높은 금액으로 부른 후 금액을 깎아주는 여유를 보여도 좋다.

# 과도한 첫 제안 가격

첫 제안 가격이 높을수록 거래 협상의 만족도는 높아진다. 하지만 그와 비례하여 위험스러울 수도 있다. 상대가 무시당한다는 느낌을 받을 수도 있기 때문이다. 하지만 분명 효과는 있다. 따라서 과도한 첫 제안 가격은 상대와 두 번 다시 만나지 않을 단 한 번의 협상이나 협상이 결렬되어도 상관없다고 느낀다면 가끔 사용해볼 만하다.

경기도 양평군 경강국도변의 휴게소 매각과 관련된 사례다. 건물을 포함한 휴게소 부지 2,970m²(900평)가 매물로 나왔다. 당시 근처 땅이 평당 250만원 정도였으니 약 23억원이 시세였다.

휴게소 소유자인 마경철 씨는 하루도 마음이 편하지 않았다. 휴게소는 그럭 저럭 운영이 되고 있었는데 욕심을 부리느라 서울에 상가를 지어 분양한 것이 어려움을 몰고 왔다. 경기가 좋지 않아 분양이 순조롭지 않았고, 그로 인해 자금난에 시달리고 있었다. 이 휴게소를 일정 기일 내에 팔지 못하면 휴게소는 경매로 넘어갈 테고, 분양 상가의 연쇄적인 경매가 이어질 것이다. 한마디로 망하기 일보 직전의 상황이다.

　소문을 통해 이 휴게소가 18억원에 급매로 나왔다는 소식을 듣게 된 정종만 사장. 가진 게 현금밖에 없다고 떠들 만큼 알부자로 소문나 있는 구두쇠다. 어디에 누자를 할까 고민하던 자에 전해 들은 이 휴게소에 크게 관심이 끌려 자신이 믿고 있는 중개사 엄영석과 함께 현장을 답사했다. 예상대로 잘만 하면 큰돈이 되겠다는 느낌을 받은 정종만은 엄영석을 통해 마경철에게 흥정을 제의했다. 엄영석은 혼자 휴게소를 방문하여 마경철과 휴게소 내의 사무실에서 거래 협상을 시작한다.


**엄영석**　소문 듣고 왔습니다. 18억원에 매물로 내놨다고요?

**마경철**　누가 그럽디까? 20억원에 내놓았는데.

**엄영석**　그렇군요. 그런데 휴게소가 좋아 보이는데 왜 팔려고 하십니까?

**마경철**　돈이 급해서 그렇지 뭐 다른 이유가 있겠소?

**엄영석**　그럼 시세보다 저렴하게 내놓지 그러세요?

**마경철**　20억원이면 시세보다 저렴하게 내놓은 것 아니오? 이 근처 시세가 평당 250만원 정도인데.

**엄영석**　자꾸 20억원이라고 하시는데 김달수 씨가 18억원에 내놓았다고 해서 온 겁니다. 제가 잘못 알았나요?

**마경철**　김가(김달수)한테만 18억원에 내놓은 겁니다. 그놈, 친한 사이라 싸게 준다고 한 걸 여기저기 떠벌린 모양인데… 부동산에는 분명 20억원에서 22억원에 내놨어요.

**엄영석**　20억원이라고 하시는데, 어떤 근거로 잡은 액수입니까?

**마경철**　양평 국수리에서 양평 읍내까지의 6번 경강국도변은 평당 200만원 이상이오. 게다가 우리 건물은 휴게소 아닙니까?

**엄영석** 월세가 얼마나 나옵니까?

**마경철** 내가 직영하는 것 빼면 보증금 5,000만원에 월 230만원이오.

**엄영석** 수익률은 저조하군요.

**마경철** 내가 사용하고 있는 곳을 임대 놓으면 보증금 1억원에 월 180만원은 나올 거요. 그러니 월세가 400만원 이상은 충분히 나올 수 있소.

**엄영석** 제가 확인한 바로는 대로변 시세가 평당 150만원인데, 2,970m²(900평)이니 약 13억5,000만원이 시세며, 급매라고 해서 이렇게 온 겁니다. 급매가 아니었으면 굳이 올 이유도 없었고요. 따라서 13억5,000만원에 급매를 감안하면 11억원이 적정선으로 보이는데요. 제가 틀렸습니까?


엄영석의 말을 들은 마경철의 얼굴이 벌게지고 목소리가 높아진다.


**마경철** 말도 안 되는 소리를! 누가 대로변이 평당 150만원이랍니까?


흥분한 마경철과는 달리 엄영석은 차분한 모습에 흔들림이 없다


**엄영석** 여기 오기 전에 몇 개의 매물을 보았는데 평당 150만원대에서 매물이 제법 있더군요. 경기가 안 좋긴 안 좋은가 봅니다.


엄영석의 말에 마경철의 표정이 약간 흔들린다. 경기가 좋지 않은 것은 자신이 누구보다 잘 알고 있지 않은가. 휴게소를 내놓은 지 시간이 꽤나 지났지만 보러 오는 사람조차 없었기 때문에 엄영석의 방문은 마경

철에게 한 줄기 희망 같은 거였다. 어떻게든 거래를 성사시키고 싶은 마음이지만, 엄영석의 제안이 기분 나쁜 것은 어쩔 수 없었다. 약간 가라 앉은 목소리로 마경철이 입을 연다.

**마경철**  물론 요즘 경기가 좋지 않지요.

**엄영석**  11억원으로 하지요?

엄영석의 말에 다시 치밀어 오르는 화를 애써 누르며 마경철이 말한다.

**마경철**  말도 안 되오. 20억원짜리를 11억원이라니. 아무리 급매라도 그건 절대
　　　　안 되지!

**엄영석**  매도조건을 좋게 해드리겠습니다.

**마경철**  뭘 어떻게 해준다는 말이오?

**엄영석**  11억원에 해주시면 잔금일자를 원하는 날로 맞추어 드리지요.

원하는 날에 잔금을 준다는 말에 다시 흔들리는 마경철. 하지만 그렇게 터무니없이 싼 가격에 팔 수는 없다. 여기저기에서 끌어다 쓴 대출금이며, 투자금을 갚고 나면 남는 것도 없을 터였다

**마경철**  그래도 11억원은 턱도 없소. 안 팔고 말지.

**엄영석**  그럼 얼마면 좋겠습니까? 말이나 한 번 들어보지요.

**마경철**  17억원 주시오.

**엄영석**  17억원이나 18억원이나 무슨 차이가 있습니까. 시세와 경기를 참고하

셔야지요. 원하시는 액수를 고집하다 못 팔게 되면 더 큰 낭패가 아니십니까?

**마경철** 지금 남의 급박한 형편을 이용해 날로 먹으려는 거요? 나에겐 전 재산이나 다름없는 것을… 차라리 안 사겠다고 할 것이지 11억원이 뭔란 말이오!

**엄영석** 너무 기분 상해 하지 마십시오. 사장님도 너무 낮은 금액에 화가 나시겠지만, 급매로 싸게 나왔다고 해서 멀리서 일부러 왔는데 시세보다 높은 가격을 원하시니 황당한 건 저도 마찬가집니다.

**마경철** 알겠소. 서로 오해가 있었던 모양인데 백번 양보해서 16억원으로 해드리지요. 더 이상은 절대 안 되오!

**엄영석** 좋습니다. 그럼 저희도 양보하겠습니다. 12억5,000만원! 이제 그만 도장 찍읍시다. 계약금은 얼마로 드릴까요?

**마경철** 12억5,000만원이 뭡니까? 융자 제하고 나면 남는 게 없어요.

**엄영석** 이해합니다. 하지만 저희 매수인은 13억원이 마지노선입니다. 이런 줄다리기가 계속되면 매수인이 먼저 포기할 수도 있습니다. 그리고 원래 이런 휴게소를 찾던 분이 아니라 건물을 찾던 분입니다. 이 분 놓치면 팔기 어려우실 겁니다. 설사 원하시는 가격에 파신다해도 잔금일자를 정확히 맞춰 현금을 돌릴 수 있는 사람은 흔하지 않습니다. 잘 아시지 않습니까?

**마경철** 좋소. 그럼 15억원으로 합시다. 다만 잔금일은 한 달 이내로 하고.

**엄영석** 지금 밤 8시입니다. 우리가 5시에 만나 벌써 세 시간이 지났습니다. 빨리 끝내고 저녁이나 먹읍시다.

**마경철** 배고픈 건 나도 마찬가지요.

**엄영석** 좋습니다. 14억원으로 합시다. 10억원이면 살 줄 알고 왔다가 14억원이라니…

**마경철** 무슨 소리를! 15억원에서 1원도 더는 안 됩니다!

5시부터 8시까지 시작된 협상이 1억원 차이로 물거품이 되는 순간이다. 엄영석은 더 이상의 얘기를 나누는 것은 자존심이 허락되지 않는 듯한 태도였다.

하지만 마경철은 숨길 수 없는 현재의 입장이 노출된다. 영업을 하고 있는 식당에서 일손이 모자란다든가, 영업상의 문제가 있다는 전화가 그동안 한 번도 오지 않는다. 바빠야 할 주말에 손님이 없다는 증거다. 협상 시간이 흐르면서 이 약점이 상대에게 자연스럽게 노출된 것이다. 초조한 표정을 애써 감추고 있는 마경철을 보며 엄영석이 달래듯이 부드럽게 말한다.

**엄영석** 14억원으로 합시다. 잔금을 일주일 내로 해드리겠습니다. 자, 여기 계약금도 1억원이 아닌 5억원으로 드립니다.

부드러운 엄영석의 말투에 비해 지칠 대로 지친 마경철의 목소리엔 힘이 많이 빠져 있다

**마경철** 14억5,000만원으로 합시다. 잔금은 일주일 내로 해주시오.

**엄영석** 14억3,000만원으로 안 되겠습니까?

**마경철** 안 됩니다.

엄영석이 빙그레 웃는다.

**엄영석**  좋습니다. 그럽시다.

20억원짜리 급매물을 14억5,000만원에 사는 순간이었다. 만약 엄영석이 소문으로 들은 18억원을 매매가로 생각하고 그 선에서 매매 흥정을 시도했다면 14억5,000만원에 사기는 어려웠을 것이다. 하지만 엄영석은 처음부터 11억원을 부름으로써 20억원을 생각하던 마경철에게 충격요법으로 다가갔다.

너무나 터무니없는 가격이었지만 거래 협상에서 불리한 위치였던 마경철은 끝내 떨치고 일어서지 못했다. 그 행동으로 이미 자신의 약점을 인정하고 만 것이다. 급매물이 아니었다면 결코 일어날 수 없는 일이었다. 엄영석은 그것을 너무나 잘 알고 있었고, 효과적으로 거래 협상을 끝낼 수 있었다. 두둑한 수수료와 함께 커다란 만족감은 보너스였다.

# 어느 것을 먼저 제시해야 하는가

경기도 ○○군에서 임야를 개발하여 전원주택지로 분양하는 아래 내용을 살펴보자.

**A필지**　495m²(150평)에 1억원(평당 66만원)

**B필지**　858m²(260평)에 1억5,000만원(평당 57만원)

**C필지**　1,419m²(430평)에 2억원(평당 46만원)

**D필지**　1,980m²(600평)에 2억5,000만원(평당 41만원)

당신이 개발분양업자라면 어느 것을 먼저 제시하고 목표를 삼겠는가? 여기서 만약 하나의 조건을 제시한 후 각 물건을 브리핑한다면 어떻게 할 것인가? 그 하나의 조건이란 매수인이 땅을 구입할 자금이 2억원이라는 정보를 알고 있다는 것이다.

이때 분명히 기억해야 할 것은 물건을 제시할 때 차츰 조건 금액에서 내려와야 한다는 것이다. 즉 1,419m²에 2억원, 858m²에 1억5,000만원,

495m²에 1억원으로 상대에게 제시되어야 한다. 2억원이라는 금액은 매수자가 부담하고 결정할 수 있는 범위이다. 선택의 범위를 넓게 주되 매입하는 금액이 2억원에서 5,000만원씩 내려갈 때마다 평당 금액은 높아짐을 상대가 분명히 인식하도록 해야 한다. 상대는 2억원에서 5,000만원을 절약하는 것보다는 더 넓은 평수를 소유하는 것이 낫다고 느낄 것이다.

하지만 상대의 지불조건 금액의 정보가 없을 땐 어떻게 할 것인가? 당연히 1억원에 495m², 1억5,000만원에 858m², 2억원에 1,419m², 2억5,000만원에 1,980m²로 제시가 되어야 한다. 이때도 많이 살수록 금액이 낮아진다는 것을 상대가 인식하도록 해야 한다.

위의 예에서 보았듯이 첫 제시 물건이 고가에서 시작되어야 할지, 저가에서 시작되어야 할지는 상대로부터 얻은 정보에 기초한다.

# 과도한 첫 제안이 실패로 이어진 경우

첫 제안의 금액이 높을수록 거래 협상이 끝났을 때 커다란 만족감과 함께 경제적 이익이 따르는 것은 당연하다. 하지만 아무리 첫 제안이라 하더라도 너무 과도한 제안은 실패로 이어질 수 있다. 적어도 상대에게 받아들여질 수 있는 범위 내에서 제시되어야 한다. 상대는 전혀 생각하지 않고 자신만의 생각으로 한 제안은 거래 협상의 여지조차 남기지 못하고 깨져버릴 수도 있다.

경매로 단독주택을 낙찰받은 남정수 씨. 서울에서야 이런 사례가 별로 없겠지만, 지방 소도시의 길은 우리가 보기에 엄연히 도로이지만 개인 사도로이면서 지목이 도로가 아닌 전田의 형태로 남아있는 경우가 많다. 따라서 지적도를 정확히 보지 못하면 투자에 실패하기 십상이다.

남정수가 낙찰받은 단독주택 바로 옆에 채무자 강만식 씨의 토지가 붙어있다. 현황상 낙찰받은 단독주택의 마당과 대문으로 사용되고 있는 부분이다. 물론 이 토지는 경매에서 제외된 토지이지만 자세히 지적도를 확인하지 않으면 입찰에서 제외된 것임을 찾아내기가 어려웠고, 남정수도 그런 실수를 하였다.

강만식은 경매에서 제외된 이 땅을 남정수가 꼭 사야만 온전한 단독주택의 모습을 갖출 수 있다고 판단했다. 따라서 시세 2,000만원의 4배인 8,000만원을 제시했다. 안 사고는 버틸 수 없는 입장임을 이용해 눈먼 돈을 벌어보자는 목적이었음은 굳이 눈치가 빠르지 않아도 알 수 있다.

한편, 남징수의 입장은 강만식과 크게 달랐다. 비록 강만식의 땅이 단독주택에 포함되어 주면 좋은 모양이 나오지만 굳이 살 필요는 없는 땅이라 생각되었다. 도심지에 살던 남정수라 마당이 없는 집에 대한 거부감이 없었던 것이다. 따라서 남정수는 시세 2,000만원보다 못한 500만원을 제시했다. 싸게 팔면 사고, 꼭 사지 않아도 된다는 생각이었기 때문에 사실 500만원도 아깝다는 생각이다.

두 사람은 몇 번의 거래 협상을 시도해보지만 서로가 가진 입장 차이를 받아들이지 못해 한 걸음도 진전을 보지 못했다. 결과적으로 낙찰자 남정수의 협상 시도는 채무자이며 땅 주인인 강만식에게 땅이 꼭 필요한 것처럼 느껴지게 했고, 강만식의 태도는 날이 갈수록 더욱 고자세가 되어 갔다.

이 거래 협상은 간단히 보면 500만원과 8,000만원의 중간선인 4,000만원 선에서 약간의 줄다리기를 통해 3,500만원이나 4,500만원 선에서 타협이 이루어질 것 같지만, 막상 실무에서는 이렇게 많은 초기의 입장 차이는 애당초 거래 협상을 시도하지 않게 되는 것이 다반사다.

따라서 위의 내용을 요약해 보면 첫째, 양 당사자가 제시한 금액의 차이가 너무 크면 거래 협상 자체가 시작도 되지 못한 채 각자가 가진 대안을 사용하여 더 이상의 거래 협상은 없어지게 된다. 둘째, 상대의 입장을 전혀 이해하지 못한 각자의 이기적인 첫 제시안은 금액의 과도한 차이로 나타난다. 이것 역시 첫 금액을 제시하기 전에 상대가 가진 판단 기준을 알아내야 하는 것이 얼마나 중요한지 보여주는 사례라 하겠다.

가격을 놓고 줄다리기를 하던 거래는 결국 성사되지 않았고, 결과적으로 남정수는 마당이 없는 집을 갖게 되었고, 강만식은 아무짝에도 쓸모없는 땅을 소유하게 되었다. 두 사람 모두에게 좋은 결론이 아님은 말할 나위도 없다.

## 1) 첫 제안의 함정

평소 등산을 좋아하는 이만복 씨는 주말이면 수도권 주변의 산들을 오른다. 힘들게 땀을 흘리며 정상에 올랐을 때의 쾌감은 무엇과도 바꿀 수 없다. 발아래 펼쳐진 광경은 일망무제 一望無際, 한눈에 보이는 경치가 끝없이 펼쳐져 있다. 그리고 블록처럼 빼곡히 들어차 있는 집들을 보며 다시 한번 내 집 마련의 꿈을 다잡는다. 그렇게 10여 년을 열심히 노력한 덕분에 이제 꿈이 현실이 되려 한다.

발걸음도 가볍게 걸어가고 있는 40대 초반의 이만복. 그는 처음으로 내 집 마련의 기반을 마련하고, 여기저기 구입하기 적당한 집을 알아보러 다니는 중이다. 똑같이 집을 알아보더라도 전세를 구할 때와는 달리 아무리 돌아다녀도 힘들지 않다.

마침 서울 도봉구 ○○동의 빌라 시세가 자신의 예산과 비슷하다는 정보를 듣고 근처 부동산중개소들을 돌아다니는 중이다. 몇 집은 마음에 들긴 했지만 예산에서 크게 웃돌아 망설이고 있다.

전세와 급매물 전단이 가득 붙어 있는 만나부동산을 발견한 이만복. 자신에게 딱 맞는 집이 있길 바라며 부동산중개소 문을 열고 들어선다. 비슷한 연배의 중개업자는 화색을 띤 얼굴로 반가운 인사를 건네며 물건을 추천한다.

"마침 딱 맞는 물건이 있습니다. 게다가 급매물로 나와 시세보다 아주 싸게 살 수 있을 겁니다. 손님, 오늘 로또 당첨되신 겁니다. 하하…"

중개사의 호들갑에 약간 미간을 찡그리면서도 이만복은 기분이 나쁘진 않았다. 좋은 물건이 있다는 데 싫을 이유야 없지 않은가!

"그래요? 어떤 집입니까?"

중개사와 이만복은 먼저 집부터 보고 난 뒤 부동산중개소로 돌아왔다. 중개사가 추천한 물건은 바로 이것이다.

| | | | | | |
|---|---|---|---|---|---|
| **종목** | 다세대 빌라 | **지분** | 39/143m² | **전용면적** | 59.24m² |
| **보존등기** | 2016년 8월 14일 | **층수** | 제4층 제1호 | | |
| **구조** | 철근 콘크리트조 | **방 수** | 방 3개, 욕실 2개 | | |
| **등기부** | 소유권 보존 김지우 87○○○○-2○○○○○○ | | | | |
| | 근저당 1억400만원 ○○은행 2017년 8월 14일 | | | | |
| | 가압류 630만원 ○○카드 2021년 09월 28일 | | | | |
| | 압류 국민건강보험공단 2021년 10월 11일 | | | | |

"괜찮은 집 같은데, 급매물로 내놓은 이유가 뭐랍니까? 손해가 클 텐데…"

"신혼부부인데 이 집을 사면서 대출받은 돈을 못 갚은 모양입니다. 대출금리가 오른 데다가 경기가 안 좋다 보니 무리해서 집 산 사람들 힘든 사람 많죠."

중개사의 말에 이만복이 고개를 끄덕인다.

"그렇지요. 그래서 얼마에 내놓은 겁니까?"

"물건을 내놓으면서 금액에 크게 신경 쓰지 않을 테니 적당한 임자가 나타나면 붙여 달라고 했습니다. 분명히 약속한 건 시세보다 싸게 팔겠다는 겁니다."

"그래도 원하는 가격이란 것이 있을 텐데…"

"주인을 불러 흥정해보지요. 마음에 들지 않으시면 안 사면 그만이지 않습니까?"

"그러지요. 그럼 주인 올 동안 등기부나 한 번 봅시다."


이만복은 등기부를 보며 생각했다.

'2016년도 건물에 대지지분이 39m²(11평)이다. 7년밖에 안 된 부동산이니 평당 1,600~1,800만원이면 1억7,600만~1억9,600만원이다. 약 1억8,000만원이 시세로 보면 급매라고 했으니 1억4,000만원 정도면 사고, 그 이상이면 안 사면 되는 거다. 그래. 마음에 들었어. 이 정도면 나한테 안성맞춤이야!'


중개사의 연락을 받고 급히 내려오고 있는 김지우 씨. 몹시 심란한 표정으로 남편과 핸드폰으로 통화하며 걸어오고 있다.

"몰라! 가봐야 알지. 어제 다른 부동산에 물어보니 1억3,000만원도 힘들다고 했잖아."

핸드폰 저쪽에서 남편이 뭐라 했는지 김지우의 표정이 더욱 일그러지며 짜증스런 목소리가 튀어나온다.

"어떻게 더 받을 때까지 버텨! 은행에서 당장 대출금 상환하라는 통지서가 날아왔는데! 그러게 누가 무리해서 집을 사자고 했어? 몰라! 1억3,000만원까지는 그냥 팔 거야. 그렇게 알아!"

"조금 전, 집을 보고 가신 분이시군요?"

부동산중개소로 들어온 김지우가 먼저 인사를 건넨다. 이윽고 마주 앉은 이만복과 김지우는 나름 초조한 빛을 감추며 서로를 탐색한다. 이 만복의 눈에 김지우는 야무진 새댁으로 보였고, 김지우의 눈에 이만복 은 짠돌이 샌님으로 보였다. 서로 거래가 만만치 않을지 모른다는 불안 감이 엄습했다. 잘돼야 할 텐데…

물론 이들 가운데 앉아있는 중개사의 마음도 그들과 같았다. 이 계약 이 성사돼야 자신도 중개수수료를 챙길 수 있으니 말이다. 최대한 두 사 람 모두에게 만족할 만한 결과가 나와야 할 텐데… 중개사가 침묵을 깨 고 흥정을 붙인다.

"여기 사장님께서 사모님 집을 마음에 들어 하시는데, 얼마나 받으실 생각이십니까?"

"저야 뭐, 많이 받을수록 좋지요. 얼마나 생각하고 계신지…?"

"요즘 경기도 안 좋고, 매물도 많은 편 아닙니까? 한 1억4,000만원 정 도면 살 생각인데…"

1억3,000만원 받기도 힘들다고 생각한 김지우는 속으로 만세를 부르 고 싶은 마음을 애써 누르며 나름 아쉬운 표정을 짓는다.

"1억4,000만원요? 시세보다 싼데 제가 급하니 할 수 없군요. 그렇게 하세요."

이만복 역시 순간적으로 만세가 튀어나올 뻔했다. 솔직히 그 가격에 팔 수 없다고 나오면 2,000만원까지는 더 쓸 생각을 하고 있던 터였으니 까. 이만복이 표정관리를 하는 동안 중개사가 재빠르게 계약서를 준비 한다.

"정말 호탕한 두 분이 만나셨군요. 그럼요, 부동산 거래란 이런 식으로 해야 하는 겁니다. 서로 손해 안 보고, 기분 좋고, 하하…"

번갯불에 콩 구워 먹듯 금방 매매 계약이 체결되었다. 서로 긴 얘기 없이 이렇게 일찍 끝나는 계약은 정말 드문 경우이다.

집에 돌아온 이만복은 계약서 내용을 다시 꼼꼼히 살펴본다. 원하던 금액 1억4,000만원으로 계약이 되었지만 왠지 찜찜한 것이 기분이 썩 좋지 못하다. 자신이 제시한 금액을 상대편이 받아들이던 순간은 그렇게 좋았는데, 지금은 왜 이리 개운하지 못한지 뭔가 속은 기분까지 드는 것이다.

'집이 4층이었는데, 어딘가에 누수가 있는지 자세히 살펴보지도 않았지. 결로현상은? 수돗물 수압은? 내가 금액에만 신경 쓰느라 집은 제대로 살펴보지도 않았어. 게다가 그 여자, 젊은 여자가 뭔가 숨기는 인상이었어. 단지 대출금 때문에 집을 그렇게 급히 판다는 게 말이 되냐고? 손해 보면서 팔았다는 게 말이 돼? 중개업자도 수상해. 그 여자와 잘 아는 사이 같았어. 크흐흑… 내가 속은 게 분명해. 내일 당장 근처 부동산에 가서 잘 샀는지 시세도 확인하고, 건물은 이상 없는지 꼼꼼히 살펴봐야겠어. 그래! 지금이라도 되돌릴 수 있어!'

이만복이 고민으로 잠을 못 이루고 있을 때, 김지우 역시 잠자리가 불편한 듯 몸을 뒤척이고 있었다. 아내가 거의 1분 간격으로 몸을 뒤척이자 옆에서 자던 남편이 마음을 달래주기는커녕 더 이상 참지 못하고 벌떡 일어나 앉으며 소리친다.

"제발 그만 좀 해. 이미 끝난 일이잖아."

남편의 짜증에 그렇지 않아도 속이 상하던 김지우도 일어나 앉으며 언성을 높인다.

"뭐가 끝난 일이야! 아직 되놀릴 시간은 있어."

아내의 말에 속이 터지는 남편. 애써 성질을 죽이며 달래듯 말한다.

"계약서에 도장 찍었잖아. 그리고 1억3,000만원도 힘들다고 생각했다가 1억4,000만원을 받았는데 뭐가 억울하다고 그래."

"저녁 때 미정이랑 통화하는 것 들었잖아. 걔네 집은 우리 집보다 더 윗동네에 있고, 더 낡았는데도 1억6,000만원에 팔았다잖아."

"그 집은 내놓은 지 벌써 몇 달이나 됐잖아. 마음에 드는 가격을 부르는 사람을 기다렸으니 잘 받은 것이고, 우린 급매물이었다고…"

"몰라! 어쨌든 이건 사기야!"

김지우의 억지에 남편은 말문이 막혔다.

"아무래도 그 중개사가 수상해. 집을 산다는 사람하고 너무 친해 보였단 말이야. 집 내놓으러 갔을 땐 그렇게 무뚝뚝하더니만 갑자기 친절하게 굴면서 사람 혼을 빼놓는 것이…"

"그거야 계약이 되면 자기도 수수료를 받을 테니 당연한 일이지."

"아니야, 집을 산 사람도 그래. 인상이 기분 나빴어. 내가 사정이 급한 걸 알아채고 가격을 후려친 거라고…"

"낮엔 인상 좋은 아저씨라더니…"

퉁명스런 남편의 말에 김지우의 신경이 더욱 날카로워진다.

"당신은 대체 누구 편이야?"

단지 편하게 자고 싶은 남편은 다시 한번 인내심을 발휘한다.

"다 잊어! 좋은 게 좋은 거라잖아. 끝난 일 가지고 속 끓여봤자 당신만 피곤하다고."

"끝나긴 뭐가 끝나! 아직 안 끝났어!"

단호한 김지우의 말에 미간을 찡그리는 남편.

"안 끝나다니? 뭘 어쩌려고?"

"아무래도 그 두 사람에게 당한 것 같아. 아침에 다른 부동산을 돌아보면서 정확한 시세를 알아볼 거야!"

주먹까지 불끈 쥐고 부르르 떠는 김지우를 보며 체념한 듯 남편은 고개를 떨구었다. 경험에 의해 이런 때는 말려봐야 소용이 없다는 것을 알기 때문이었다.


이만복은 날이 밝자마자 근처 부동산중개소를 돌아다니기 시작했다. 이번에는 자신이 빌라를 팔 것처럼 상황 설명을 하고 시세를 물어본다. 그런데 이럴 수가! 부동산중개소에서 알려준 시세는 잘해야 1억3,000만 원을 받을 수 있단다.

하늘이 노랗게 보이기 시작하는 이만복. 애써 마음을 가다듬으며 자신이 산 집으로 향한다. 예상했던 대로다! 지은 지 7년밖에 안 됐는데 4층 벽면은 온통 얼룩투성이로 누수가 되는 것이 분명했다. 게다가 베란다 샷시도 시공한 지 얼마 되지 않은 것 같은데 너무 싸구려로 설치해 다시 교체해야 할 듯 보인다.

외형이 저런데 내부는 또 얼마나 엉망일 것인가! 부정적인 생각들로 꼬리에 꼬리를 무니 이만복의 표정은 더욱 일그러졌다. 빌미만 있다면 당장 이 계약을 취소하고 싶을 뿐이다. 대체 이 일을 어찌하면 좋단 말인가!

 같은 시각, 동네 부동산중개소에서 나오고 있는 김지우. 넋이 나간 표정이다. 조금 전 들어간 부동산중개소에서 집을 사려는 것처럼 물어보았을 때 중개사가 하던 말이 메아리처럼 귀를 울리고 있다.

 "아, 그 정도 집이라면 2억원은 생각하셔야 합니다. 요즘 이 일대 집값이 제법 높아졌거든요"

 거리에 주저앉은 김지우는 그래도 가장 믿을 만한 곳, 친정에 전화를 걸어 답답한 심경을 쏟아내기 시작했다.

 "높게 팔아도 은행 융자 갚고 나면 남는 게 없는데, 시세보다 6,000만원이나 싸게 팔다니… 내가 미쳤어, 내가 미친 거야! 엉엉…"

 어렵게 사는 딸이 집을 파는데 사기를 당했다니 분노하지 않을 친정어머니가 어디 있겠는가! 김지우보다 더 흥분한 어머니가 전화기에 대고 악을 쓴다.

 "당장 취소해! 사기가 분명한데 팔 이유 없어!"

 "어떻게 취소해. 계약서 다 쓰고 도장 찍고 돈까지 받았는데."

 "사기라며… 그 중개사 놈한테 순진한 네가 놀아난 거야. 소송을 걸어서라도 엎어!"

 "내가 여기저기 물어봤는데, 이기고 지는 확률이 반반이래."

 "반이 아니라 반에 반이라도 해야지! 이렇게 억울하게 주저앉을 게야?"

 친정어머니의 말에 더욱 서러운 김지우.

 "돈이 없어 급하게 판 건데, 소송까지 할 돈이 어디 있고, 시간이 어딨어! 엉엉…"

좁은 골목을 사이에 두고 40대 이만복과 30대 김지우의 서러운 울음 소리가 메아리치고 있었다.

이 거래 사례는 실제 있었던 작은 에피소드이다. 단순하게 생각하면 두 사람 모두 바보 같고 우습게 느껴지겠지만, 실무에서는 누구나 겪을 수 있는 흔한 일이다.

그렇다면 이 부동산 거래의 문제점은 무엇일까?

그렇다. 바로 밀고 당기는 흥정 없이 서로 첫 제안을 받아들였다는 데서 근본 문제가 생겨났다. 분명 두 사람 모두 원하던 가격에 거래가 성사되었음에도 불구하고 서로 밀고 당기는 흥정 단계가 생략되다 보니 거래 자체에 의심을 갖게 되고, 급기야 사기를 당했다는 느낌까지 받게 된 것이다. 거래 과정에 있어 협상이란 것이 배제된 결과물이다.

사람들은 흔히 상대가 자신의 첫 제안을 받아들였을 때, 자신의 요구가 순순히 관철된 것을 기뻐하기보다는 자신이 뭔가 큰 실수를 한 것이 아닌가 의심하게 된다. 자신이 원하던 가격에서 더 받고 팔았다는 것이 분명하더라도 마찬가지다. '조금 더 불렀어야 했는데'라는 후회부터 시작해서 자신이 상대방의 페이스에 말려들어 싸게 거래한 것이 아닌가 하는 의심까지 하는 것이다.

실무에 있어 이런 사례가 가장 빈번하게 보이는 곳이 바로 부동산 경매 현장이다. 경매 통계를 작성하다 보면 신건에서 단독 응찰한 물건일 경우, 잘 받은 물건임에도 불구하고 입찰 보증금을 포기하는 경우가 많다. 아무도 응찰하지 않은 물건을 자신이 혼자 받은 것에 대해 불안해하는 것이다. 옆에서 아무리 잘 받았다고 얘기해도 찜찜한 기분을 떨칠 수가 없는 것이다.

경매 현장에 가 보면 신건인 경우 대부분 유찰이 된다. 전문가의 눈으로 보면 아무 권리상의 문제가 없고 투자 가치가 확실한 데도 사람들은 신건에서 단독 응찰을 포기하고 한 번 유찰된 물건에 눈을 돌린다. 신건에서 괜찮았던 물건은 한 번 유찰 후엔 많은 사람들이 달려들기 마련이고, 신건일 때 단독 응찰했다면 받을 수 있었던 금액보다 훨씬 많은 금액을 써넣어야 낙찰을 받을 수 있는 경우가 상당히 많다.

이때 사람들은 '신건일 때 훨씬 저렴한 가격에 얻을 수 있었을 텐데'라는 아쉬움보다는 그 많은 경쟁자를 물리치고 자신이 그 물건을 낙찰받았다는 기쁨에 들뜨곤 한다. 경쟁에서 이겼다는 보람이 금전적인 손해보다 더욱 크게 만족감을 주는 것이다.

위의 매매 사례에서 보듯 모든 거래에서는 협상과 타협이 필요하다. 아무리 원하던 금액에 성사된 거래라도 첫 제시 금액으로 성립된 거래는 그 누구에게도 만족을 주지 못하는 것은 어떻게 보면 사람들의 본능일지도 모른다.

## 2) 거절의 기회

위의 거래 사례에서 볼 수 있듯이, 첫 제안을 제시하자마자 상대가 그대로 받아들인 경우에는 그걸 제시한 사람이나 제시를 받은 사람 모두가 좀 더 적극적으로 의견을 나타내지 못한 자신을 불만족 상태에 이르게 만든다. 따라서 첫 제안은 상대에게 거절의 기회를 충분히 줌으로써 적어도 상대로 하여금 첫 제안을 바로 받아들임으로써 빠지는 자기 불만족을 극복할 수 있게 해줘야 한다. 다시 말해, 거절의 기회를 주는 것은 상대가 정말 거절할 수 있게 하는 기회라기보다는 오히려 상대의 입장을 강화하는 역할을 해야 한다.

아래의 사례를 통해 좀 더 자세히 알아보자.

김강산이 경매물건의 임장조사를 준비하다가 한눈에 봐도 총부채가 그 물건의 가치보다 적어 굳이 경매로 가지 않고 취하를 하는 게 더 실익이 있어 보이는 부동산을 취득한 경우이다. 당시의 등기부 내용을 한 번 살펴보자.

근저당 4,600만원 ○○신협 2017년 4월 7일
임의경매 ○○신협 2019년 5월 13일

다세대 물건이었으며, 매매 시세는 8,000만원 정도 하는 작은 빌라였다. 이렇게 시세보다 채무액이 적은 경우는 낙찰을 받더라도 채무자는 잔금납부기한 전까지 채무를 변제시키고 경매절차를 종결시킬 수 있다. 혹은 누군가 낙찰을 받았더라도 낙찰금액보다 몇 백만원이라도 얹어줄 테니 팔지 않겠느냐며 채무자에게 접근해 직접 거래하기도 한다. 이처럼 경매를 받으려고 애쓰는 것보다 차라리 경매가 시작되기 전에 채무자를 찾아가 급매로 팔라고 제안하게 되는 경우가 있는데, 이런 과정을 실무상 '취하작업'이라고 부른다.

김강산은 취하작업을 위해 해당 빌라를 방문, 현관에 도착해 호수를 확인한다. ○○빌라 101호! 문을 두드린다.

"계십니까?"

아무런 인기척이 없다. 다시 한번 문을 두드린다.

"누구세요?"

60대의 노인이 문을 열고 나온다.

"경매건 때문에 왔습니다. 괜찮으시다면 경매가 아닌 현매로 넘기는 것은 어떨까요?"

김강산은 반응을 기다리며 상대를 응시한다.

"들어오세요."

들어오라는 것은 흥정을 하자는 얘기 아닌가. 작은 빌라인 데다 구석구석에 짐들이 꽉 들어차 있어 집은 실제면적보다 작아 보였다.

"그래, 얼마에 사시겠습니까?"

경매 취하를 하려고 문을 두드렸는데 상대가 매수할 금액을 물어보니 갑자기 얼마를 얘기해야 할지 바로 답이 나오지 않는다. 그는 조금 생각할 시간을 벌기 위해 상대의 질문에 바로 답을 하지 않고 말을 돌려 물어본다.

"그 전에 한 가지만 여쭤어보겠습니다. 집이 노후화되어 사시는데 불편한 점은 없나요?"

노인은 친절하게 이런 저런 얘기를 하고 있지만, 그것들이 김강산의 머릿속에 들어오지는 않는다. 지금 그의 머릿속은 상대가 물어온 매수가격에 대해 얼마로 답할 것인가 하는 생각뿐이다.

여기서 한 가지 언급할 것은 첫 제안 가격을 상대가 먼저 제시할 수도 있고, 내 쪽에서 제시할 수도 있다는 점이다. 각각의 장단점을 알아보자.

먼저, 상대로 하여금 가격을 제시하게 하는 것은 상대가 제시한 금액에서 DC를 해나갈 요량이며, 주로 반반씩 양보하는 기법이 적용된다. 즉 상대가 "8,000만원을 받고 싶소"라고 한다면 이쪽에서는 "그래도 경매로 넘기는 것보다는 급매 수준에서 넘겨주시죠. 6,000만원 정도로요"라고 말하고, 적당히 흥정을 하면 7,000만원 선에서 합의될 확률이 높다. 혹은 상대가 7,000만원 정도를 제시한다면 6,500만원 정도 선에서 합의될 수도 있다. 또한 상대가 "6,000만원을 받고 싶소"라고 할 수도 있다. 당신은 7,000만원 정도면 취하로 사들일 생각이었는데, 당신이 원하는 금액보다 상대가 더 좋은 조건을 제시하니 이때는 못 이기는 척 계약을 진행하면 된다. 만약 경매를 당하고 있는 매도자가 9,000만원을 제시한다면 더 이상 거래 협상을 진행할 필요 없이 일어서면 된다. 즉 상대의 반응에 따라 선택을 하면 된다.

이처럼 상대에게 먼저 금액을 요구하라고 하는 가장 큰 이유는 첫째, 상대가 제시한 금액과 당신이 제시할 금액의 차이를 최대한 벌려 그 중간선에서 합의를 보기 위함이고 둘째, 당신이 원하는 요구조건보다 더 나은 조건이 상대로부터 먼저 제시될 수도 있다는 점 때문이다.

하지만 반대로 당신 쪽에서 먼저 제시해야 할 때도 있다. 이때는 '닻의 효과'를 활용해야 한다는 점을 기억하기 바란다. 즉 물건의 가치는 누군가의 입에서 나온 최초 금액이 기준점이 된다. 가령 1만원 하는 수박을 팔면서 당신이 13,000원이라고 불러놓으면 상대가 3,000원의 DC를 요구하더라도 당신이 원하는 금액 1만원은 유지되는 것이다. 또 하나는 당신이 높은 금액을 제시함으로써 상대가 그 물건의 가치를 높게 평가하도록 만들어야 한다. 가령 수박 1만원짜리를 5,000원이라고 부르면 사람들은 왠지 맛이 없는 수박이라고 생각하겠지만, 2만원이라고 하면 그만큼 좋은 수박일 것이라고 생각한다.

이런 원리 때문에 '상대가 묻는 가격에 어떻게 답할까'는 간단하면서도 부동산 거래의 흐름 전체를 좌우할 수도 있을 만큼 중요하다.

다시 앞의 경매물건 취하작업으로 돌아와, 김강산은 상대가 먼저 제시하게 하여 DC를 해나가는 것보다 닻의 효과를 활용하기로 결정한다.

"5,000만원 정도면 합당하다고 보는데, 어떻게 보십니까?"

이 말을 하고 난 뒤 그는 상대가 버럭 화를 낼 줄 알았다. 시세의 약 60%가 아닌가! 그런데 의외로 상대는 순순히 받아들였다.

"그럼, 그렇게 합시다."

사실 5,000만원을 제시했음에도 그의 마음속에는 6,000만원, 아니 7,000만원까지도 지급할 용의가 있었다. 그런데 상대가 바로 계약을 하자는 것이다.

결국 이 상황은 어떤 상황일 것이라고 상상이 되는가? 여러분들이 생각하는 것처럼 그는 왜 좀 더 금액을 낮게 부르지 않았나를 후회하고 있다.

하지만 이 물건이 경매로 간다면 이 지역의 평균 낙찰 통계자료를 보면 거의 시세에 육박하여 낙찰이 되는 지역이다. 심지어 시세보다 높게 낙찰이 되기도 한다. 당시의 시대적 분위기는 빌라를 사두기만 하면 가격이 오르던 시기이다.

그렇다면 아주 만족을 해야 하는데 잠시 김강산은 자신의 첫 제안 금액을 후회하고 있다. 순간 그는 첫 제안의 함정에 걸려들었다는 것을 알

앉으며, 이 함정에서 벗어나기 위한 다음 조치를 생각한다.

"그런데 말입니다. 저는 괜찮은 것 같은데 제 아내가 마음에 들어할지 몰라 확인을 해봐야겠습니다. 잠시 통화하고 다시 돌아오겠습니다. 괜찮겠지요?"

김강산은 상대의 동의 하에 그 집을 나와 현재의 상황을 정리해본다. 이대로 계약한다면 그는 만족하는 금액대로 얻을 테지만 다소 위험이 있더라도 추가적인 DC를 시도할 생각이다. 그것은 첫 제안의 함정에서 벗어나기 위해 필요한 조치라 생각했다.

아마 집 주인은 계약을 하고 난 뒤에야 비로소 자신이 좀 더 높게 불렀더라도 그가 샀을 것이라 생각하게 될 것이다. 이렇게 첫 제안한 금액에 바로 합의가 되면 잔금까지 가기 전에 반드시 탈이 난다. 나중에 혹시라도 있을지 모를 이런 후유증을 생각해서라도 지금 자신이 첫 제안의 함정에 걸린 사실조차 모르는 상대를 첫 제안의 함정에 걸려들지 않게 만들어줘야 한다.

집을 산 사람은 더 싸게 살 수 있었는데도 불구하고 멍청하게 너무 높게 불렀다고 생각하게 되고, 판 사람은 더 높게 불렀어도 계약이 되었을 것이라는 안 좋은 생각을 버리지 못한다. 그러다가 뭔가 계약을 파기할 수 있는 꼬투리라도 있으면 그것을 빌미로 계약을 무효화 하려 든다. 이렇게 계약의 무효라는 방법을 통해서 첫 제안을 받아들인 자신의 경솔함을 만회하려고 한다.

따라서 상대가 그런 첫 제안의 함정에 걸리지 않도록 도와줘야 한다. 이 계약이 단 한 번 제시한 금액으로 쉽게 합의를 한 것이 아니라 어렵게 합의되었다는 모양새를 심어줘야 한다. 그러기 위해서는 다소 얼마가 되었든 재협상을 이어가야 한다. 사람은 어렵게 합의에 도출되어야 결과물에 가치를 두게 둔다.

그렇게 상황 정리를 마친 그는 다시 상대의 집으로 들어갔다.

"어르신, 접니다. 이내와 상의 길과 아끼 그 금액에서 등기비 정도빈 빼주면 바로 계약을 하라고 하네요. 내일 바로 잔금을 다 드릴까요?"

상대는 등기비를 빼주는 대신 잔금을 바로 다음날 부로 해달라는 것이다.

이와 같이 첫 제안을 상대가 바로 받아들여 좀 더 낮게 부를 것을 아쉬워한 김강산은 등기비 명목으로 추가 DC를 요구하여 첫 제안의 함정에서 벗어났다. 즉 이제 이 금액이면 절대 만족하는 것이다.

문제는 상대이다. 상대 역시 지금 경매라는 급박한 상황 때문에 시세보다 아주 낮은 금액에 급매로 넘기게 되는데, 시세보다 월등히 싼 금액에 판 것에 대해 금방 후회하거나 매매에 문제가 있었다고 주위 사람들이 분쟁을 부추길 수도 있다. 따라서 이런 상황이 발생되지 않게 거절의 기회를 주는 것이다.

① 갑  시세보다 아주 싸게 팔게 되는 것인데 괜찮겠습니까?

　을  어쩔 수 없지.

② 갑  혹시 이 금액에 팔았다고 가족들에게 책망 당하지 않겠습니까? 그럴 여지가 있다면 지금 이 계약을 없었던 것으로 하셔도 됩니다.

　을  아니오 가족들은 가장인 나의 의견에 모두 따를 것이오 걱정할 바 아니오

③ 갑  그렇군요. 혹시 집을 팔고 난 후에 금방 집값이 오르면 속상하지 않겠습니까?

**을**  그건 당신 복 아니겠소?

**갑**  감사합니다.

갑은 을에게 세 번의 거절 기회를 주었다. 하지만 을은 이 물건을 팔기 위해 이미 마음의 결정을 한 상태이기 때문에 거절할 기회를 주어도 오히려 대화에서처럼 자기 입장을 강화하는 역할을 한다. 형식상 거절의 기회를 제공한 것이지만 실제로는 ①을 통해 바로 상대의 입장 강화를, ②를 통해 혹시 가족 중 누군가가 이 거래에 문제를 제기할 시 발생할 문제를 사전에 잠재우고, ③을 통해 집값이 오르고 말고를 떠나 시세보다 싼 가격에 팔아 이미 시세와 차이가 발생하지만 그에 따른 후회를 사전에 잠재우게 된다.

이런 거절의 기회를 제공하지 않고 시세보다 아주 싸게 구입하게 된다면, 매도자는 자신이 처한 급박한 상황 때문에 급매로 처분하게 된 것에 심한 자괴감과 상대의 기회주의자적 태도에 상당한 반감을 가지게 된다. 결국 거절의 기회를 제공하는 것은 거래 후 상대가 가지는 이러한 후회를 반감시키는 것과 동시에 상대의 자기 입장을 강화하는 역할을 하게 된다. 똑같은 일을 하고서도 나중에 문제가 발생하는 여부는 이런 협상 전략을 고려했는가 아닌가에 의해 판가름이 난다.

그럼, 거절의 기회는 언제 제공해야 하는가? 처음 만날 때, 아니면 계약 후에? 그것이 아니라 상대의 욕구가 최고조에 올랐을 때 사용해야 그 효과를 발휘할 수 있다. 위 거래 사례의 경우라면 계약서에 서명하기 바로 전이다.

사실 부동산중개 실무에서 고객과 가장 많은 문제가 발생하는 것이

중개수수료에 관한 분쟁이다. 그걸 잘 아는 대부분의 중개업무 종사자들은 일단 계약서에 도장을 찍게 되면 최소한 법정수수료는 보장이 되므로, 중개수수료에 관해 분쟁이 생길 것을 예측하면서도 계약서에 도장을 찍기 전에는 계약 당사자와 문제되는 행동을 자제한다. 다시 말해, 중개업자는 필요 이상의 거절 기회를 제공하지 않는다. 일단 계약서에 도장만 찍으면 중개수수료를 받는데, 거절의 기회 제공은 필요 없는 행위로 간주한다.

하지만 진행 중인 계약이 무산될까 봐 중개업자들이 걱정하고 있는 것과 마찬가지로, 계약 당사자들 역시 그 거래가 깨질까 봐 걱정하고 있는 것도 사실이다. 따라서 중개업무 종사자들은 계약서에 도장을 찍기 전에 중개수수료나 기타 문제가 발생될 여지가 있는 부분에 대해 계약 당사자들에게 언급을 해야 하는 것이 맞는다고 생각한다.

"계약서에 서명하기 전에 확인하고 넘어갈 일이 있습니다. 본 물건을 중개함에 있어서 중개수수료는 법정요율이 0.2~0.8% 상호 협약이 원칙인데, 이 건에 대하여 많은 노력을 한 결과 0.8%는 받아야 한다고 생각되어 계약 전 미리 확인하겠습니다. 이의 있으신가요? 이의 있으면 지금 말씀하십시오."

수수료 분쟁 문제는 계약 직전에 정확하게 언급하지 않으면 수수료를 지급하는 매도자나 매수인 입장에서는 0.2%를 생각하고, 중개사는 0.8%를 생각하게 된다. 똑같은 일을 두고 서로 상반된 생각을 하고 있는 것이다.

하지만 계약 무산으로 중개업자가 잃는 수수료보다는 계약 당사자가 잃는 금액이 훨씬 크기 때문에 계약서에 도장을 찍기 전이 중개업자의 요구가 가장 잘 먹히는 타이밍이다. 이 시기를 놓치고 나면 이미 계약은 끝난 상태이므로 계약 당사자들은 중개업자의 노고의 가치를 인정해주려 하지 않는다.

서비스의 가치는 이렇게 이용이 되고 나면 급격히 떨어진다. 결국 계약 직전에 거절의 기회를 제공하는 것은 정말 거절을 하라는 의미보다 후에 일어날 문제에 대해 사전에 미리 차단하는 목적을 가진다. 첫 제안과 거절의 문제는 이처럼 상호 유기적인 형태로 작용하는 시스템이다.

제5장

# 역할 분담 -
# 선한 자와 악한 자

자신의 토지에 새로 도로가 난다면 토지 모서리를 치고 나갈 때 가장 경제적 가치가 크다. 간혹 토지의 중앙을 관통할 때는 땅이 크다면 그다지 문제될 것은 없지만 작은 땅에 신설도로 계획이 있어 토지를 양분하면 현저히 값어치가 떨어진다. 이처럼 도로 계획은 땅값을 내려 허탈하게도 하고, 오히려 호재가 되어 폭등시키기도 한다. 맹지를 산 사람에게 계획도로는 하나의 로또복권과 같지만, 좋은 도로에 붙은 땅을 비싼 값에 산 사람에게 도로의 확장 예정은 그 반대이다.

이유야 어찌 됐든 계획도로는 추후 도로가 될 것을 고시한 것이니 매수자 입장에서는 도로 부분만큼은 사지 않기를 바라고, 매도자 입장은 도로로 나갈 땅도 똑같은 금액을 받고 싶어 한다. 이럴 경우에 어떻게 거래가 전개되는지 다음 사례를 통해 한 번 살펴보자.

주유소 부지를 찾고 있는 김매수 씨와 그를 도와주고 있는 사라부동산 황금만 사장. 이들은 3달 동안 여러 부동산을 찾아 헤맸지만 마음에 드는 곳을 찾지 못하다 어느 젊은 공인중개사가 운영하는 팔자부동산에서 적당한 물건을 발견했다.

기존 2차선 도로에 접하면서 신설 도로계획이 잡혀 있어 이중으로 도로에 접한다. 토지 면적이 1,914m²(580평)에 평당 70만원, 합이 4억600만원. 금액절충을 요구했지만 팔자부동산에서는 그 금액 이하로는 매도하기 어렵고, 중개수수료가 나오지 않는다고 딱 잘라 거절한다. 이미 서너 팀이 보고 간 상태라 값을 깎기 위한 흥정은 통하지 않을 듯 보였다.

결국 토지구입 비용을 5억원 선에서 생각하고 있었기에 김매수의 예산에는 적합하다. 주변 땅 시세를 탐문하니 평당 70~90만원 수준이다. 그리고 새로운 도시계획도로가 보상이 끝나고 완공되면 평당 120만원은 무난하다는 결론을 내린다. 더 이상 망설일 이유 없이 구입을 결정한 김매수. 이어지는 행동을 보자.

## 1) 정보취득 및 전략수립

김매수와 황금만은 지적도와 도시계획 확인원을 검토한 결과 자신들이 구입하기로 한 땅 1,914m² 중 약 594m²(180평)가 도로로 잘려나간다는 사실을 알게 된다. 결국 1,320m²(400평) 정도에서 주유기, 세차장, 주차장 등을 설치해야 한다. 넉넉하지 못한 면적이다. 게다가 문제는 1,914m² 중 도로로 잘려나가는 594m²의 예상 보상가가 평당 40만원 정도라고 한다.

결국 이 594m²는 평당 70만원인 1억2,600만원에 사서 평당 40만원인 7,200만원에 보상받으니 앉아서 5,400만원이 날아가는 것이다. 이 부분만큼 가격흥정을 시도해야겠다는 결론을 내린 김매수와 황금만.

**황금만** 팔자부동산 사장님이시죠? 어제 손님과 1,914m²를 보고 간 사라부동산입니다. 그 땅을 살 의향이 있으니 매도인을 11시까지 불러 주십시오.

김매수와 황금만은 5,000만원 정도의 가격흥정은 어렵지 않을 것이라 생각하고, 매도인 측인 팔자부동산 사장에게는 5,000만원의 흥정이 필요한 부분에 대해서는 전화상으로 미리 언급을 하지 않는다. 계약서 도장 찍기 전, 중개사가 끼어들 틈을 주지 않고 곧바로 땅 주인 앞에서 가격흥정을 요구할 계획이다.

**황금만** 일단 팔자부동산에 가거든 최종적으로 사겠다는 의사 표현을 하지 마십시오. 도시계획도로 때문에 날아가는 594m²는 사지 않겠다고 합시다. 그러면 저쪽에서는 그렇게는 안 된다고 나올 겁니다. 그때 마지못해 사는 척하며 5,000만원을 깎읍시다. 따라서 총 매매가격은 4억 600만원에서 5,000만원이 빠진 3억5,600만원으로, 평당 약 61만원 정도로 구입하는 겁니다.

**김 매수** 더 깎을 수는 없을까요?

**황금만** 이미 시세보다 저렴하게 나온 것 확인하지 않으셨습니까? 너무 욕심부리다가 다른 사람한테 빼앗길 수 있습니다.

**김매수** 알겠소. 사장님이 하자는 대로 합시다.

한편, 팔자부동산 장기갑은 사라부동산 쪽에서 구매의사를 보내왔기에 매도인을 대신해서 이번 매매를 진행하는 브로커와 통화해 오전 11시에 약속시간을 정한다.

**장기갑**  오전 11시에 계약이 될 듯합니다. 매도인을 모시고 오십시오.

**브로커**  걱정 마. 그런데 누가 산다는 거야?

**장기갑**  어제 보고 간 주유소부지 찾는 사람입니다.

여기서 말하는 브로커는 시골 같은 경우를 보면 농지위원이나 구멍가게에서 농사꾼들의 정보를 즉각적으로 수집하면서 '누구네가 어디 땅을 판다'라는 정보를 근처 중개사에게 귀띔해주고 매매계약이 성립되면 일정 부분 리베이트를 받는 사람으로 보면 된다. 팔자부동산 장기갑 사장의 고향선배이며, 지역 동창회 총무 직함을 가진 농지위원이다. 그리고 매도인과는 친구 사이다. 실무에서는 가끔 이들이 매도인과 매수인을 연결시키고, 계약서는 부동산중개소에서 작성하지 않고 법무사사무소에서 직접 작성하여 중개수수료를 받아 챙기기도 한다.

오전 11시. 5명의 이해관계인이 팔자부동산에 모두 참석한다. 김매수와 그를 보조하는 사라부동산 황금만, 그리고 이매도와 그를 보조하는 팔자부동산 장기갑, 매도인의 친구인 브로커가 모여 앉았다.

## 2) 정보의 교환 및 요구

**장기갑**  매도인 이매도 씨입니다. 이쪽은 사라부동산 황금만 사장님과 그의 손님인 김매수 씨입니다. 알아볼 서류와 시세는 이미 다 알아보셨을 겁니다. 매매 금액은 평당 70만원인 4억600만원입니다. 계약서 작성하겠습니다.

**황금만**  사장님, 잠깐만요. 만일 도로가 보상이 된다면 어느 정도 선에서 이루어지나요?

**장기갑** 글쎄요, 뭐라고 답변하기가 곤란하지만 인근에 보상된 사례를 보면 아마 평당 45만원에서 55만원 정도가 아닐까 생각합니다.

**황금만** 그래서 말씀인데 다른 부동산에서 연락이 왔는데 기존 2차선 도로에 붙어있는 땅이 급매로 65만원에 나와 있습니다. 하지만 그쪽은 양도세 때문에 다운 계약서를 써 달라고 하여 아직 결정을 못하는 상태입니다. 다운 계약서에 협조해주면 추가적인 금액 DC도 가능하다고 합니다. 그래서 다시 한번 금액 DC를 해주셨으면 합니다.

**장기갑** 그 부분은 어제 통화하기 전에 말씀드리지 않았습니까. 추가적인 가격 DC는 안 된다고… 지금 와서 그런 얘기를 하면 어떡합니까?

**김매수** 그쪽 입장은 충분히 이해합니다만 도로로 잘려나가는 부분의 보상가가 저희가 알아본 바에 의하면 평당 40만원 정도밖에 안 된다고 들었습니다.

**장기갑** 그래서 요구하시는 것이 무엇입니까?

**황금만** 저희 매수인 입장에서는 도로로 잘려나가는 그 땅은 안 사고, 나머지 땅만 사고자 합니다.

**브로커** 아니, 땅을 한두 번 사보십니까? 그렇게 제안하는 것은 말도 안 됩니다.

**이매도** 맞아요. 그렇게는 안 됩니다.

**황금만** 그쪽 입장은 충분히 이해가 갑니다. 저라도 그렇게 얘기하겠습니다. 하지만 사는 사람 입장도 생각해주셨으면 합니다.

**장기갑** 매도인, 어떻게 생각하십니까?

**이매도** 글쎄요, 전혀 생각도 안 한 부분에서 가격흥정을 해오니 당황스럽군요.

**브로커** 이 물건을 보고 간 다른 두 사람은 그런 핑계를 전혀 달지 않는데, 왜 그쪽에서만 이러는 것입니까?

**황금만** 아직 그 두 사람도 사겠다는 신호를 하지 않아서 그렇지 살 때 되면 이 부분을 언급할 것입니다. 아니면 그 두 사람도 도로로 잘려나가는 면적이 너무 커서 계약을 안 한 것이라고 생각됩니다.

**장기갑** 황 사장님 입장에서는 당신이 매도인이라면 이 상황에서 어떤 입장을 취하실 것 같습니까?

**황금만** 어려운 질문입니다만 제가 파는 사람이라면 도로로 잘려나가는 부분은 도로 보상가액 수준에서 금액을 책정할 수도 있을 것 같습니다.

**장기갑** 그 말씀은 1,320m²는 평당 70만원, 나머지 594m²는 약 50만원(매매 금액 3억7,000만원)이 맞습니까?

**황금만** 예, 맞습니다.

**장기갑** 매도인, 이 제안을 어떻게 생각하십니까?

**이매도** 글쎄요, 그쪽 입장을 들어보면 맞는 것도 같은데…

**브로커** 이건 말도 안 됩니다. 그러면 594m²는 보상가 기준인 평당 50만원으로 하되 나머지 1,320m²는 평당 70만원이 아닌 80만원으로 해야 합니다.

**황금만** 그런 말도 안 되는 소리를…

**브로커** 말도 안 되는 소리는 그쪽에서 먼저 하지 않았습니까?

**장기갑** 잠시 조용히 합시다. 흥분된 마음을 가라앉히고 5분만 쉽시다.


김매수와 사라부동산 황금만 사장은 잠시 팔자부동산을 나와 앞으로의 대책을 논의한다.


**황금만** 일단 언급을 해놓았으니 저쪽에서도 어떤 변화가 일어날 것입니다.

**김매수** 그런데 저쪽 부동산 사장 옆에서 큰소리치는 양반은 누구입니까?

**황금만**　매도인의 친구이며 반 부동산업자입니다. 일단 매도인은 마음이 움직일 수도 있는 것 같은데 브로커가 문제군요.

브로커와 이매도 역시도 팔사부동산을 나와 밖에서 얘기를 나눈다.

**브로커**　저런 얼토당토 않는 양반들을 보았나. 땅을 처음 사본 사람들도 아닐텐데 저런 식으로 말을 하네.

**이매도**　정말 도로로 보상 나오는 금액이 평당 50만원 수준인가?

**브로커**　아니야, 실제는 아마 평당 40만원 정도일 거야.

**이매도**　그러면 최악의 상황에는 저쪽 주장대로 도로로 나가는 부분의 금액을 50만원 정도 받는 선에서 마무리하지. 어때?

**브로커**　안 돼. 가만히 있어 봐. 내가 하자는 대로 하면 다 받을 수 있으니 걱정하지 마.

잠시 후, 이해 당사자들이 다시 팔자부동산 안으로 들어온다.

**장기갑**　서로의 입장 차이가 생겼으니, 마지막 조율이 안 되면 이 거래는 없었던 것으로 하겠습니다.

**황금만**　저희 쪽 입장은 불변합니다.

**브로커**　그래요? 그럼 저희도 똑같습니다. 이보게, 친구! 일어서지. 더 이상 기다려봐야 시간만 낭비네.

**장기갑**　그렇게 일방적으로 일어서지 마시고 매수인 측 얘기 좀 들어봅시다.

**브로커**　아닙니다. 살 사람도 아니면서 바쁜 사람 불러놓고… 우린 점심 먹고 그냥 갈 겁니다.

브로커와 이매도는 그렇게 팔자부동산을 나가 버리고, 이제 장기갑과 황금만, 그리고 김매수만 남아있다.

**황금만** 저 브로커 무엇 하는 사람입니까? 자기가 땅 주인인양 하는 꼴이…

**장기갑** 글쎄요, 매도인의 친구라 저도 어떻게 손써볼 방법이 없네요. 하지만 전체 땅을 평당 70만원에 사도 싸게 구입하는 건데 너무 낮게 요구하니 저쪽도 기분이 나빠졌을 겁니다.

**김매수** 사장님, 매도인 부르세요. 가격 안 깎아주면 어쩔 수 없지. 그 금액에 계약합시다.

**황금만** 김 사장님, 정말 그 금액에 사실 겁니까?

**김매수** 어쩔 수 없지 않습니까?

**장기갑** 그렇게 합시다. 매도인이 식사하고 가기 전에 다시 불러 그 금액에라도 계약서 작성합시다.

한편, 브로커와 이매도는 식당에서 점심식사를 하고 있었다.

**이매도** 그래도 저쪽에서 얘기하는 금액에 매매했으면 좋겠는데 어떻게 생각하니?

**브로커** 글쎄, 나라면 그 금액에 팔겠지만 너한테는 그 금액에 팔라고 얘기 못하겠다.

**이매도** 그렇게 얘기해주니 고맙군. 그런데 이렇게 나와 버렸는데 다시 사라고 하는 것도 우습잖아.

**브로커**　그러게 말이다. 잠시 화장실 좀 다녀올게.

잠시 밖으로 나온 브로커는 팔자부동산 장기갑에게 전화한다.

**브로커**　얘기를 듣기만 하게. 매수자가 지금 앞에 앉아있으면 밖으로 나와서 전화를 받지?

**장기갑**　그래요? 예… (다른 전화 받는 시늉을 하며 사무실 밖으로 나온다) 밖으로 나왔으니 얘기하세요.

**브로커**　그 금액(3억7,000만원)에라도 팔자는군.

**장기갑**　잘 되었네요. 이쪽 매수인도 형님이 그렇게 야단치고 나간 뒤 한풀 꺾여서 그 금액(4억600만원)에 계약하자고 나왔습니다. 하지만 매수인 측의 황 사장이 조금은 양보를 요구할지 모르니 제가 적당한 선에서 자르겠습니다.

**브로커**　그렇게 하지. 잠시 친구와 식사를 마치고 바로 중개사사무소로 다시 돌아갈게.

브로커는 화장실 다녀온 모습으로 다시 식당을 들어온다.

**브로커**　저쪽 금액대로 해도 괜찮겠나? 좀 더 기다리면 높은 금액을 제시할 사람이 나타날 수도 있는데.

**이매도**　그게 언제쯤일까?

**브로커**　글쎄, 땅이란 게 팔리려면 우습게 팔리지만 안 팔리려고 하면 1년도 지나가지. 그런데 그 정도 금액이면 자네가 원하는 수준만큼은 되지?

**이매도**  나아, 이 금액이면 만족하지.

**브로커**  그래, 그럼 다시 부동산에 돌아가서 얘기를 나누어 보지. 그리고 저쪽
에서 좀 깎자고 하면 적당한 선에서 양보하든지…

**이매도**  그래, 그렇게 하지.


10분 후, 팔자부동산으로 이매도와 브로커가 들어오고, 김매수와 황
금만은 여전히 자리에 앉아있다.


**황금만**  무슨 성격이 그리 불같으십니까?

**브로커**  무슨 말씀을! 저 원래 이런 사람 아닙니다. 친구 부동산을 매매하는데
너무 싸게 파는 것 같아 기분이 언짢아 그랬던 것입니다.

**황금만**  매도인께서는 저분한테 한턱쏴야겠습니다. 다른 사람들 같으면 빨리
계약서 쓰자고 매도인을 설득시키는데…

**이매도**  친한 친구라 그랬나 봅니다.

**장기갑**  이렇게 합시다. 1,320m²에 대해서는 약속한 대로 평당 70만원으로 하
고, 도로로 잘려나가는 594m²에 대해서는 매수인 측의 50만원과 매도
인 측이 요구하는 70만원의 중간선인 60만원(매매 금액 3억8,800만원)
으로 합시다. 어떻게 생각하십니까?

**이매도**  그렇게 합시다.

**김매수**  좋습니다.


위의 거래 사례에서 두 가지를 짚고 넘어가자.

### 첫째, 선한 역과 악한 역

일단 팔자부동산 장기갑과 브로커는 한 편이다. 브로커의 튀는 행동과 과격한 행동은 매도인을 위한 행동이었음을 누구나 알 수 있다. 하지만 브로커의 속내는 이매도에게 높은 금액을 받아주는 것보다 이 거래가 계약이 체결되게 하는 데 목적이 있다. 그럼에도 매수인 측인 김매수와 사라부동산 황금만에게 과격한 행동을 보여주면서 금액에 대한 DC를 해줄 수 없다는 요구를 한 후 자리를 박차고 나간다. 이 부분이 브로커의 악역이다.

이 상황에서 남아있는 장기갑은 선한 역할을 담당한다. 매수인 측의 설득을 담당하는 것이다. 매수인 입장에서는 악한 역을 하고 나간 브로커보다는 선한 역의 장기갑을 더 상대하고 싶어한다. 그리고 말도 잘 통한다. 여기서 상황 판단은 장기갑이 하는 것이다. 그가 계약으로 이어갈지, 아니면 포기를 해야 할지의 결정을 한다는 말이다. 그리고 브로커는 친구인 이매도를 위해 열심히 싸우는 모습을 보여주었기에 결과적으로 수수료가 후하게 돌아온다.

### 둘째, 상대의 행동을 구매의사 표시로 해석해야 한다

무엇보다 매수인 측에서는 매도인이 과격한 행동으로 자리를 박차고 나갈 때 거래를 원치 않는다면 같이 박차고 나가는 것이 일반적이지만, 위의 사례에서는 그렇지 않았다. 김매수와 사라부동산 황금만은 브로커와 이매도가 식사하고 올 때까지 기다린다. 이 기다림의 행동은 구매의사로 해석해야 한다. 앞에서도 여러 번 다루었듯 이 부분의 해석은 실무에서 상당히 중요한 부분이다.

## 3) 천사와 악마의 동행

부동산 거래에 있어 이러한 선한 역과 악한 역의 상황은 우리가 의식하지 못했을 뿐이지 자주 일어난다. 또 다른 사례를 보자.

경매물건을 낙찰받은 후 점유자가 집을 비워주지 않고 차일피일 미루며 만남 자체를 회피한다. 결국 법원에다 강제집행 신청을 접수한 후에 경매업자는 낙찰자를 대신해 마지막 만남을 시도한 결과, 약속이 이루어졌다. 약속 시간은 저녁 8시, 장소는 낙찰받은 집 근처의 호프집이다.

경매업자는 점유자를 만나기 한 시간 전인 7시 무렵에 약속 장소 근처에서 낙찰자를 만나 이 날의 대처요령을 언급한다.

**경매업자**　저녁 8시에 저기 있는 호프집에서 점유자를 만나기로 했습니다. 제가 들어간 후 약 20분 뒤 자연스럽게 합석하십시오.

**낙찰자**　그 다음은요?

**경매업자**　제가 상대를 위협한 후 상대의 감정을 최대한 흔들어놓고 자리에서 빠질 겁니다. 제가 빠지면 상대를 위로해주고, 상대의 기분을 봐가며 장소를 상대의 집, 즉 우리가 낙찰받은 집으로 옮겨 안방에서 협상을 마무리 지으십시오. 그리고 이것은 미리 준비한 합의각서입니다. 이사비 줄 때 각서에 서명받으십시오.

**낙찰자**　이사비는 어느 정도로 주면 될까요?

**경매업자**　처음 생각했던 금액에서 알아서 선택하십시오.

**낙찰자**　200만원?

**경매업자**　상대에게 측은한 마음이 들면 좀 더 주시고, 그 반대라면 알아서 선

택하십시오. 당신이 베푸는 인정의 깊이만큼 당신이 지급할 이사합
의금은 커져 갑니다.

**낙찰자**    무슨 말씀인지 알겠습니다.


낙찰자와 근처에서 가볍게 식사를 마친 경매업자는 점유자와 만남을
위해 자리에서 일어서며 낙찰자에게 말한다.

"20분 후에 자연스럽게 합류하십시오."

그리고 약속한 8시에 호프집에서 점유자를 만난다.


**경매업자**    왜 그렇게 자꾸 회피하는지 이해가 안 되는군요. 회피한다고 해결될
문제가 아닌데 말입니다.

**점유자**    일부러 그런 것은 아닙니다. 지금 하는 일이 아침 일찍 나가 저녁 8
시 돼야 끝납니다. 그리고 이사 나가서 살 집을 구해야 하는데 돈이
없습니다.

**경매업자**    그래서 전화를 안 받으셨군요. 그렇다고 계속 그 집에 살 수는 없지
않습니까?

**점유자**    그걸 왜 모르겠어요. 방법이 없어서 그런 것이지.


테이블 위에는 맥주와 소주가 놓여 있다. 경매업자는 처음부터 소주
와 맥주 혼합으로 폭탄주를 만들어 한 잔 마시고, 상대에게도 권한다.
폭탄주가 영 마음에 내키지 않는 점유자에게 경매업자는 친한 척하며 권
유한다. 그렇게 어색한 분위기가 술기운으로 희석되어진다. 그러는 사
이 낙찰자가 합류한다. 낙찰자는 의례적인 인사를 건넨 후 말없이 경매

업자와 점유자의 대화를 듣고만 있다.

> **경매업자** 일단 열흘이면 강제집행 들어갈 수 있습니다. 이미 서류는 접수되었
> 습니다. 오늘 어떻게 나오는지 보고 최종집행을 할지, 아니면 소정의
> 이사비를 드릴지 결정할 겁니다.
>
> **점유자** 이사비는 얼마나…?
>
> **경매업자** 생각하는 것보다 적을 겁니다. 이렇게 시간을 끌었기 때문에 낙찰자
> 가 이사비 주는 부분에 대해 반대합니다. 하지만 당신이 오늘 시원한
> 답변을 주면 낙찰자를 설득해 좀 더 많은 이사비를 드리라고 할 작정
> 입니다. 당신의 태도에 따라 정반대가 될 수도 있습니다.
>
> **점유자** 얼마인지 알아야 새로 구할 집을 계약이라도 할 것 아닙니까?

이 말을 듣는 순간, 경매업자는 폭탄주를 단숨에 들이키고 담배를 뽑
아 물면서 상대를 쏘아본다.

> **경매업자** 계약하는데 제가 드리는 금액이 꼭 필요합니까?
>
> **점유자** 예, 지금 제게는 돈이 하나도 없어요.
>
> **경매업자** 한 가지 물어봅시다. 내가 주는 이사비로 계약을 한다면 잔금처리는
> 어떻게 할 겁니까? 잔금은 어떻게 구할 것인지 궁금하군요.
>
> **점유자** 어디서든 빌려야지요.
>
> **경매업자** 그럼 아무 대책 없이 계약만 하고 잔금 못 맞추면 계약금은 어떻게
> 되는 겁니까?
>
> **점유자** 포기해야지요.

**경매업자** 제가 드리는 이사비가 그렇게 쉽게 포기될 수 있는 돈이군요.

**점유자** 그래서는 안 되지만, 그럴 수도 있지요.

**경매업자** 그런 식으로 나오면 내가 이사비를 줄 것 같습니까?

**점유자** 안 줄 수도 있겠지요. 그러면 나도 어쩔 수 없고⋯

**경매업자** 어쩔 수 없다? 내가 가만히 있을 것이라 생각합니까?

**점유자** 가만히 있지는 않겠지요.

**경매업자** 집 안에 있는 가재도구에 손끝 하나라도 건드릴 수 있다고 생각하십니까?

**점유자** 쉽지 않겠지요.

**경매업자** 평생 당신 명의로 된 재산이나 자동차, 심지어 오토바이 하나라도 구입할 수 있다고 생각합니까?

**점유자** 글쎄요.

**경매업자** 온전한 직장생활이 가능하다고 봅니까? 내가 일하는 데 찾아가 급여에 대한 압류조치를 안 할 것이라 생각합니까?

**점유자** 하겠지요.

**경매업자** 경매업자의 심기를 건드려 놓고 편안할 수 있다고 생각합니까?


이미 상당히 취기가 올랐음에도 경매업자는 폭탄주를 연거푸 들이키며 점유자와 싸울 듯한 태도로 언성을 높여가며 상대를 코너로 몰아붙인다.


**경매업자** 잘 들으세요. 내가 처음 만날 때 당신의 태도에 따라 내가 취할 방법을 선택할 것이라고 했습니다. 기억합니까?

| 점유자 | 예. 잘 알아들었습니다. |
| --- | --- |
| 경매업자 | 이제 당신과 나는 더 이상 좋은 관계로 만날 일은 없을 겁니다. 낙찰자가 이사비를 합의하자고 해도 이제는 내가 안 합니다. |
| 낙찰자 | 사장님, 참으시죠. 취하셨습니다. |

경매업자는 마지막 남은 폭탄주를 단숨에 들이키고 잔을 테이블 위에 꽝 내려놓는다.

| 경매업자 | 내일부터 준비하고 계십시오. 내게 싸움을 걸어온 사람들이 얼마나 후회를 했는지 당신에게도 똑똑히 보여 드리리다. (낙찰자를 보며) 먼저 일어나겠습니다. |
| --- | --- |

그렇게 경매업자가 자리를 박차고 떠났고, 마지막 실마리를 풀어야 한다는 심정으로 남아있는 낙찰자와 점유자는 아무 말 없이 멍하니 앉아 있다.

| 낙찰자 | 기분 푸시죠. 우리끼리 술이나 한 잔 더 합시다. |
| --- | --- |
| 점유자 | 그럽시다. |

기분이 울적한 점유자와 상대를 설득해 낙찰받은 집을 비워야 하는 낙찰자는 소주와 맥주를 번갈아가며 마시느라 곧 만취 상태에 이른다. 두 사람은 이제 경매 얘기는 하지 않고 인생사를 안주 삼아 얘기를 이어간다. 남들이 보면 영락없이 고향 선후배가 한잔하고 있는 모습이다.

**낙찰자**　형님, 저도 손해가 이만저만이 아닙니다. 빨리 그 집에 들어가야 합니다.

**점유자**　미안하네. 빨리 비워줘야지. 동생! 내 꼴이 창피하지만 그래도 이사비는 좀 줘야 하지 않겠나?

**낙찰자**　형님, 취하셨습니다. 그 얘기는 집에 가서 합시다. 우리 집도 근처이니…

　낙찰자는 점유자가 쓰러지지 않게 어깨동무를 해가며 점유자의 집, 아니 자신이 낙찰받은 집으로 향한다. 집 안에 들어와 보니 이미 큰 가재도구는 어디론가 옮겨졌다. 이사 갈 집을 구해놓았으면서 갈 곳이 없다고 이사비를 더 달라고 한 것을 낙찰자는 비로소 알게 되었다. 둘은 거실에서 술잔을 기울이며 호프집에서 못다한 이야기를 이어간다.

**점유자**　동생, 이사비는 얼마 줄 건가?

**낙찰자**　돈만 있으면 많이 드리고 싶습니다. 이 집 등기부 떼보시면 알 겁니다. 80%가 융자입니다. 우선 그보다 중요한 게 언제 집을 비워주실 수 있습니까?

**점유자**　언제 비워주면 되나?

**낙찰자**　내일이면 좋겠습니다.

**점유자**　그래? 그렇게 하지. 그럼 이사비조로 100만원만 주게.

**낙찰자**　그렇게까지는 가지고 있지 않습니다. 저는 50만원만 생각하고 있습니다. 그래서 지금 가지고 온 돈도 50만원이 다입니다. 그리고 연체한 공과금이 80만원이나 있습니다.

**점유자**　그래도 50만원은 너무 적어. 이사 차량 한 번 움직이는 데도 50만원이야.

**낙찰자**  그럼, 내일 공과금 내라고 마누라가 준 만원짜리 20장이 있는데, 그것

　　　　마저 다 드리지요.

**점유자**  고맙네. 그리고 미안하네.


다음날, 점유자는 인사도 없이 현관문 열쇠를 꽂아둔 채 떠났다.

경기도 ○○시에 2층 건물을 가지고 있는 50대의 안정복 씨. 1층 점포 3개를 세놓고, 2층에 가족이 거주하면서 나름대로 만족한 삶을 살고 있다. 1층 점포는 부동산중개소 2곳, 음식점 1곳이 세들어 있다. 주차장이 도로변에 넓게 접하고 있어 음식점이나 부동산중개소가 영업하기 좋은 곳이었다.

어느 날, 안정복의 건물 1층 신세계부동산에 중년의 권기남 씨가 방문한다.

**권기남** 부동산중개소 앞의 2차선 도로에 접한 땅값은 어느 정도 합니까?

**중개사** 평당 1,000만원 정도입니다. 건물 사시게요?

**권기남** 다른 부동산에서 얘기하는 것과 큰 차이가 없군요. 혹시 사장님이 영업하시는 이곳을 사려면 얼마를 줘야 할까요?

**중개사** 글쎄요, 주변 땅값이 계속 오르니 평당 1,200만원 정도는 줘야 하지 않겠습니까? 그 금액에라도 주인이 팔려고 할지는 모르겠지만…

**권기남** 도로변에 붙은 땅이 평당 1,000만원에서 1,200만원이면 한 블록 뒤는 어느 정도 할까요?

**중개사** 한 블록 뒤로는 주택밖에 지을 수 없으니 평당 300만원 정도 될 겁니다.

**권기남** 여기서 중개 업무를 한 지 어느 정도 되시는지…?

**중개사** 한 7년 정도 됩니다.

**권기남** 그렇군요. 건물주와 관계는 좋은 편인가요?

**중개사** 허허, 이상한 쪽으로만 질문을 하시는군요. 빙빙 돌리지 말고 얘기해 보세요. 알고 싶은 게 뭡니까?

**권기남** 그러지요. 사장님이 영업하시는 이 점포가 776-4번지 맞지요?

**중개사** 예.

**권기남** 776-7 및 776-11번지가 제 땅입니다. 도로에 붙어있는 가늘고 긴 땅, 여기에서 장사하는 분들이 주차장으로 사용하고 있는 그 땅입니다.

**중개사** 지적도 좀 보겠습니다. 아, 그러시군요. 진작 말씀하시지.

**권기남** 예전에는 큰 땅이었는데 세월이 지나며 도로가 생기는 바람에 이렇게 자투리땅으로 길게 남았네요. 그래서 말인데 이 땅을 팔고 싶은데요. 땅의 상태도 그렇고 해서… 이곳 건물주가 사면 딱 좋겠는데…

**중개사** 그렇게 되면 좋겠지만… 평당 가격은 어느 정도를 원하십니까?

**권기남** 어느 정도가 적당할까 알아보러 왔습니다.

**중개사** 대로변 시세가 평당 1,000만원이라고 했지만 도로에서 3m 건축선을 확보해야 하니 건축을 할 수도 없고… 따라서 시세보다 아주 싸야 하지 않을까요? 평당 600만원 정도는 어떨까요?

**권기남** 그 정도 가격이라면 팔지 않는 편이 낫지요. 차라리 가건물을 지어 임대하는 게 낫겠습니다.

**중개사** 가건물을요?

**권기남** 오는 길에 건축사 사무실에 들러 상담을 받았는데 가건물은 가능하다고 하더군요. 화훼하시는 분께 임대하면 된다던데… 그러면 여기에서 장사하는 부동산과 식당에는 미안하지만 어쩔 수 없지 않겠습니까? 그런 일이 발생하지 않도록 건물주에게 잘 말해보십시오.

중개사는 권기남의 제의를 거절할 수 없음을 알았다. 만일 권기남이 자기 땅에 가건물을 올리면 식당과 부동산은 도로변에서 보이지도 않고 접근하기도 어려워 찾아올 방문객이 없어지는 것이다. 잠시 이해를 돕기 위해 아래의 지적도를 보자.

중개사는 권기남이 가자마자 득달같이 건물주 안정복에게 달려갔다. 자투리땅을 사라는 중개사의 말에 안정복은 황당하다는 반응이다.

**안정복**  아니, 지금껏 공짜로 잘 사용하던 땅을 뭐하러 새삼스레 사라는 건가? 그 자투리땅 사도 그만, 안 사도 그만 아닌가?

**중개사**  아닙니다. 지금까지야 땅 주인이 나서지 않아 공짜로 사용했지만, 주인이 소유권을 주장하고 나오지 않았습니까? 어차피 예전부터 그 땅을 사서 건물을 다시 크게 짓겠다는 말씀을 자주 하셨고… 지금 주인이 먼저 나섰을 때 사시는 것이 유리합니다.

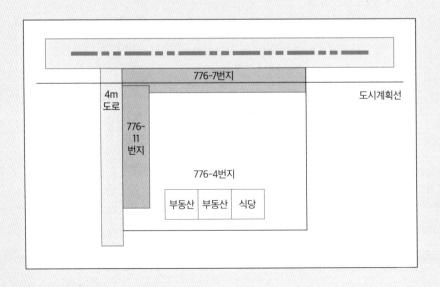

**안정복** 그래서 얼마를 달라는데?

**중개사** 근처 시세라는 것이 있으니 평당 600만원 이상은 주셔야 할 것 같습니다.

**안정복** 600만원? 이 사람이 농담하나? 쓸모도 없는 자투리땅을 누가 그렇게 주고 산단 말인가? 절대 그렇게는 못해!

**중개사** 그럼, 어느 정도 값이면…?

**안정복** 흥! 아예 안 쳐줄 수도 없으니 평당 400만원 이하면 생각해보지.

**중개사** 그쪽은 600만원도 작다고 하던데요.

**안정복** 얼씨구! 그 손바닥만한 땅 팔아서 갑부 되려는 건가? 절대 그렇게는 못한다고 전해!

**중개사** 그 사람은 이곳에 건물을 짓고 싶어 하는 것 같던데, 차라리 사장님 건물을 그쪽에 파시는 것은 어떨까요?

**안정복** 잘 쳐준다면 팔 수도 있지.

**중개사** 잘 쳐준다면… 얼마나요?

**안정복** 평당 1,400만원은 받아야지.

**중개사** 예? 1,400만원이나요? 그럼 시세보다 많이 높다는 걸 사장님이 더 잘 아시잖아요?

**안정복** 시세로 팔 거면 뭐하러 팔아? 아쉬운 건 그쪽이니 싸게 팔든지, 비싸게 사든지 알아서 하라고 해!


신세계부동산 중개사는 안정복의 태도가 워낙 완고해 설득하는 것을 포기하고 말았다. 자신의 입장에서 볼 때 결코 안정복의 건물 위치가 유리하지 않았지만, 안정복의 옹고집을 꺾기 힘들다는 것은 그동안 봐왔기 때문에 잘 알고 있었다.

한편, 건물주 안정복은 기분이 아주 좋은 상태였다. 일이 잘 되면 그동안 찜찜하던 앞길의 땅을 헐값에 살 수도 있을 테고, 그것이 아니라면 자신의 낡은 건물을 아주 비싸게 팔 수도 있는 상황 아닌가! 중개사가 적극적으로 살 것을 권유한 것이 마음에 걸리기는 했지만 안정복은 신경 쓰지 않기로 했다.

중개사란 부동산 중개를 성사시켜 수수료를 받는 것이 목적인 직업 아닌가? 자신을 은근히 협박해 자투리땅의 주인과 매매를 성사시키려 한 것이라고 단정지었다. 설사 그 땅 주인이라는 사람이 자신의 제안을 거절한다 해도 특별히 아쉬울 것은 없었다. 지금껏 살아왔던 대로 살면 그만이었다. 안정복은 어쩌면 굴러들어올지도 모르는 행운을 은근히 기대하며 입가에 미소를 지었다.

하지만 자신의 짧은 생각이 얼마나 큰 불상사를 낳을지 전혀 예상하지 못하는 것이 사람이다. 일주일 후, 땅 주인 권기남이 신세계부동산을 다시 방문했다. 중개사는 거북한 미소를 지으며 안정복의 입장을 전했다. 예상한 대로 권기남은 미소를 띤 채 말했다.

권기남   허허, 어쩔 수 없지요. 싸게라도 팔까 했었는데…

중개사   다시 한번 설득해보겠습니다. 싸게라면 어느 정도를 말씀하시는 건지…

권기남   사장님이 지난번에 적정한 시세라고 말한 평당 600만원보다는 조금 높은 평당 700만원 정도면 넘길 생각을 하고 있었지요.

중개사   제가 다시 한번 설득해보겠습니다. 그런데 혹시 사장님이 이 땅을 매입할 생각은 없으신가요?

**권기남**  가격만 좋다면 살 용의도 있지요.

**중개사**  건물 주인이 평당 1,400만원 정도를 희망하시던데…

**권기남**  일주일 전 저하고 얘기할 때는 시세가 평당 1,000만원에서 1,200만원
이라면서요?

**중개사**  그렇게 얘기했지요. 하지만 팔려고 생각하던 물건이 아니다 보니 시세
보다 높게 부를 수밖에 없지요.

**권기남**  평당 1,200만원에 구입하겠다고 주인에게 제시해 보세요. 1,400만원
은 무리입니다.

**중개사**  알겠습니다. 그렇게 말해보지요.


신세계부동산 중개사는 다시 안정복을 만나 설득 작업에 들어간다. 하지만 안정복은 지난번보다 더욱 완고한 입장이다. 이젠 평당 1,400만 원도 싫다고 한다. 상대가 불리하다고 생각한 듯 완전히 배짱을 부리고 있는 것이다.

중개사는 더 이상 타협의 여지가 없음을 깨달았다. 지금 건물주 안정 복이 잘못 생각해도 한참을 잘못 생각하고 있다는 것을 중개사는 잘 알 고 있었다. 문제는 만일 권기남이 자신의 땅에다 가건물을 올리면 자신 뿐만 아니라 세입자 모두가 현 건물에서의 영업은 도저히 불가능하고, 권리금을 한 푼도 받을 수 없는 상황에 놓인다는 점이다. 건물주는 이런 세입자의 마음을 이해해주지 않고 있다.

중개사 입장에서는 어떻게 하든 협상을 타결 짓기 위해 고민했다. 이 대로라면 두 땅의 주인들은 물론 세입자인 자신에게도 큰 피해가 올 것 이 분명하지 않은가! 며칠을 고민하던 중개사는 드디어 가장 이상적인

타협안을 찾아냈다.

건물주 안정복은 향후 앞의 번지수에 가건물이 들어서면 자기 건물은 값어치가 급격히 하락하고, 앞쪽 땅 주인 권기남은 뒤쪽 땅에 들어선 건물 소유주인 안정복이 땅을 팔지 않으면 정식 건물은 영영 짓기 어렵다. 따라서 이 문제를 풀기 위해 상호교환을 제안해보기로 했다. 교환의 내용은 아래의 지적도를 보면서 설명해보자.

먼저 B와 C는 원래 776-4번지 소유자 안정복의 땅이었지만 권기남 소유의 776-7번지의 E 면적과 교환하는 것이다. 그러면 776-4번지 건물 소유자 안정복과 776-7번지 땅 소유자 권기남은 돈이 들어가지 않는 범위 내에서 서로의 목적을 추구할 수 있다.

아주 이상적인 타협안이라 생각한 중개사는 먼저 안정복을 만나 이 타협안을 제시했다. 하지만 그는 이번에도 배짱을 튕긴다.

"색깔 있는 부분의 토지는 2차선 도로와 4m 도로에 각각 접하니 상가

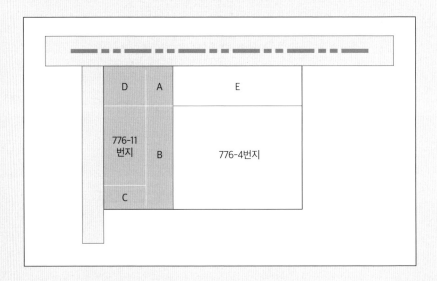

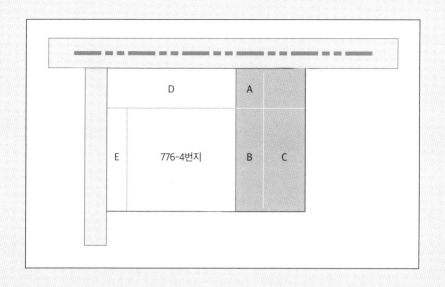

건물로서 더 유리하지 않은가? 난 싫네!"

중개사는 화를 애써 참으며 지적도를 다시 그려 본다. 즉, 776-11번 지와, 776-7번지의 좌측 부분을 776-4번지에게 주고 위의 그림 색깔 있는 부분을 안정복이 받는 것이다.

하지만 이번에도 안정복은 싫다고 거부했다. 후에 이 제안을 본 권기 남은 마음에 들어 했지만 이미 안정복에 의해 무산된 제안이었다. 중개 사는 더는 방법을 찾지 못하고 손을 놓아 버렸다. 안정복이 자신의 복을 발로 차버리는 것을 그저 두고 볼 수밖에 없는 노릇이었다.

그로부터 얼마 지나지 않아 권기남은 건축 착공에 들어갔고, 안정복 건물의 상가 임차인들은 더 이상의 영업을 할 수 없어 모두 보증금 반환 을 요구했다. 당황한 안정복은 임대차 잔여기간이 남아있으니 그때 빼 주겠다고 버텼다.

임차인들은 영업도 하지 못하면서 월세까지 지불할 수는 없다고 맞섰다. 게다가 그 점포에 입주한 임차인들은 전문 부동산업자들이 아닌가! 정상적인 영업을 할 수 없게 된 원인을 건물주의 책임으로 돌리고 공동으로 법적대응에 들어갔다. 결국 안정복은 임차인들과의 법적 싸움에 휘밀림은 물론이고, 이제 어느 누구도 그 건물에 임차인으로서 들어올 사람이 없는 상태가 되어버렸다. 후회해도 소용없었다.

만약 안정복이 신세계부동산 중개사의 말을 전해 듣고 다시 전하는 안일한 태도에서 벗어나 직접 권기남을 만나 협상을 했더라면 어땠을까? 사태의 심각성을 좀 더 빨리 깨닫지 않았을까? 권기남이 결코 아쉬운 상태가 아님을 알 수 있지 않았을까?

내 땅이 귀하면 남의 땅도 귀한 법이다. 배짱으로 땅을 사야 할 때가 있고, 사기 싫어도 훗날을 생각해서 반드시 사야 할 땅이 있다. 대부분의 사람들은 타인이 자신의 땅을 사라고 권해오면 의심부터 하는 습관이 있다. 여기에 한 술 더 떠서 상대의 약점을 잡았다고 오판하기도 한다.

상대의 제안을 합리적이고 이성적으로 바라볼 필요가 있다. 그리고 그런 판단을 가지고 협상에 임해야 한다. 그것이 작은 것이든 큰 것이든 혼자만의 판단으로 상황을 결론짓지 말아야 한다. 부동산 거래 협상이란 상호 간의 이익을 추구하는 노력이다. 내가 이득을 취하고 싶은 만큼 상대도 자신의 이득을 위해 최선을 다한다. 두 사람의 만족을 위해 현명한 태도로 거래 협상에 임해야 한다.

제6장

# 핑계 & 협박과 공갈

# 제3자를 통한 핑계

## 1) 핑계댈 사람을 만들어라

경기도 ○○군에 소재한 관리지역 농지 2,640m²(800평)가 평당 40만원인 3억2,000만원에 매물로 나왔다. 추경만 씨는 그 농지를 매입해 전원주택을 지으려고 한다. 꼼꼼한 성격의 추경만은 토목비용이 얼마나 드는지, 등기비용은 얼마가 되는지 하나에서 열까지 확인한 후 매매 금액을 평당 35만원으로 낮추어 달라고 중개사를 통해 전달했다. 즉 매매 금액을 2억8,000만원으로 하자는 것이다.

처음에는 거절하던 매도인 윤광주 씨는 몇 번의 통화 후 그 금액으로 하자고 수락했다. 아마도 중간에 중개사의 설득이 있었던 듯싶다. 중개사는 추경만에게 계약을 위해 부동산을 방문해 달라고 전화를 하면서 더 이상 가격을 깎아 달라는 말을 하지 말라고 주의를 줬다. 매도인 윤광주가 이미 가격을 많이 양보한 터라 또 다시 가격 이야기가 나오면 마음이 상할 것이라 말했다. 추경만은 걱정하지 말라며 중개사를 안심시켰다.

부동산사무소에서 처음 만난 매수인 추경만과 매도인 윤광주. 서로 인사를 나누고 약간의 형식적인 얘기가 오고 가는 동안 추경만이 은근히 말한다.

"이거 등기비라도 빠지게 우수리를 끊죠?"

추경만의 말에 중개사와 윤광주 모두 미간을 찡그린다.

"우수리를 끊다니요? 또 다시 가격을 깎자는 말씀입니까?"

"에이, 우수리는 우수리죠. 개운하게 2억5,000만원에 합시다."

부글부글 속이 끓어오르는 윤광주. 그런 윤광주가 폭발할까 봐 눈치를 보느라 중개사는 어쩔 줄을 모른다. 더 이상 가격 이야기를 하지 않겠다고 한 약속을 너무나 쉽게 내던진 추경만이 너무 야속하다. 윤광주는 당장 판을 뒤엎고 뛰쳐나가고 싶었지만 바쁜 일을 뒤로 하고 서울에서 온 시간이 너무 아깝기도 했고, 요즘 땅 거래가 뜸해 이번에 팔지 않으면 언제 또 기회가 올지 모른다는 생각에 애써 마음을 눌렀다.

"하하하… 추 사장님 통이 크시네요. 하지만 우수리로 3,000만원은 너무 많지요. 제가 1,000만원 빼드리겠습니다. 2억7,000만원에 계약하시죠."

추경만이 뭔가 말을 하려는 순간, 중개사가 잽싸게 끼어든다.

"역시 윤 사장님이시라니까. 이렇게 마음도 넓으시고 화끈하셔! 추 사장님, 2억8,000만원에 확정되었던 금액이 2억7,000만원으로 내려갔으니 더 이상 끌지 마십쇼. 자, 그럼 계약서 작성합니다!"

"잠깐만요!"

추경만의 제지에 계약서를 펼치던 중개사가 의아한 듯 쳐다본다. 중개사와 윤광주를 번갈아 보며 씨익 웃는 추경만.

"저는 마음을 결정했는데, 우리 마누라가 아직 보지 않은 것이 걸리네요. 한두 푼도 아니고, 우리가 살 전원주택을 지을 건데 저 혼자 결정할수는 없죠. 일단 마누라와 다시 한번 보고 나서 결정하도록 하지요."

추경만의 말에 기가 막혀 할 말을 잃은 중개사와 윤광주였다. 혼자 결정할 수 없다면서 그럼 왜 이 자리에 나타났단 말인가? 바쁜 일을 제쳐놓고 서울에서 달려온 윤광주는 뭐란 말인가? 당장 거래할 듯이 사람 속을 다 뒤집으면서 가격은 왜 깎았단 말인가? 윤광주는 당장이라도 한 대치고 싶은 기분을 억누르느라 틀어쥔 주먹이 부들부들 떨리기까지 했다.

또 다른 사례를 한 번 보자.


시세가 1억8,000만원 하는 재건축 단지 내 빌라를 시세보다 높은 2억원에 팔아달라며 내놓은 진희경 씨. 워낙 매물이 귀한 시기라 중개사는 시세가 높지만 그 가격에 팔아 보기로 했다.

당시는 워낙 공급보다 수요가 많은 시기여서 높은 가격에도 불구하고 쉽게 사겠다는 사람이 나타났다. 중개사는 기분 좋게 진희경에게 전화를 건다. 매매가격이 높으면 중개 수수료도 높아지기 때문에 중개사가 기분 좋은 것은 당연한 일이다. 진희경이 전화를 받자, 몹시 친절한 목소리로 말한다.

"사모님, 생각보다 빨리 임자가 나섰네요. 지금 사시겠다는 분이 있는데… 지금 시간되시죠? 내려오셔서 계약서를 쓰셔야겠는데요."

"가격은 얼마로 얘기가 되었나요?"

"사모님께서 원하시는 2억원이죠. 그 빌라 단지에서 가장 비싸게 파시는 겁니다."

"그래요? 그런데 어쩌지요? 남편이 그 금액에 팔면 남는 게 없다고 난

리네요."

뜻밖의 반응에 당황한 중개사. 정신을 차리며 다급하게 묻는다.

"그럼 남편분께선 얼마에 생각하고 계시는 겁니까?"

"나중에 다시 연락드릴게요. 죄송해요."

진희경은 중개사가 미처 대답도 하기 전에 전화를 끊어버렸다. 계약을 하기 위해 소파에 앉아 있는 손님을 돌아보는 중개사의 얼굴은 벌레를 씹은 듯 일그러져 있다.

위의 두 사례처럼 제3자를 통한 핑계는 사실 무책임하다. 하지만 그 효과는 거래 협상의 다른 전술보다 교묘하고 확실하다. 상대가 처음부터 자신이 권한 없음을 밝히면 문제가 되지 않지만 이를 의도적으로 사용할 땐 막아낼 도리가 없다. 이 전술을 접하는 상대는 상당한 시간과 에너지가 소모되고 난 뒤에도 결실이 없다. 마지막 흥정이라고 생각했지만, 결과적으로 이 전략을 구사하는 자에게는 이제 시작에 불과하다.

책임은 없고 권리만 있는 제3자를 통한 핑계는 우리 일상에서 공공연하게 사용되고 있고, 당신도 분명 사용한 일이 있을 것이다. 물론 당한 적도 있었을 테고 말이다. 다만 그것이 거래 협상의 전술이라기보다는 무책임한 성격이거나, 거절하기 힘들었기 때문에 무의식적으로 벌인 일이라고 생각했을 뿐이다.

우리가 번듯한 직장에 다닐 때는 은행에서 제발 돈 좀 쓰라며 핸드폰으로 끊임없이 대출 광고를 보낸다. 하지만 대부분은 경제적으로 힘들어졌을 때 대출을 생각하기 마련이다. 그런 때 막상 대출을 받으러 은행을 방문하면 대출 담당자는 친절한 미소를 지으며 우리의 신용 상태를 점검한다. 최근의 신용카드 현금서비스나 다른 은행의 대출기록 등을 보는 동안 담당자의 친절한 미소는 약간 일그러진다. 그리곤 고객의 기분을 살피면서 자신은 결정 권한이 없으며 본점의 승인이 필요하다고 말한다. 불과 얼마 신까지만 해도 창구에서 당장 돈을 내주겠다던 태도는 찾아볼 수 없다. 회답을 달라는 말을 하며 일어서는 우리에게 친절한 은행 직원은 한마디 덧붙인다.

"이 상태에서 대출은 힘들 것 같은데요."

그렇다면 진작 그렇게 말하면 될 것을 왜 상급자까지 들먹인단 말인가? '신용이 불안한 자에겐 대출해줄 수 없다'라는 말은 친절한 은행원에겐 어울리지 않는 대사라고 생각하는 모양이다. 상급자를 들먹이면 자신의 친절한 이미지는 그대로 한 채 반갑지 않은 고객을 돌려보낼 수 있는 것이다. 정말 기분 상하는 일이 아닐 수 없다.

한편, 부동산 중개업자에게 있어서는 편의점이나 체인점 개설을 위해 점포 개발을 하는 직원들이야말로 손님으로서 최악이라고 할 수 있다. 그들은 원하는 물건을 양껏 보고, 금방이라도 계약할 듯이 이것저것 물어보고 사람 진을 다 뺀 후에 이렇게 말한다.

"편의점 개설자가 다시 보아야 하는데요."

'왜 처음부터 그를 데리고 오지 않았단 말이오!'라고 외치고 싶지만, 그렇게는 하지 못한다. 왜냐하면 그들도 중개업자에겐 고객이기 때문이다. 문제는 여기서 끝이 아니란 것이다. 체인점 개설자가 와서 마음에 들어 한다고 해도 체인점 본사에서 최종 결정을 해야 한다면서 또 다시 그냥 돌아선다. 2중의 제3자 핑계 전술을 사용하는 것이다.

도대체 중개업자가 자신들의 직원이 아니란 것을 모른단 말인가? 시간은 돈이란 개념이 중개업자에겐 없다고 생각하는 건가? 상대가 핑계를 대는 것임이 분명한데도 어쩌지 못한다. 그것이 사실일 수도 있고, 단지 핑계라 하더라도 물건이 마음에 안 들어서 하는 완곡한 표현임을 알기 때문이다. 그만큼 제3자를 내세운 전술은 효과가 확실하다.

## 2) 핑계 전술을 사용하는 동기는 무엇인가

사람들은 왜 이런 핑계 전술을 사용하는가? **첫째, 거절하기가 쉽다.** 본성적으로 사람들은 대부분 누군가에게 거절을 잘 못한다. 그것도 상대의 얼굴을 바라보면서. 자신의 입장 때문에라도 면전에서 상대의 제안을 거절하기는 어렵다.

**둘째, 감정이 개입되지 않는다.** 사랑하는 연인끼리 교제하다가 서로 맞지 않는 부분이 있어 이별을 고하면서 자신의 솔직한 마음을 전하지만 그대로 헤어지는 경우는 드물다. 상대가 뭔가 잘못 알고 있다고 설득을 해보고, 급기야는 언성을 높여가며 협박하는 일까지 벌어진다. 이때 부모님이 교제를 반대한다고 하면 상대를 수긍시키기가 훨씬 수월해진다. 설득해야 할 그 부모는 현재 자신의 앞에 있지 않고, 또한 만나기도 힘들기 때문이다.

**셋째, 잘 통한다는 것을 경험을 통해 배워왔다.** 지금 중년 이상이라면 어려서부터 이 방법을 너무 자주 사용해왔다. 저녁밥 먹을 때까지 집에 안 들어오면 어머니들은 마을을 돌아다니며 "○○야!" 하며 큰소리로 자식을 찾는다. 시간이 한참 흐르고 나서야 그 자식이 어머니 앞으로 오면서 말한다.

"저는 일찍 오려 했는데 애들이 더 놀다 가자고 붙잡아서 늦었어요. 저는 정말 저녁식사 때까지 오려고 했어요."

변명이란 것을 알지만 속아줘야 한다.

밤늦게 술이 만취되어 들어온 남편은 아내에게 말한다.

"나는 그냥 일찍 들어오려 했는데 글쎄 부장님이 부서 단결을 위해 회식을 하자고 하니 혼자 빠져나올 수가 있어야지."

이렇게 무의식적으로 늘 사용해오던 것이 거래 협상에서는 좀 더 교묘하고 치밀하게 계산되어 사용되는 것뿐이다.

**넷째, 다음 협상이 쉬워진다.** 의도적으로 제3자 핑계 전술을 사용하는 자들은 상대가 제시한 마지노선을 다시 한번 협상의 장으로 끌고 들어와 추가양보를 요구한다. 이 전술 사용의 이유이기도 하다.


서울 강남구 ○○동 대로변 뒤쪽에 위치한 건물 1층의 $66m^2$(20평) 커피전문점이 보증금 5,000만원에 월 230만원, 권리금 9,000만원에 매물로 나왔다. 중개사가 주인인 양문석 사장에게 전화한다.


**중개사** 조금 전에 보고 가신 분이 마음에 들어하는 것 같습니다. 권리금을 6,800만원에 해주시면 계약을 하겠다는데 어떻게 하시겠습니까?

**양문석** 좀 더 받아 보세요. 7,000만원 정도라도…


2분 후, 양문석에게 다시 중개사의 전화가 걸려온다.


**중개사** 손님이 7,000만원은 힘들겠다고 하며 가버리네요. 꼭 할 사람이었는데 아쉽네요.

**양문석** 어쩔 수 없지요. 하지만 200만원 차이로 안 한다면 원래 안 할 사람일 겁니다.

**중개사** 그럴까요? 아무튼 조만간 다른 사람을 다시 붙여보겠습니다.


3일 후, 중개사에게서 다시 전화가 온다.


**중개사** 손님과 함께 점포를 보러 가겠습니다.


중개사와 함께 온 남자는 커피전문점을 운영할 듯한 외모는커녕 험악한 인상이다. 한참을 둘러본 남자는 먼저 나간다. 그리고 뒤따라 나간 중개사에게서 전화가 온다.


**중개사** 조금 전에 보고 간 손님이 권리금 6,000만원 정도면 계약할 수 있다는데 가능할까요?

**양문석** 내가 들어올 때의 권리금도 안 되잖아요.

**중개사** 요즘 시장 상황이 나빠지지 않았습니까. 그러기에 지난번 손님하고 계약하셨으면 좋았을 것을…

**양문석** 그러게 말이에요. 버텨봤자 더 좋은 조건이 있으리란 보장도 없으니 그렇게 하겠다고 하세요.

**중개사** 좋습니다. 그러면 계약하시는 겁니다. 보증금 5,000만원, 권리금 6,000만원입니다. 아, 그리고 우리 수수료가 약속하신 300만원이니 권리금 5,700만원만 받으시면 되지요? 맞습니까?

금방 계약을 할 것처럼 분위기를 몰아가던 중개사에게서 다시 전화가 걸려온다. 이번엔 풀이 죽은 목소리다.

**중개사**   손님이 점포를 실제 운영할 아내가 다시 보아야 한다고 합니다. 나중에 다시 연락을 드리겠습니다.

경우에 어긋나는 황당한 상황이라고 생각하는가? 이런 일은 극히 드물 것이라고, 당신은 이런 수법에 걸려들지 않을 것이라고 믿는가? 실무에서 많은 사람을 경험하는 중개업자는 이런 상황을 자주 만나게 된다. 그리고 그 효과는 번번이 강력하다. 중개업자가 고객의 의견이라며 흥정가격을 깎아내리고, 그 고객은 다시 제3자를 끌어들여 가격만 깎고 의사결정을 미룬다. 임차인 입장에서는 미치고 환장할 노릇이지만, 이를 깨닫지 못하면 상당히 불리한 상황으로 몰리는 것은 뻔한 일이다.

### 3) 막을 방법이 없는 건 아니다

공식적인 거래 협상 전에 확인하는 방법이다. 이때 주의해야 할 것은 확인절차가 자연스러워야 한다는 점이다. 그렇지 않으면 상대가 심문당한다고 느낄 수도 있다. 처음엔 다소 상대에게 오해를 살 수도 있지만, 어느 정도 반복이 되면 자연스러워지니 자주 반복해볼 일이다. 아래 사례를 한 번 보자.

임대차를 구하기 위해 40대 후반의 주부 안정해 씨가 공인중개사 사무소를 방문했다.

**안정해**　전세를 보러왔는데요. 1억5,000만원 정도에 나와 있는 것이 있나요?

**중개사**　예, 두어 개 있습니다. 언제 이사를 하실 예정이십니까? 아, 그리고 방은 몇 개나 필요하시죠?

**안정해**　이달 말에 들어갔으면 좋겠는데요. 방은 2개면 되고, 3개면 더 좋습니다.

**중개사**　방 2개를 찾는 걸 보니 식구가 많지 않으신가 보군요?

**안정해**　우리 부부와 세살박이 아들 하나 있어요.

**중개사**　마침 구조가 반듯하고 시세보다 저렴한 집이 나온 게 있습니다. 이달 말에 들어가실 수 있고, 3층 중에 2층입니다.

**안정해**　지금 볼 수 있을까요?

**중개사**　만일 그 집이 마음에 들면 혼자의 결정으로 바로 계약이 가능한가요?

**안정해**　예, 가능해요.

**중개사**　혹시 남편분이 보지 않으셔도 되나요?

　　　　(이하 중략)


이 거래에서 안정해는 남편을 핑계대지 않을 테고, 중개사는 기껏 협상한 후에 허탈하게 당하는 일은 없을 것이다.

한편, 상대가 제3자 핑계를 사용하는 게 확실하다면 맞불작전으로 상대하는 것도 해볼 만하다. 명확한 거절이 아니면서 상대가 수위를 높여 흥정해올 때 같이 흥정하고, 회피할 때 같이 회피하는 방법이다. 다만 가급적 상대가 이런 패턴을 감지하지 못하게 구사하길 바란다. 아래의 사례를 한 번 보자.

자신의 점포를 매각하면서 제3의 인물을 설정하며 벌이는 체인 가맹

점 개설직원과의 거래 협상이다. 지금 당신의 점포가 보증금 2,000만원에 월 120만원이며, 권리금을 5,700만원에 내놓은 상태이다. 하지만 상황에 따라 권리금을 5,000만원 정도로 낮춰줄 생각도 있다.

**직원**　맛나라 치킨 호프 체인점 개발팀장 홍길동입니다. 보증금 2,000만원, 권리금 5,700만원에 내놓으신 것 맞나요?

**당신**　예, 정확히 알고 계시네요.

**직원**　권리금을 4,000만원에 딱 잘라주면 안 되겠습니까?

**당신**　꼭 4,000만원이라야 하는 그럴 만한 이유가 있나요?

**직원**　보증금 2,000만원에 권리금 4,000만원, 인테리어 비용 4,000만원 합해서 1억원이 들어가는데 저희 가맹주 예산이 1억원이 빠듯합니다.

**당신**　그렇군요. 그런데 그 금액이면 지금 당장 계약이 가능한가요?

**직원**　가능할 겁니다. 저희 본사 직원의 결정이 90%를 좌우합니다.

**당신**　90%면 거의 전권을 쥐고 있는 거군요. 사실 저희 사장님이 5,700만원 이하로는 안 팔려고 하는 것으로 알고 있는데요.

**직원**　사장님요? 당신이 사장님 아니십니까?

**당신**　저는 잠시 도와주고 있습니다. 실제 사장님은 따로 계십니다. 하지만 제가 얘기하면 제 의견에 거의 결정을 따릅니다. 특별한 상황만 아니라면…

**직원**　그렇군요.

**당신**　그런데 4,000만원이라면 제가 사장님한테 의사타진을 할 수가 없을 것 같습니다. 좀 더 금액을 올려 보세요.

**직원**　글쎄요. 그게 내 맘대로 결정할 일이 아니라서… 그럼 4,500만원으로 얘기 좀 잘 해주세요. 더 이상은 무리일 것 같습니다.

**당신**　4,000만원이나 4,500만원이나 별반 차이가 없지 않잖아요? 5,300만 원 정도로 한 번 얘기해 볼까요? 이것도 자신할 수 없지만⋯

(이하 중략)


아래 사례와 같이 상대의 자존심을 건드리는 것도 제3자를 끌어들이지 못하게 하는 유용한 방법이다. 하지만 이는 상대에게 오해와 반감을 살 수도 있으므로 자주 사용할 것은 못 되고, 설혹 사용하더라도 극도로 조심할 필요가 있다. 사업을 하는 데 있어 기술도 필요하지만 평판도 중요하니까 말이다.


**임차인**　전세 1억7,000만원에 방 2개 있습니까?

**중개사**　보고 난 후 마음에 들면 계약 가능합니까? 아니면 누가 또 봐야 합니까?

**임차인**　나 혼자 결정할 수는 없고 ① 아내, ② 남편, ③ 룸메이트, ④ 친구, ⑤ 어른이 봐야겠지요?

**중개사**　그 사람이 꼭 봐야 할 이유가 있습니까? 혹 당신의 결정을 못 믿나요?

**임차인**　꼭 그런 것은 아닙니다만 같이 살 사람이니 보는 게 낫겠지요.

**중개사**　그럼 집을 보러 다니는 당신께는 아무런 결정 권한이 없는 건가요?

(이하 중략)


이렇게 대화가 이어지다 보면 임차인은 자존심이 상해 그냥 가버리거나, 혹은 자신이 결정하겠다고 말해 버리게 된다. 중개사는 그냥 나가버리는 손님을 별로 아쉬워하지 않는다. 유동인구가 많은 지역이다 보니 매물이 적고 찾는 손님이 많은 때문이기도 하지만, 확실하지도 않은 사람 붙들고 몇 시간씩 낭비하느니 차라리 욕을 먹더라도 다른 확실한 손님을 상대할 시간을 버는 것이 더욱 중요하다.

그 밖에도 다음 사례와 같이 윤리적으로 문제가 될 수 있는 방법도 있다. 이해를 쉽게 하기 위해 상황을 재현해본다.

시세 1억9,000만원 하는 연립주택을 거래하기 위해 흥정하는 도중, 예산이나 기타의 질문에 명확한 답변을 하지 않으면서 끊임없이 가격만 깎아달라고 요구해오는 40대 주부 양정미 씨가 당신 앞에 있다. 게다가 그녀는 중요한 부분에서는 꼭 남편의 동의가 필요하다고 말한다.

중개사는 거래 협상 상황을 종료하고 돌려보내야 할지, 마지막 검증을 해보아야 할지 결정을 내려야 한다. 이제 양정미에게 마지막으로 하나의 물건을 소개한다. 이 빌라의 시세는 1억9,000만원이며 1억,5000만원에는 절대 나올 수 없는 금액이라는 것을 누구나 알고 있을 정도라고 하자.

**중개사** 시세가 1억9,000만원인데, 오늘 바로 계약한다면 아주 싼 급매 물건이 하나 있는데 가능하겠습니까?

**양정미** 그래도 남편이 봐야겠지요. 그런데 금액이…?

**중개사** 오늘 당장 계약한다는 조건 하에 1억5,000만원입니다. 계약하시겠습니까?

이 질문 후에 나타나는 상대를 파악해보자. 현실적으로 이 가격에 매물이 전혀 나올 수 없는 상황인데도 추가적인 가격 DC를 요구하거나, 남편과 상의해봐야 한다고 하면 당신 앞에 앉아있는 상대는 절대 구매 의사가 없는 사람이다. 더 이상 붙잡고 있어 봐야 시간 낭비다. 정중히 거절하고 빨리 내보내라.

하지만 위의 상황에서 구매 의사를 전해올 때는 어떻게 할 것인가? 이것은 상대가 진짜 구매자인가 아닌가를 확인해보기 위한 절차였으므로 적절한 거절 사유를 만들어야 한다. 그녀 역시도 남편이 봐야 한다는 그동안의 말을 번복하지 않았는가.

**양정미**   좋아요. 그 가격이라면 당장 계약하겠어요.

**중개사**   정말 남편분과 상의 안 해도 되겠습니까?

**양정미**   1억5,000만원에 계약했다는데 뭐라 하겠어요? 괜찮으니 어서 계약서를 쓰죠?

**중개사**   잠시만요. 매도인과 전화통화를 해보겠습니다.

중개사는 어딘가에 전화를 건다. 매수인은 당연히 매도인에게 전화를 거는 것으로 알지만 절대 매도인에게 전화하는 것은 아니다. 그리고 전화를 끊은 후 매수인에게 얘기한다.

**중개사**   ① 어떡하지요. 매도인이 전화를 받지 않는군요.

② 미안해서 어쩌지요. 매도인이 시세를 다시 알아보니 1억5,000만원은 너무 낮고, 1억9,000만원은 받아야겠다고 번복하는군요.

③ 상대가 양도세 때문에 계약서를 8,000만원에 다운 계약서를 써 달

라는데 너무 무리겠지요?

  마지막으로, 이것은 너무 쉽고 간단하지만 실무에서 가장 빈번하게 쓰이는 방법이다. 상대가 제3자 핑계 방법을 사용한다고 분명히 감지되고, 핵심 질문에서는 자꾸 자신이 혼자 결정할 사항이 아니라고 할 때는 대화를 잠시 중단한다. 그리고 약 5초의 침묵을 유지한다. 그런 다음 다시 묻는다.

  "당신의 권한은 어디까지입니까?"

  필자는 개인적으로 이 방법을 가장 선호한다. 머리 아플 일 없고, 상대와 신경전이 필요 없다.

# 협박과 공갈의 유혹

## 1) 빠르고 쉽게 목적을 이룬다

협박과 공갈은 쉽고 빠른 문제해결 방식이다. 상대에게 두려움을 주는 방법을 택해 말보다는 행동으로, 평범한 사실보다는 상대의 약점을 물고 늘어지며 빠르고 쉽게 목적을 이룬다.

만약 당신이 입을 뻥끗하기만 하면 상대에게 치명적인 손상을 입힐 정보를 가지고 있다고 하자. 바로 상대의 약점을 잡은 것이다. 거래 협상이나 설득과 관계없이 당신이 가진 힘을 이용하면 당신이 요구하는 것을 쉽게 가져올 수 있다. 이런 상황에서는 설득이나 최후통첩 등 시간적인 낭비를 하지 않고 빠르게 상황을 종결시키고 싶다. 바로 협박 공갈을 사용하고 싶은 환경이다.

여기에서 일반적인 거래 협상과 협박 공갈을 비교하는 이유는 너무나 일상적인 곳에서 협박 공갈이 스스럼없이 자행되고 있기 때문이다. 물론 자신이 그 방법을 택할 때는 합리적인 협상 과정 중의 극히 일부에 불과한 방법론이었다고 말한다. 하지만 이는 분명히 형법상의 처벌과 무관하지 않다.

협박 공갈이 일반적인 협상과 다른 몇 가지를 짚어보자.

첫째, 협박 공갈은 이를 사용하는 자가 상대에게 보다 큰 손해를 입힐 준비가 되어있어야 한다. 또한 상대는 그 피해를 당하는 것보다 요구하는 것을 들어주는 것이 손실이 덜할 때 자주 사용된다. 물론 불합리하다고 느끼더라도 말이다.

둘째, 협박 공갈은 문제해결을 하는 과정 중 상대방의 제안에 대해 거절할 수 있는 권리가 없다. 즉 강요만 있을 뿐이다.

셋째, 일반적인 협상에서는 최후통첩의 형식을 띤다. 하지만 최후통첩은 더 이상 요구조건이 받아들여지지 않을 때 상대에게 생길 수 있는 불이익 등을 마지막 순간에 사용하는 경우가 많으나, 협박 공갈은 처음부터 사용되는 경우가 많다.

넷째, 어느 일방의 요구조건이 받아들이기 힘들 때 택할 수 있는 '대안'이라는 것이 인정되지 않는다. 그리고 협박 공갈을 사용하는 자의 힘으로 상대에게 두려움을 줄 수 있고, 그 두려움만으로 손쉽고 빠르게 목적한 바를 이룰 수 있다고 판단될 때 사용된다.

아래 사례를 한 번 보자. 비슷한 일은 주변에서 흔히 볼 수 있다고 생각하지 않는가.


상가를 중개하면서 중개수수료를 받지 못한 중개업자가 있다. 세입자는 그 중개업자에게 상가를 소개받았다는 사실은 인정한다. 하지만 중개업자가 자신이 원하는 금액으로 가격 절충을 못하자 자신이 직접 상가 주인을 만나 원하는 금액에 계약을 체결해 버렸다. 그러므로 결정적인 계약에서 중개업자가 한 일이 없으니 중개수수료를 줄 수 없다고 주장하는 것이다.

이 상황에서 중개업자가 수수료를 받기 위해 합법적으로 할 수 있는 것은 소송뿐이다. 이렇게 되면 배보다 배꼽이 더 큰 상황이 벌어진다. 수수료를 받기 위해 법의 힘을 빌리자니 그 비용이 만만치 않고, 그냥 포기하자니 세입자의 태도가 너무 괘씸하다.

뭔가 방법이 없을까 고민하며 세입자의 상가 주변을 살피던 중개업자는 마침내 좋은 먹잇감을 발견한다. 세입자가 식당을 운영하기 위해 야외 데크를 설치하고 있다. 야외 데크는 설치비용이 수백만원이 들어가는 큰 공사다. 그리고 그것은 명백한 불법 설치물이다.

중개업자는 세입자를 찾아가 야외 데크 설치에 대한 민원제기를 할 수 있음을 말한다. 세입자는 선택의 여지가 없었다. 중개수수료는 60만 원이었지만 야외 데크 설치 및 철거 비용은 그보다 몇 십 배에 달한다. 세입자는 중개업자에게 중개수수료를 지급할 수밖에 없었다. 법 절차보다 너무나 손쉬운 방법으로 중개업자는 떼일 뻔했던 중개수수료를 받을 수 있었다.


## 2) 너무나 일상적인 협박 사례

상가 월세를 연체하여 명도를 당하는 임차인이 주인을 상대로 세무신고용으로 써준 다운 계약서를 들이밀면서 협박하고 있다. 요즘은 대부분의 임대인들이 정상적으로 소득세 신고를 하고 있지만, 다운 계약서가 횡행하던 예전에는 이런 임차인들의 노골적인 협박이 종종 일어났다.

간단히 살펴보면, 실제로는 보증금 1,000만원에 월 100만원이면서 주인이 요구하는 보증금 1,000만원에 월 40만원의 이중 계약서를 작성한다. 점포가 한 개라면 큰 탈세는 아니겠지만 건물 전체에서 이런 계약 행위가 이루어지니 총 탈세액은 생각보다 많아지게 된다. 따라서 현실에서는 이 부분 때문에 어느 정도 합의선에서 분쟁이 종결되는 경우가 많았다.

아래의 사례를 한 번 보자.


보증금 2,000만원에 월 150만원으로 상가를 빌린 임차인이 장사가 안 되어 1년 치의 월세가 밀려 남은 보증금이 200만원뿐인 상태에서 주인이 임차인을 내보내기로 결심한다.


**주인** 형편을 봐주려고 했지만 월세가 1년 치나 밀려 더 이상 봐드릴 수가 없습니다. 남은 보증금 200만원을 드릴 테니 점포를 빼주세요.

**임차인** 왜 남은 보증금이 200만원입니까? 내 계산으로는 1,160만원인데.

**주인** 더하기 뺄셈도 못합니까?

**임차인** 그래요? 누가 못하는지 봅시다. 자, 직접 계산해 보시지요?


임차인이 주인 앞에 내놓은 임대차 계약서는 보증금 2,000만원에 월 70만원짜리 계약서였다. 주인이 세무신고 축소용으로 작성한 계약서를 내미는 것이다. 보증금 2,000만원에 각각 월 70만원과 월 150만원의 계약서 2장을 가지고 있었지만, 임차인은 월 70만원의 계약서만 내미는 것이었다. 결국 세무조사를 받으면 임차인이 세를 든 건물 외에 다른 건물에도 세무신고 축소용으로 만든 다운 계약서가 들통날 것을 두려워한 주인은 임차인의 협박을 들어줄 수밖에 없었다.

다른 사례를 한 번 살펴보자.


경매로 다세대를 낙찰받은 김승호 씨. 감정가보다 높게 낙찰받은 이유는 그 다세대의 옥탑 부분이 주거용 주택으로 잘 꾸며져 있었기 때문이다. 당시 건축주가 나머지 층수는 분양을 하고, 맨 위층과 옥탑 부분은 자신이 살기 위해 특별하게 만든 공간이다.

경매 명도비용으로 300만원 정도를 예상하고 낙찰받았으나 채무자는 이사비 1,000만원을 요구했다. 자신의 요구를 들어주지 않으면 자신이 명도 당하고 난 뒤 옥탑 부분의 불법사용 및 증축된 부분을 관할관청에 민원을 제기하여 철거하게 만들겠다고 은근한 협박을 한다. 결국 낙찰자 김승호는 채무자의 과도한 이사비 요구에 응할 수밖에 없었다.

또 다른 사례를 한 번 보자.


경기도 하남시 ○○동에서 그린밸트 내의 토지 2743m²(830평), 창고건물 793m²(240평)의 물류창고를 18억원에 산 이승자 씨. 중개수수료로 18억원의 0.5%인 900만원만 줘도 될 것이라고 판단하여 그보다 100만원 많은 1,000만원을 거래를 알선한 부동산에 줄 작정이었다. 하지만 현지의 중개사는 거래 관행상 3,000만원은 받아야 한다고 한다.

금액의 차이가 워낙 크다 보니 결국 양 당사자는 일정한 타협을 이루지 못한다. 이승자는 자신이 제시하는 1,000만원도 지금 당장 받지 않으면 줄 의사가 없고, 영수증도 확실히 써달라고 요구한 바였다. 하지만 현지의 중개사는 절대 받아들일 수 없다며, 이승자가 산 물류창고가 원래 농축산물 창고이므로 불법사용에 대한 민원을 끝까지 제기하여 이행강제금은 물론 철거까지 하게 만들겠다고 협박한다. 이 사례 역시 매수인 이승자는 중개업자와 적정선에서 타협을 할 수밖에 없었다.

### 3) 종이 한 장의 위력

우리는 누군가에게 혐오감과 위계를 행사하면서 목적한 바를 쉽게 이루는 것을 주위에서, 또는 TV를 통해 심심찮게 접하고 있다. 어떤 이는 얼굴 자체가 타인에게 위압감을 주기도 하고, 까까머리에 쫄티, 손가방, 팔자걸음, 하늘을 가릴 만큼 큰 체구를 가진 깍두기 아저씨들은 그 자체가 위협적이다. 이들의 공통점은 상대방과 마주쳤을 때만이 효과를 발휘한다는 것이다.

하지만 얼굴 한 번 보지 않은 상태에서 종이 한 장으로 상대에게 겁을 줄 수도 있다. 흔히 법원이나 경찰서에서 날아오는 문서들, 특히 일정 부분이 빨간색으로 쓰여 있으면 대부분의 사람들은 긴장한다. 종이 한 장의 위력이 얼마나 큰 효과를 주는지 아래 사례를 한 번 보자.

경매로 아파트를 낙찰받은 방철수 씨. 이사비 협상을 시도하려고 방문할 때마다 사람이 없다. 직장에서 귀가했을 시간인 저녁 10시쯤 가도 마찬가지다. 수상한 점은 매일 우유 주머니의 우유를 수거해간 흔적이 있고, 우편물도 쌓이지 않는 것으로 보아 사람이 생활하고 있는 것이 분명했다.

방철수는 날을 잡아 아파트 옥외 주차장에서 채무자가 집에 들어오는지를 지켜보기로 했다. 얼마의 시간이 흘렀을까, 저녁 어스름 무렵에 작은방 쪽에서 흐릿한 불빛이 새어 나온다. 이때다 싶어 올라가 초인종을 누르지만 인기척이 없다. 게다가 초인종 누르기 전에 수돗물 흐르는 소리까지 들었지만 안에서는 더 이상의 기척이 없다.

고의로 피하는 것이 분명하다고 느껴지지만 더 확실한 증거를 잡아야 한다. 어른이 다 되어 숨바꼭질하는 이런 형태의 줄다리기는 상당한 인내력을 필요로 한다. 현관 출입문 상단의 쉽게 보이지 않는 부분에 스카치테이프를 붙여 놓은 방철수는 이제 오랫동안 기다릴 필요도 없었다. 스카치테이프가 떨어져 있으면 분명 누군가 도둑고양이처럼 출입하고 있다는 증거나 다름 아니다.

다음날 오후, 해당 아파트를 방문했더니 스카치테이프가 떨어져 있다. 그것으로써 채무자가 출입을 하고 있다는 사실이 명백해졌다. 어제 작은방의 불빛과 미세한 수돗물 소리도 잘못 들은 것이 아니다. 그런데 왜 집 주인은 피하기만 하는 것인지 이해할 수 없었다.

상대가 숨어 지내고 있고, 서로 연락 취하는 것을 회피하는 지금의 행동에는 어느 정도의 협박성 접근방법이 필요하다고 생각한다. 그렇다고 깍두기 아저씨들을 동원할 수는 없는 일 아닌가. 시간을 끌며 지치게 만드는 상대를 협상 테이블에 올라오게 하기 위해서는 강한 방법을 써야 한다.

방철수가 A4용지에 다음과 같이 써서 현관문 우유 주머니에 넣어 두었더니 다음날 바로 전화가 걸려온다.

여러 번 찾아왔지만 만날 수 없어 간단한 서신만 두고 갑니다. 강제집행보다는 소정의 이사합의금을 드리고 마무리하려 했으나, 이유 없이 저와의 만남을 회피하는 귀하를 더 이상 기다려줄 시간이 없어 해당 법원에 강제 집행신청을 하였습니다.

3일 후 새벽에 집행이 실시될 것을 대비하여 귀중한 물품이나 깨질 수 있는 물건은 미리 다른 곳에 보관하시기 바랍니다. 그때까지 치워지지 않은 나머지 짐은 아파트 단지 쓰레기장 옆 컨테이너에 보관될 것입니다. 이 점 충분히 양해 바랍니다.

만일 2일 내 아래의 연락처로 합의요청이 있을 땐 집행을 중지할 수도 있습니다. 현명한 판단을 하시기 바랍니다.

010-○○○○-○○○○ 낙찰자

다음에 소개하는 사례의 전반적인 내용을 좀 더 명확히 이해하기 위해서는 먼저 '경매에서의 유치권'을 아는 것이 큰 도움이 되겠다. 경매 부동산을 검색하다 보면 유치권 신고가 된 물건을 자주 볼 수 있다. 유치권이란 간단하게 말하면 건물을 낙찰받은 사람이 공사대금을 줘야 한다는 것이다. 무조건 공사대금을 줘야 하는 것은 아니고, 유치권 성립요건이 되어야 한다.

대부분의 유치권 신고된 것이 그 요건을 구비하지 못하는 것이 사실이나 그 요건에 대해 입증하는 과정에서 소송절차로 인해 많은 시간이 소요되므로 대부분의 낙찰자들은 적당 선에서 합의를 예상하고 응찰을 하는 것으로 보면 된다. 쉽게 볼 수 있는 것은 신축건물 공사대금이나 전원주택을 개발한다고 공사를 다하고 난 뒤 부도나는 경우가 가장 많다. 심지어 유치권이 남발되어 세입자들도 허위의 유치권을 신고하는 게 현실이다.

유치권 주장의 목적은 크게 다음 네 가지로 보면 된다.

첫째, 진정한 공사대금

둘째, 진정한 공사대금이지만 그 요건을 흠결해 채권채무 관계이면서 유치권으로 주장하는 경우

셋째, 고의적으로 유찰시켜 제3자를 동원해 헐값에 낙찰받기 위해

넷째, 낙찰자에게 이사비를 뜯어내기 위해

다음에 소개하는 사례는 이들 가운데 네 번째 상황, 즉 낙찰자에게 이

사비를 뜯어내기 위한 허위 유치권이다.

경기도 ○○시에 소재하는 감정가 31억원의 지하 1층 지상 5층 근린건물이 두 번의 유찰로 심정가 대비 64%인 19억8,400만원에 경매로 나왔다. 입찰 당일 6명의 응찰자가 몰려 24억7,000만원에 최종 낙찰이 되었다.

당시 이 건물에는 인테리어 공사로 건물주의 사위가 9억원의 유치권 신고를 해둔 상태였다. 하지만 유치권 신고된 금액이 너무 많았고, 사위와 장인 간의 특수관계로 유치권을 인정할 만한 점이 없어 보였다. 그래서 많은 사람이 경매에 응찰한 것이다.

더욱이 채무자의 딸이자 유치권자의 아내가 채무자인 아버지가 사는 층에 보증금 2억원에 확정일자 없는 임대차 권리신고를 해둔 상태이기도 했다. 누가 봐도 허위임을 짐작할 수 있다. 입찰 당일 6명이 응찰한 사실만으로도 유치권을 인정하지 않는 분위기이다.

낙찰자는 재단법인 ○○선교회였다. 이 건물을 낙찰받아 교회로 사용할 의도였다. 자, 뻔히 보이는 유치권 신고자와 낙찰자를 대신한 경매업자의 싸움은 이제부터 시작된다.

경매업자는 직원 1명과 해당 건물을 방문했다. 현관문을 들어서니 낯선 사내 한 명이 버티고 있다. 온몸이 운동으로 단련되어 바늘 하나 들어갈 것 같지 않은 탄탄한 몸이다. 만만치 않은 상대다.

## 1) 상대를 파악하라

**경매업자**  건물 주인을 만나러 왔는데 어디에 계시지요?

**유치권자**  어떻게 왔습니까?

**경매업자**  낙찰받은 사람입니다. 이제 이 건물은 제 것이니 전前 주인을 만나러 왔습니다.

**유치권자**  소유권은 당신들 것일지 모르지만 내 공사비는 누가 해결해 주지. 잠깐! 그 자리에서 단 한 발짝도 들어오지 마시오!

**경매업자**  가짜 유치권인 것 다 알고 왔습니다.

**유치권자**  헛소리하지 말고 좋은 말로 할 때 당장 나가시오.

**경매업자**  이러시면 안 됩니다. 형사고발 당할 수도 있습니다.

**유치권자**  내가 알기로 낙찰자는 ○○선교회인데, 당신은 누구요?

**경매업자**  ○○선교회 부동산 업무를 관할하는 사람입니다.

**유치권자**  유치권 신고된 것 확인했소, 안 했소?

**경매업자**  가짜라는 것 다 알고 왔습니다.

**유치권자**  아직 경매 초짜인가 본데 좀 더 서류 열람해 보고 오시오.

**경매업자**  나하고 얘기하는 것이 편할 텐데요.

**유치권자**  난 당신 같은 일개 직원하고 노닥거릴 시간이 없소. 나가시오.

**경매업자**  오늘은 이만하고 물러가겠습니다. 제 연락처를 드리겠습니다.

**유치권자**  필요 없소. 신경 건드리지 말고 좋게 말할 때 그냥 가시오.


경매업자와 유치권자의 첫 만남은 이렇게 탐색전으로 끝났다. 그리고 경매업자는 낙찰자와 얘기를 나눈다.

**경매업자**　채무자의 사위가 유치권 신고했다며 강하게 버티더군요.

**낙찰자**　무리 없이 해결할 수 있겠습니까? 가급적 조용히 끝냈으면 합니다. 나중에 선교회 이미지가 나빠질 수도 있어요.

**경매업자**　걱정하지 마십시오. 저 정도의 저항은 이미 예상했습니다.

**낙찰자**　유치권이 9억원 신청되어 있던데, 어느 정도 선에서 합의 가능할까요?

**경매업자**　글쎄요, 우리가 낙찰받을 때 유치권 신고된 비용이 9억원임을 확인했고, 그 중간인 4~5억원 선에서 타협할 것도 생각하지 않았습니까?

**낙찰자**　예, 그랬지요.

**경매업자**　그러면 약속하신 대로 합의금을 1억원 선 이내에서 마무리 지을 테니 합의금으로 지급할 1억원 가운데 상대에게 합의한 금액을 제하고 난 나머지 금액을 별도의 수수료로 주십시오.

**낙찰자**　알겠소. 최대한 빨리 진행해 주시오.

　당시 건물 현황은 1층과 2층을 채무자가 근린시설로 활용하고 있었으며, 3층은 20실의 고시원, 4층은 2룸 4세대, 5층은 채무자 및 그의 딸과 사위가 거주하고 있었다.

　낙찰자는 사위와 딸을 제외하고 모든 임차인에게 인도명령을 신청하였다. 인도명령 대상자는 세입자 4명에 고시원에 있는 단기투숙객 17명이었다.

　당시 임차인들은 사위의 유치권 신고 때문에 낙찰가가 낮아져 배당을 받을 수 있을지 없을지의 운명이 갈리는 상태였다. 그런 때문인지 임차인 중 한 명이 사위의 허위 유치권에 대한 결정적인 내막을 낙찰자 측에 전한다.

| 임차인 | 이런 말을 해도 되는지 모르겠습니다. 사실 사위의 유치권 신고 때문에 낙찰가가 낮아져 우리가 배당을 못 받을 수도 있어요. |
|---|---|
| 경매업자 | 그런 일이 생기면 곤란하지 않겠습니까? |
| 임차인 | 그렇지요. 우리도 모르는 사이에 사위 되시는 분이 배당 신청을 했더라고요. 건물주의 사위라 우리가 함부로 얘기하기도 어렵고, 그렇다고 손 놓고 기다릴 수도 없고… |
| 경매업자 | 자세히 말씀해 보세요. |
| 임차인 | 사위 되시는 분이 들어온 지가 일 년밖에 안 돼요. 우리는 그 전부터 세입자로 있었고요. 그동안 수리하는 것은 한 번도 본 적이 없는데… |
| 경매업자 | 제가 아는 바로는 배당 신청을 했더라도 유치권자는 배당을 받을 수 없는 것으로 압니다만 혹시 모르니 이렇게 하는 것은 어떨까요? 제가 서류를 만들어 드릴 테니 유치권자의 허위진술에 대해 세입자 여러분들이 공동 서명을 해주세요. 탄원서 형식으로 법원에 제출하여 만에 하나 지급될지도 모르는 배당사태를 막아 보지요. |
| 임차인 | 저희는 그런 것을 잘 모르니 도와주세요. |
| 경매업자 | 알겠습니다. 그러면 서류를 만들어 드릴 테니 다른 세입자들에게도 서명할 것을 미리 설득해 놓으세요. |

경매업자는 유치권 신고자를 압박하기 위한 진실을 하나씩 수집해 나간다. 마지막에 법원의 판결을 받기 위해서는 얼마나 많은 증거가 확보되느냐가 관건이다. 세입자들의 입을 통해, 유치권자의 공사가 없었다는 것과 건물의 모든 관리를 사위인 유치권자가 하고 있다는 것, 그리고 현재 생활을 이어가는 자금줄은 3층 고시원 수입이며 그 고시원을 사위

가 운영하고 있다는 것을 알았다.

물론 처음 입찰할 때부터 허위의 유치권임을 짐작하였다. 대부분의 유치권이 그러하듯이 허위임을 알고도 소송상의 문제 때문에 중간에 타협을 통한 합의에 이르는 방식을 택하고 있다. 하지만 지금과 같은 소송 준비를 위한 진실확보는 경매업자의 스타일이 아니다. 경매업자는 빠른 타협을 통한 합의를 주로 하므로 소송상의 진실확보보다는 상대의 약점을 찾아내는데 더 중요성을 둔다.

한편, 유치권자는 낙찰자 ○○선교회의 정보를 하나씩 알아간다. 먼저 인터넷 검색으로 기본정보를 파악하고, 법원 입찰서류를 통해 실질적인 영향권자를 어렵지 않게 찾아냈으며, 그의 현재 직업과 주소 등을 상세히 파악해 놓았다. 심지어 주말에 그 선교회에서 설교하는 것을 듣기도 하는 등 경매업자가 유치권자에 대해 알아가는 것과 비례하여 유치권자는 선교회를 파악하기 위해 적진 깊숙이 침투하고 있다.

## 2) 첫 제안

경매업자가 두 번째 방문한 날은 유치권자가 보이지 않아 건물의 전층을 상세히 둘러볼 수 있었다. 경매업자가 건물을 빠져나왔을 때 유치권자와 마주쳤다.

**경매업자** 안 계셔서 잠깐 둘러보고 내려오는 길입니다

**유치권자** 앞으로는 절대 이 건물에 한 발짝도 들어오지 마시오! 나와 얘기를 나누고 싶으면 언제든지 미리 전화하시오. 그러면 내가 건물 밖으로 나오리다.

**경매업자** 무슨 말을 하려는지 알겠습니다. 일단 한 가지 물어봅시다. 합의금으로 얼마를 받고 싶은 겁니까?

**유치권자** 얼마를 줄 생각이오?

**경매업자** 줄 생각은 안 했습니다.

**유치권자** 그럼, 왜 그런 말장난을 나한테 하는 것이오?

**경매업자** 빨리 비워주면 얼마간 드릴 수도 있으니까요.

**유치권자** 그게 얼마요?

**경매업자** 당신이 하는 태도에 따라 달라집니다.

**유치권자** 당신 스타일이 마음에 듭니다. 다른 사람들 같으면 공사비 다 받아내고 말 텐데 당신에게는 다른 사람보다 적게 받지요.

**경매업자** 그게 얼마입니까?

**유치권자** 궁금하시오? 9억원!

둘의 첫 제안은 거리를 좁히지 못하고 서로에게 불신감만 더 안기는 선에서 그쳤다. 각자의 입장만 재확인한 셈이다. 일단 경매업자는 유치권자와 세입자들을 구분하여 명도를 할 필요가 있다 생각하고, 세입자들을 명도하기 위해 인도명령을 접수했고, 그 결정문이 송달되었다.

대부분 자신들의 임대차 보증금을 배당에서 받을 수 있으나 한두 명은 불가능했다. 배당을 받을 수 있는 세입자에게는 조금의 이사합의금을, 그리고 배당을 전혀 받지 못하는 세입자들에게는 그보다 많은 300만원의 이사합의금을 제안했다. 조금의 실랑이도 있었지만 대부분 동의하는 분위기다.

이렇게 해서 세입자 문제는 강제집행까지 가지 않고 첫 제안이 마지막 합의 제안이 된 것이지만, 유치권자와의 협상은 이제부터 시작이다.

### 3) 목표설정

세입자 문제를 끝냈으니, 이제 이 경매의 핵심자인 사위와 그의 아내, 채무자, 그리고 신원파악이 안 되는 403호 점유자가 남았다. 먼저, 채무자의 딸이자 유치권자의 아내는 누가 봐도 진실한 임차인으로 볼 수 없다. 당연히 낙찰자가 아니더라도 채권자 쪽에서 배당배제 신청을 걸게 되어있다. 따라서 낙찰자 입장에서 미리 나설 필요도 없다. 배당배제를 걸어놓은 채권자의 소명자료에 자세히 나오게 되어있다.

그리고 채무자는 이 집에 살지 않은 지 오래되었다. 조금이라도 마음고생을 덜어주기 위해 사위가 제3의 장소로 이주시켰다는 소문을 세입자를 통해 확인했다. 하지만 403호에는 누가 사는지 아직 모르고 있다. 현황조사서서에서도 폐문부재 및 이해관계인 비협조로 법원에서도 조사하는데 어려움이 있었음을 알 수 있다. 하지만 403호 점유자 역시 서류상으로는 임차인으로 보호받을 대상자가 아니므로 크게 신경 쓸 정도는 아니다. 단지 어느 정도 시간이 걸린다는 것과 누구일지 궁금할 뿐이다.

경매업자는 일단 사위를 제외한 이들 세입자들을 하나씩 명도해 나간 뒤에, 최대 난관인 유치권자 사위에 집중할 계획을 세운다.

한편, 유치권자는 경매명도 업무를 하고 있는 사람이 경매업자임을 알았다. 엘리트 출신의 승부근성을 가진 유치권자는 경매업자와의 싸움을 대비해 자신의 인연이 닿는 인맥을 이용하여 변호사와 법무사, 경매 전문가의 사무실을 들락거리며 조언을 받는다. 그들의 얘기를 종합해보면 소송으로 가더라도 최소 1년은 걸린다는 것이다. 그리고 중요한 사실

하나, 낙찰받을 때 낙찰자가 융자를 15억원 설정받았다는 것을 알았다. 한 달 이자만 1,000만원씩 나가니 시간 끌어봐야 서로 손해인 입장이다.

경매업자는 직원 2명을 대동하고 해당 건물을 찾아와 유치권자가 유치권 신고한 3층 고시원과 5층 주택을 제외한 4층 점유자들을 방문한다. 배당날짜가 열흘 남짓 남았으니 모두 이사를 준비해줄 것을 당부하고, 배당기일까지 나가지 않는 세입자들은 배당금에 대한 압류조치 및 소송 절차에 착수함을 고지시킨다. 세입자들은 어수선한 분위기 속에서도 별다른 저항을 하지 않는다. 하지만 문제의 403호. 아무리 노크해도 인기척이 없다. 주변 세입자들에게 물어보니 분명 젊은 사람이 산다고 한다. 단지 주민등록 전입을 하지 않은 것이다. 누구일까?

그렇게 시간은 잘도 흘러갔고, 열흘 후 배당기일 날에 403호를 제외한 4층 세입자들이 모두 배당금을 받아 나갔다.

가장 많은 인원이 있는 3층 고시원은 유치권자의 자금줄이자 영업터전이다. 이곳만 정복하면 나머지는 쉽게 풀릴 수 있다. 경매업자는 일단 출입하는 고시원생들에게 본 건물은 낙찰되었으니 이사할 준비를 하라고 얘기한다. 이 얘기는 고시원생들에게 삽시간에 퍼져 웅성거리기 시작하고, 이내 유치권자인 사위에게 불만을 쏟아내기 시작한다.

유치권자는 가뜩이나 어려운 경제 상황인데 고시원생들마저 나가 버리면 더 이상 버틸 자금줄이 없어진다. 그리고 유치권자의 아내에게는 예상대로 채권자의 배당배제 신청이 들어와 있었고, 진실한 세입자라면 임대차보증금을 건넨 금융자료 통장사본을 제출하라는 법원의 통보가 날아왔다. 한꺼번에 사방에서 공격을 받으니 유치권자는 정신을 차릴 수가 없다.

이 상황에서 누군가의 도움이 필요함을 느낀 유치권자는 수소문을 통해 경매계의 브로커와 손을 잡는다. 브로커와의 합의 내용은 유치권 신고 된 9억원 중 유치권자가 낙찰자로부터 받는 금액의 1/3을 주는 조건이다. 유치권자는 1/3을 브로커에게 주더라도 이 상황에서 벗어나야 한다는 절박감을 느끼고 있었다.

**브로커**　일이 어디까지 진행된 것입니까?

**유치권자**　아직 저쪽에서 합의금액을 얘기하지 않고 있습니다.

**브로커**　한 가지만 물어봅시다. 정말 유치권 금액이 9억원 들어갔습니까?

**유치권자**　그렇지는 않습니다. 하지만 건물을 통째로 날릴 수는 없지 않습니까?

**브로커**　가짜 유치권이군요?

**유치권자**　예.

**브로커**　방금 얘기는 못들은 걸로 하겠습니다. 난 당신이 공사대금 9억원을 투입한 진짜 인테리어업자로 볼 겁니다. 그리고 지금부터 저와 얘기 나눌 때는 합의금액이라는 용어를 사용하지 마십시오. 저쪽에서 합의금액이라고 표현할 때도 당신은 이제부터 무조건 공사대금이라는 표현을 해주십시오.

**유치권자**　알겠습니다.

**브로커**　지금까지 경매와 관련하여 당신이 접수한 모든 서류와 채권자 및 모든 이해당사자들이 법원에 제출한 서류들을 복사하여 가져오십시오.

경매업자는 유치권자가 가끔 차를 몰고 서너 시간씩 어디론가 나가는 게 영 마음에 걸린다. 직원 1명에게 누구와 움직이는지 관찰케 했더니, 요즘 들어 40대 남자 2명이 유치권자와 함께 움직이며, 그 건물의 5층을 자주 들락거린다고 한다. 분명 전문가가 고용되었다는 것을 느낌을 통해 알 수 있다.

이제 싸움의 형태는 표면상으로는 유치권자와 낙찰자의 싸움 형태이지만 실제로는 경매업자와 유치권자가 고용한 경매전문가 사이의 대리전이다. 이럴 경우에 일반인들이 보기에는 싸움이 장기간 흐를 수도 있다고 보여지겠지만, 실제로는 그 반대의 입장으로 흐른다. 싸움의 당사자가 아닌 뒤에서 조정하는 전문가들의 특징은 이 싸움이 종결되면 약속된 보수를 받는다는 것이다. 따라서 처음에는 서로의 능력을 과시하기 위해 과감한 공격과 방어를 하지만 종국에는 빠른 타협을 원하는 대리권자들의 기본원리가 적용된다.

**경매업자** 선배님의 도움이 필요합니다.

**동료업자** 천하의 김 사장이 웬일인가?

**경매업자** 간단하게 생각했던 유치권 물건을 명도하는 과정에 상대편에서 '꾼'을 고용했습니다.

**동료업자** 상대의 정체는 파악되었나?

**경매업자** 아니오. 아직 아는 것은 없습니다. 단지 유치권자와 자주 만나고 대책을 세우고 있다는 정도입니다. 유치권자도 호락호락하지 않지만, 그가 고용한 꾼도 예사롭지는 않아 보입니다.

**동료업자** 맥주나 한잔하면서 대책을 강구해볼까?

유치권자와 경매업자는 전열을 가다듬고 서로 상대의 수를 읽기 위해 각자가 동원할 수 있는 전문가들의 조언을 구하는데 상당한 시간을 할애한다. 이와 같이 거래 협상 상황에서 표면상으로 나서는 자와 실제 권한이 있는 자가 다른 경우가 많이 있나. 앞에서도 다루었듯 제3자를 핑계대며 책임에서 빠져나가려고 하지만, 이번 경우처럼 제3자를 전면에 내세워 간접적으로 협상을 벌이는 경우도 허다하다. 어찌 보면 제3자들이 나서는 협상이 대부분일 수 있다. 통상적으로 원고가 변호사를 선임하면 피고도 변호사를 선임하고, 이들을 대리한 변호사끼리의 대결과 타협을 쉽게 볼 수 있는 것과 같다. 이제 그런 싸움의 형태로 바뀌었다.

배당기일도 이미 지났다. 낙찰자는 경매업자에게 명도협상을 빨리 끝낼 것을 종용한다. 그렇다고 유치권자가 전문 꾼을 고용했다는 불안한 말을 전해줄 수도 없는 상태이다. 시간이 많지 않다. 경매업자는 다시 한번 목표를 점검한다.

첫째, 다른 채권자들이 유치권자의 아내를 허위의 임차인이라고 법원에 배당배제 신청서를 제출했다. 따라서 유치권자의 아내를 인도명령으로 먼저 이 집에서 몰아낸다. 부부가 떨어져 있는 시간은 한계가 있다. 빠른 타협의 기회가 올 수도 있다.

둘째, 유치권자의 아내가 거주하고 있는 곳이 5층이다. 그의 아내를 인도명령으로 집행해 버리면 일단 5층은 점령한다. 유치권자가 거주하고 있는 장소를 탈환할 수 있다면 이미 끝난 싸움이다. 하지만 유치권자를 같이 몰아낼 수 있는지가 관건이다. 한 가지 희망은 유치권자와 그의 아내가 동거인이므로 집행의 대상자가 된다는 점이다.

셋째, 전기, 수도, 도시가스의 연체공과금이 약 1,000만원 정도이다. 수도사업소와 한전에 전화해 단전 단수 조치를 요청할 것이다. 그러면 3층의 고시원생들은 자연스럽게 내보낼 수 있을 것이다. 그리고 유치권자의 자금줄도 막으니 버티는 데 한계가 있다.

넷째, 이미 명도한 곳은 낙찰자측 사람을 심는 것이다. 여태까지는 유치권자가 건물을 관리했기에 모두가 유치권자와 아는 사이였지만 새롭고 낯선 사람들이 건물을 채워나가면 유치권자가 느끼는 심리적 압박은 높을 수밖에 없다.

다섯째, 정체불명의 403호를 어떻게 할 것인가.

유치권자와 브로커 역시 전략을 재구성한다.

첫째, 상대보다 한 수 빠르게 움직인다. 낙찰자가 아내를 상대로 인도명령을 신청할 것이다. 일단 유치권자와 세대원 분리를 한 후 가재도구는 놔둔 채 아내를 제3의 장소로 이동시킨다. 적어도 한두 번의 집행 불능이나 공시송달로 시간을 끌게 만든다. 즉 쉽게 양보하는 것은 하나도 없다.

둘째, 경매업자를 빨리 이 일에서 물러나게 해야 한다. 그렇게 해야 ○○선교회의 최고 책임자가 협상 테이블로 올라오게 된다. 경매업자를 형사 건으로 몰고 가 이 싸움에서 손을 떼게 만든다.

셋째, 모든 대화 채널이나 약속, 심지어 낙찰자와 나누는 단어 하나까지도 유치권자는 브로커의 지시를 따른다. 모든 협상을 브로커가 뒤에서 조정한다.

넷째, 낙찰자가 투입시킨 4층의 새로운 세입자들이 경거망동하지 못하게 적당히 통제를 시킨다.

### 4) 정보의 교환

도시가스와 수도, 전기의 밀린 공과금을 해결하지 않으면 다음 달부터 중단한다는 가스공사와 수도사업소, 한전에서 동시에 전화가 온다. 이미 낙찰자 쪽에서 공격을 하고 있음을 짐작한다.

그리고 아내를 제3의 장소로 이동시킨 후 얼마 되지 않아 낙찰자가 신청한 유치송달로 법원 직원이 직접 5층을 방문하여 인도명령에 대한 송달을 한다. 낙찰자는 이제 집행만 하면 된다.

유치권자는 인도명령에 자신이 포함되는 것은 있을 수 없는 일이라고 강하게 항의하였지만 법원관계자는 별 반응 없이 이렇게 말할 뿐이다.

"저에게 이러지 마시고 억울하시면 소송하세요."

유치권자가 인도명령의 대상이 되리라고는 꿈에도 생각하지 못했다. 법원 근처의 법무사, 변호사, 경매전문가에게 조언을 구해봐도 모두가 다른 답변이고, 이해할 수 없는 결정이라고 한다. 하지만 모두의 공통된 답은 소송을 제기하라는 것이다. 소송을 제기하기 위해서는 2억원의 공탁금이 필요하다. 돈이 없는 자는 소송 자체를 해볼 수도 없다. 유치권자가 인도명령 대상이 된다니 생각할수록 억울하다. 주변에서 소송을 통하면 된다고는 하나 돈은 없고, 정말 미칠 노릇이다.

12월 24일, 유치권자는 아내와 크리스마스이브를 맞이한다.

**유치권자**  여보, 일 년 동안 마음고생 심했지?

| 아내 | 아니에요, 당신이 괜히 저희 부모님 때문에… |
|---|---|
| 유치권자 | 당신만의 부모가 아니라 우리 부모잖아? 우리 아이가 4살이라 이런 내용을 몰라 다행이야. |
| 아내 | 여보, 이제 그만 포기하고 새롭게 시작해요. 이 일 때문에 1년 동안 잠 한 번 제대로 못 잤어요. 당신도 요즘 부쩍 예민해지고… |
| 유치권자 | 알았어. 해를 넘기지 않고 마무리해볼게. 사실, 나도 이젠 지쳤어. |
| 아내 | 그래요. 잘 생각했어요. |

| 경매업자 | ○○○장로님, 메리 크리스마스입니다. |
|---|---|
| 낙찰자 | 그러게요. 내년부터는 그 경매 받은 곳에서 크리스마스를 보낼 수 있겠군요. 우리 신도 중 잘 아는 사람이 그 법원의 요직에 있더군요. 빨리 일이 마무리되게 도와준다니 기다려 봅시다. 해를 넘겨서야 되겠습니까? |
| 경매업자 | 아, 그래요? 다행입니다. 유치권이라 시간이 길게 끌 수 있을 것으로 생각했는데요. |
| 낙찰자 | 하나님의 축복이지요. 하하… |

크리스마스가 지나고, 경매업자가 해당 건물을 방문한다. 그걸 놓치지 않고 유치권자가 브로커에게 전화를 걸어 그 사실을 알린다.

| 유치권자 | 사장님, 경매업자가 건물 내를 제집인 양 확보하고 있습니다. 어떻게 해야 할까요? 경찰에 신고할까요? |
|---|---|
| 브로커 | 경찰에 신고하십시오. 지금 신고 안 하면 안방까지 제집 드나들 듯 |

할 겁니다. 일단 기선제압이 필요합니다. 바로 신고하십시오.

**유치권자**　예, 알겠습니다.


갑자기 경찰 차량 한 대가 경매업자 앞에 다가와 멈춘다.


**경찰관**　○○○ 씨죠? 잠시 경찰서로 가셔야겠습니다. 주거침입죄로 고소되
　　　　셨습니다.

**경매업자**　대체 누가했단 말이오?

**경찰관**　일단 경찰서에 가서 얘기합시다.


경찰서에 도착하니 유치권자가 와 있다. 짐작은 했지만 고소한 실체를 확인한 경매업자가 어디론가 전화를 하니 30분 후 낙찰자인 ○○선교회의 장로가 나타난다. 유치권자와 낙찰자의 첫 만남이다. 둘은 경찰서에서 약간의 얘기를 나눈 후, 경매업자가 해당 건물을 재방문하지 않겠다는 약속을 받고 주거침입죄는 취소하기로 합의하였다. 그런 분위기에서 대화를 이어간다.


**낙찰자**　원만히 합의를 보는 게 어떻겠소?

**유치권자**　나도 바라는 바요.

**낙찰자**　얼마면 되겠습니까?

**유치권자**　공사비가 9억원입니다. 저도 양심이 있으니 3억원만 받겠습니다.

**낙찰자**　너무 무리한 요구인데요.

**유치권자**　그 정도의 합의금은 생각하고 낙찰받은 것 아닙니까?

| 낙찰자 | 글쎄요, 내가 직권으로 결정할 사안이 아니라 함부로 얘기는 못 하겠소. 다만 내가 해줄 수 있는 권한은 2,000만원 정도뿐이오. |
|---|---|
| 유치권자 | 어림도 없습니다. |
| 낙찰자 | 받기 싫다면 어쩔 수 없지요. |

유치권자는 낙찰자와의 첫 만남의 과정을 브로커에게 전한다.

| 브로커 | 그런 일이 있으면서 그때 왜 제게 전화하지 않으셨습니까? |
|---|---|
| 유치권자 | 미안합니다. 이제 지쳐 가네요. 빨리 결론을 내고 싶군요. |
| 브로커 | 그동안 잘 버텨오고선 이게 뭡니까? 이럴 바에는 시작을 하지 말던가. |
| 유치권자 | 미안합니다. 저나 가족이나 지난 1년 동안 마음고생이 이만저만이 아닙니다. 그리고 인도명령에 이의를 달기 위해 소송을 준비할 공탁금 2억원이 없으니 더 이상 어찌할 수가 없군요. |
| 브로커 | 그러면 적당한 타이밍에 권한을 저에게 이양하십시오. |
| 유치권자 | 어떤 방법으로 넘기면 될까요? |
| 브로커 | 합의금에 대해 상대의 구체적인 언급이 나올 때 '결정을 받아야 할 공사 동업자가 한 명 있다. 그가 하자는 대로 할 것이다'라고 하면서 자연스럽게 내 쪽과 접촉하게 자리를 만들어 주십시오. 이제부터 내가 직접 개입되어 협상을 주도해나가겠습니다. |
| 유치권자 | 지금 바로 하면 안 될까요? |
| 브로커 | 모양새가 좋지 않습니다. 자연스럽게 자리를 만들어 보세요. |
| 유치권자 | 알겠습니다. |

한편, 경매업자와 낙찰자도 만나 앞으로의 전략을 논의한다.

**낙찰자**    수고했소. 상대에게 2,000만원 제시했으니 당신이 가서 적당히 마무리하시오.

**경매업자**    어느 선에서 마무리할까요?

**낙찰자**    그건 당신이 더 잘 알지 않소.

**경매업자**    알겠습니다.

그리고 낙찰자와 경매업자는 최종 강제집행 서류가 접수되었음을 유치권자에게 전한다. 죽기만을 기다리는 사형수처럼 유치권자는 더 이상 버틸 용기가 나지 않는다.

**유치권자**    사장님, 저쪽에서 강제집행 신청을 한 것 같습니다.

**브로커**    예상대로 입니다. 아직 타협할 시간은 열흘 정도 남은 것 같군요.

**유치권자**    좋은 생각이 있습니까?

**브로커**    어려울 수 있는 일이지만 한 번 해보시겠습니까?

**유치권자**    예, 뭔데요?

**브로커**    당장 서울역에 가서 노숙자 30명만 수배해 오세요. 고시원생들이 나간 방에서 자게 하고, 나머지 사람들은 1층 점포에서 똥을 싸든 오줌을 누든 상관하지 말고 자게 하십시오. 할 수 있겠습니까?

**유치권자**    네, 하지요.

**브로커**    바로 행동하고 난 뒤 연락주십시오. 그리고 저쪽에서 전화가 오면 제가 자연스럽게 개입할 수 있도록 유도하셔야 합니다.

오후에 유치권자가 브로커에게 전화를 한다.

**유치권자**　사장님, 노숙자들을 끌고 오는 게 생각만큼 단순하지 않군요.

**브로커**　무슨 얘기입니까?

**유치권자**　노숙자들을 데려오는 것도 돈이 필요하군요. 1인당 30만원.

**브로커**　그래요? 10명을 데려올 돈도 없습니까?

**유치권자**　예, 상황이 어렵군요.

**브로커**　혹시 더 이상 싸울 의지가 없으신 것 아닙니까?

브로커의 말에 유치권자는 말이 없다. 그는 이미 모든 의욕을 상실한
듯 보인다.

**브로커**　지금 이 선에서 마무리하는 것이 낫다고 생각하십니까?

**유치권자**　예.

**브로커**　알겠습니다.

## 5) 최종 합의

크리스마스가 지난 4일 후, 낙찰받은 건물 근처의 공원에서 유치권자
와 경매업자가 다시 만났다.

**경매업자**　언제 비워주실 겁니까?

**유치권자**　먼저 합의금이나 알려주시오.

**경매업자**　언제까지 비워준다는 얘기가 없으면 먼저 말하지 못합니다.

유치권자   합의를 해주려고 마음먹었는데, 이런 식으로 나오면 당장 서울역 지

하도에 가서 노숙자들을 잔뜩 불러와서 우리 고시원에 머물게 할 수

도 있습니다. 그 사람들 명도하려면 1년은 더 걸릴 텐데… 그렇게 할

까요?

경매업자   시종일관 협박이시군요. 저를 경찰서에 가게 하지를 않나, 이제는 노

숙자를 들여놓는다고 하지를 않나.

유치권자   못할 이유도 없지요. 당신 같으면 40억원 재산이 날아가는데 제정신

이겠습니까?

경매업자   알겠습니다. 3,000만원 드리지요.

유치권자   안 됩니다. 더 주세요.

경매업자   얼마를 더 원합니까?

유치권자   5,000만원!

경매업자   너무 많소.

유치권자   대신 아직 명도하지 않은 고시원생들과 403호를 내일 당장 모두 내

보내 주겠습니다.

경매업자   좋습니다. 그런 조건이라면 드리지요.


유치권자   사장님, 저쪽에서 5000만원에 최종합의를 제시합니다,

브로커   당신 생각은 어떠십니까?

유치권자   더 받고 싶지만 가족들이 지쳐서 그만두기를 원하는군요.

브로커   그 정도 선에서 마무리하면 만족하시겠습니까?

유치권자   만족이라고 할 수는 없지만 어쩔 수 없지 않습니까? 그리고 아내나

저나 젊으니 다시 시작해 일어서려고 합니다. 하지만 사장님한테 죄

송합니다. 많이 도와주셨는데…

**브로커**    아닙니다. 결정은 당신이 하는 것이고, 당신이 그 금액에서 만족한다면 상관없습니다. 합의하십시오.


그 해가 저물기 하루 전날, 유치권자와 경매업자는 5,000만원에 합의를 했다. 그렇게 사건이 마무리됐을 때 경매업자에게 한 통의 전화가 걸려온다. 유치권자의 뒤를 봐주던 브로커의 전화였다.

"약속대로 잘 마무리되었으니 약속하신 금액을 아래의 계좌로 부탁드립니다."

제7장

# 양보는 마감시간에
# 일어난다

경기도 ○○시에 있는 49m²(15평)의 낡은 빌라가 5,700만원에 매물로 나왔다. 당시 3층 중 3층이 6,800만원에 거래가 된 것과 비교하면 이 매물은 3층 중 2층이었으므로 시세보다 아주 저렴하게 나온 것이다.

소형 빌라를 7~8채 소유하며 임대업을 하는 장태산 씨. 이 매물에 대해 구매의사를 전하는데 희망 매매가는 5,000만원이다. 사실 5,700만원이면 상당히 저렴하게 나와 별도의 흥정 없이 바로 사거나 100~200만원 DC를 요구하는 수준에서 거래가 이루어질 테지만, 장태산은 중개업자에게 집 주인을 설득해 5,000만원으로 금액을 깎아보라는 주문을 했다.

아무리 고객의 요구라지만 더 이상의 금액을 깎는 것은 너무 불합리하다 느낀 중개업자는 집 주인을 사무실로 불러낼 테니 장태산이 직접 흥정하라고 하며 한발 물러섰다. 약간의 흥정 끝에 계약금, 중도금, 잔금 없이 바로 5,000만원을 일시불로 주는 조건으로 거래가 완료되었다. 여지없이 깨질 줄 알았던 거래가 성사된 것을 보고 놀란 중개사가 장태산에게 물어본다.

"5,700만원도 시세보다 아주 저렴한데 어떻게 5,000만원으로 깎을 생각을 하셨습니까?"

중개사의 말에 장태산은 그게 별거냐는 표정으로 대답한다.

"세상에 달라는 대로 다 주고 사는 사람이 어디 있습니까? 쥐어짤 대로 쥐어짜 봐야지."

이처럼 상대에게 하나라도 더 얻어낼 것이 있다고 생각할 때는 양보받은 양과 상관없이 요구하게 된다. 앞에서 이미 말했지만, 상대의 첫 제시 가격이 아무리 저렴하다고 느낄지라도 단번에 받아들이는 것은 어리석은 일이다. 그들이 제시한 가격은 나에겐 저렴할지 몰라도 그들에겐 최고가일 수도 있는 것이다.

전통시장에서 흔히 들을 수 있는 말로, 시장 상인은 "안 돼요. 그 금액이면 밑져! 안 팔고 말지!" 하다가도 두세 개 더 사는 조건으로 그 금액에 준다. 한 개 팔아도 밑지는데 두세 개를 그 가격에 주는 건 더 밑지는 장사다. 하지만 파는 사람은 물론 사는 사람도 이 밑지는 장사라는 말을 귀담아듣지 않는다.

그렇다면 비즈니스를 하면서 당신이 해야 할 일은 분명하다. 상대에게 밑지는 장사라고 설명하면서 당신이 양보할 수 있는 모든 것을 양보하지 말아야 한다. 당신 앞에 있는 비즈니스 상대는 당신이 밑지는 장사라는 것을 1%도 믿지 않는다는 점을 기억해야 한다.

# 양보의 패턴

부동산 거래에 있어 양보는 절대 빠질 수 없는 핵심과도 같다. 매도자가 처음에 약간 높은 가격을 부르는 것은 매수자가 가격을 양보해주길 바라는 것을 예상하기 때문이다. 그리고 상대 역시 처음 제시하는 값이 주인이 받기를 원하는 전부라고 생각하지 않는다. 따라서 서로의 기분 좋은 거래를 위해 양보는 절대적으로 필요하다.

하지만 무조건적인 양보는 곤란하다. 양보에도 패턴이 있다. 똑같은 양보를 하지만 상대가 받아들이는 생각은 전혀 다르다. 양보를 해주고도 신뢰를 못 얻는 이가 많다.

일례로, 여기 세 명의 땅 주인이 있다. 이들이 상대에게 땅값 1억원을 깎아주는 모습을 보자. 그들의 양보 패턴과 당신의 성격을 대비해가며 읽어보면 좋을 것이다.

• **마종민(50세)**

"그래, 좋아요. 까짓거 2,500만원 깎아주겠소. 좀 더? 좋아, 2,500만원 더해

서 5,000만원! 아, 이 양반 진짜 강적이네. 좋소! 2,500만원 더! 어라? 알았
소, 2,500만원 더해서 딱 1억원 채웁시다!"

- 방성훈(55세)

"그럼요. 1,000만원 정도는 깎아드릴 수 있습니다. 예? 그럼 2,000만원 정도
더. 그럼 거기에서 3,000만원을 더. 알겠습니다. 그럼 4,000만원 더 깎아드
리지요. 꼭 1억원 양보한 겁니다."

- 민병규(45세)

"5,000만원 깎아드리겠습니다. 제가 많이 양보한 겁니다. 흐음, 사정이 그
러시다니 4,000만원 더 깎아드리지요. 더 이상은 곤란한데요. 좋습니다. 그
럼 700만원 더 양보하겠습니다. 더는 곤란합니다. 너무 하시네요. 좋습니다.
300만원! 이젠 더 이상 양보할 수 없습니다. 이미 1억원이나 깎아드린 것 아
시지요?"

　세 사람 모두 각각 1억원씩 양보를 해주고 있다. 하지만 읽으면서 그
느낌이 완전히 다름을 알 수 있을 것이다. 우선 마종민의 경우, 그는 동
네에서 사람 좋기로 유명하다. 별로 계산에 밝은 성격 또한 아니다. 오
랜 직장생활로 과도한 변화나 흥정에 익숙하지 않은 사람이다. 좋은 게
좋은 것이란 생각으로 순순히 큰 액수를 깎아주고 있다. 깎아주는 액수
의 변화조차 없다. 한 번만 더 조른다면 다시 2,500만원을 깎아줄 사람
이다. 마종민을 보고 혀를 끌끌 차고 있다면 잠시 자신을 한 번 돌아보
기 바란다. 놀랍게도 대부분의 사람들이 마종민 유형으로 거래 협상을

한다. 보통 사람들은 투쟁보다는 원만한 합의에 더 큰 의미를 두는 때문이다.

다음으로 방성훈의 경우는 어떤가? 가장 위험한 유형이라고 할 수 있다. 처음에는 1,000만원으로 시작된 양보가 다음엔 2,000만원, 그 다음엔 3,000만원, 4,000만원으로 올라가고 있다. 아주 위험한 사람이다. 눈치챘겠지만 방성훈의 성격은 매우 급한 편이다. 밀고 당기는 협상의 여유를 즐기기보다는 크게 양보하더라도 이 거래의 결론을 빨리 내리고 싶어한다. 문제는 방성훈이 원하는 대로 큰 양보가 빠른 결론을 내리는 것이 아니라 상대로 하여금 더욱 많은 액수의 양보를 원하게 만든다는 사실이다. 상대는 이제 한 번만 더 아쉬운 소리를 하면 방성훈이 5,000만원을 더 깎아줄 것이란 생각을 하게 된다. 이쯤에서 끝날 거래 협상이 아니다.

마지막의 민병규가 가장 이상적인 거래 협상 태도라고 할 수 있겠다. 민병규는 처음에 크게 양보하여 상대의 구미를 잡아당겼다. 그리고 일정한 조건을 받아들이며 추가로 가격을 낮춰준다. 하지만 그 액수는 크게 줄어들고 있으며, 상대는 민병규가 더 이상 양보할 생각이 없음을 그 금액으로 느끼게 된다. 만약 민병규가 마지막 한 번을 더 양보하더라도 그 금액은 200만원 이하가 될 것이다.

위의 세 사람은 똑같이 1억원을 상대에게 양보했다. 결론은 마찬가지이지만 그 과정에서 각자의 성격과 단점이 드러났다. 세 사람 모두가 1억원에서 멈춘 것은 이 사례가 단순히 이해를 돕기 위한 '예시'였기 때문이지 현실에서였다면 마종민과 방성훈이 양보한 액수는 아마 1억원을 훌쩍 넘었을 것이 분명하다. 상대가 완전히 초보이거나 자선사업가가 아니라면 말이다.

위에서 예로 든 세 사람의 경우 외에도, 한 번 크게 양보하고 끝까지 버티는 유형과 처음엔 작은 액수로 버티다가 협상 막바지에 크게 양보하는 경우도 있다. 아주 나쁜 경우라고 할 수는 없겠지만 적절하게 쓰지 못한다면 거래 협상에 어려움을 겪을 유형이라고 할 수 있겠다.

# 양보가 없으면 즐거움도 없다

일반적으로 부동산을 거래할 때는 큰돈이 오고 가므로 상당히 신중할 것 같지만 그 반대의 현상도 자주 일어난다. 우리는 매도인이 매물로 내놓은 금액보다 높게 브리핑하는 중개업자들을 많이 보게 된다. 일반 사람들의 생각에는 과도한 수수료를 챙기기 위해 부동산에서 사기를 치는 것이라 생각하여 그 도덕성을 비난하기도 한다.

물론 비싸게 팔아야 중개사에게 떨어지는 수수료가 큰 건 사실이다. 하지만 그것이 전부는 아니다. 거래 협상에는 서로 간에 어느 정도의 양보가 필요하다. 중개사는 미리 그것을 감안하고 실제 매도 금액과 차이를 두고 협상에 임하는 것이다. 그 금액은 어차피 깎아줄 생각을 하고 있는 것이다. 사실 한 푼의 에누리도 없는 거래 협상은 이루어지기가 힘들다.

중개사에게 수수료만큼 중요한 것이 바로 거래 협상의 체결이다. 어느 정도 이쪽에서 양보를 해야 상대도 즐겁게 구입할 것 아닌가. 중개사가 노리는 것은 바로 그 점이다. 실무에서의 사례를 한 번 보자.

서울 성동구 ○○동에서 공장을 운영하는 50대의 양기봉 씨. 공장을 가동하여 얻는 이익보다 부동산 투자, 특히 아파트 재개발 투자로 올리는 수익이 본업을 능가하고 있다. 양기봉은 장기적인 목표로 부동산을 투자하는 스타일은 아니다. 주로 입주가 5개월쯤 남은 아파트를 주요 투자상품으로 삼았다. 이미 오를 대로 올라 비싸지만, 입주 임박시기에는 거기에서 또다시 값이 오른다는 것을 경험을 통해 알고 있었다. 짧은 기간에 최대의 효과를 노리는 것이다.

　그런 정교한 배팅을 하던 양기봉이 무슨 마음을 먹었는지 이번에는 땅에 투자하기로 했다. 아파트나 재개발 물건은 조금만 발품을 팔면 급매가나 시장가격을 추측하기가 비교적 쉬운 편이지만, 땅은 그리 간단치 않다. 항상 자신만만하던 양기봉이 편치 않은 얼굴로 중개사 유원식을 찾아왔다. 양기봉의 얼굴을 보고 놀란 유원식이 걱정스레 묻는다.

　"양 사장님, 무슨 안 좋은 일 있으십니까?"

　무겁게 한숨을 쉬며 양기봉이 입을 열었다.

　"땅을 하나 보고 왔는데, 4,290m²(1300평)에 평당 40만원이야. 합이 5억2,000만원이지. 마음에 들어서 거래 협상을 하느라 평당 35만원으로 깎아 달랬더니 중개사가 버럭 고함을 치는 거야. 내 참 얼마나 기분이 더럽던지…"

　양기봉의 말에 유원식이 빙그레 웃는다.

　"그 정도 가지고 뭘 그렇게 기분 상하셨습니까? 있을 수 있는 일이지요. 번지수는 기억하십니까? 제가 좀 알아보지요."

　유원식의 말에 금방 얼굴빛이 환해지는 양기봉.

　"아마 ○○○-○○번지일 거야. 내 전화번호와 비슷해서 쉽게 외웠어."

유원식이 물건지 근처의 잘 아는 중개업소를 통해 수소문해보니 주인이 꼭 받고 싶은 금액이 평당 40만원이었으며, 다른 부동산에서는 평당 45만원, 50만원으로 브리핑하기도 한다는 것이다. 이로 미루어보면, 양기봉이 방문한 부동산사무소는 매도인의 의사를 정확히 얘기해 주었지만 양기봉은 그런 것엔 아랑곳하지 않았다. 그에겐 흥정이 없는 그 부동산사무소는 딱딱하고 불친절한 중개업소라는 인식만 새겨졌으며, 다시는 방문하지 않겠다고 했다.

그로부터 두어 달 후에 양기봉이 다시 유원식을 찾아왔다. 이번에는 싱글벙글 기분 좋은 표정이다.

"유 사장, 다른 부동산에서 창고를 추천하기에 보고 왔는데 마음에 쏙 들더군. 한 번 봐주겠나?"

토지 1,650m²(500평)에 농축산물 창고 793m²(240평)가 지어진 부동산이다.

"이번에 이 물건을 추천한 부동산은 능력이 아주 좋은 것 같아. 평당 150만원으로 합이 7억5,000만원에 나온 것을 깎아달라고 했더니 7억원까지 해줄 수 있다고 하는구만."

너무나 기분 좋은 양기봉을 보고 있자니 유원식까지 덩달아 웃음이 나온다.

"그리고 잔금일자를 빨리 잡아주면 자기네들이 땅 주인을 설득해 6억 7,000만원까지 해줄 수 있을 것 같다고 하는 거야. 이거 놓치면 후회할 거 같다니까."

양기봉이 돌아간 후, 유원식은 인터넷을 검색해 똑같은 매물이 나와 있는지 확인하면서 수소문을 통해 그 부동산을 내놓은 가격을 어렵지 않게 알 수 있었다. 놀랍게도 실제 주인이 받고자 한 금액은 6억원이었다.

양기봉이 이번에 거래한 부동산사무소의 중개업자가 능력이 좋은 것은 확실했다. 크게 부르고 또한 크게 깎아준 것이다. 양기봉은 가격을 깎는 맛에 빠져 실제 가격을 치밀하게 알아보려는 노력을 하지 않았다. 부동산 거래 협상에 능한 사람들이 노리는 것이 바로 이 점이다. 실제 투자 전문가가 아닌 이상 사람들은 거래에 있어 깎는 맛을 중요시한다. 그것이 실제로는 손해로 이어진다는 생각을 하지 못하고 말이다.

# 마감 시한 설정하기

대부분의 양보는 마감시간에 이루어진다. 따라서 마감 시한이 없는 약속은 의미가 없다. 사회생활을 하면서 우리는 누군가를 우연히 만났을 때 이런 말을 주고받는다.

"조만간 밥 한번 먹읍시다."

여기서 조만간은 아주 가까운 시일이 될 수도 있지만, 대부분 인사치레로 하는 경우가 많다. 만나도 그만, 안 만나도 그만인 상대에게 그냥 돌아서기 미안해서 던지는 말이다. 이 말을 곧이곧대로 듣고 연락을 기다리는 사람은 없다. 말하는 사람이나 듣는 사람이나 그 말에 의미를 두지 않는다는 뜻이다. 꼭 만나고 싶다면 날짜와 시간을 정하지, 절대 기약이 없는 조만간이란 표현을 쓰지 않는다.

하지만 이런 경우는 어떨까?

"내일 오전 11시 30분, 강남역 7번 출구에서 만납시다."

이것은 시간이 명확하게 정해진 약속이다. 머릿속에 분명히 기억해두고 내일의 스케줄을 미리 생각해둔다. 이처럼 약속이나 양보나 그 시한이 명시적일 때 행동으로 옮길 준비를 하게 되는 것이다. 다음 사례를 한 번 보자.

임대차 만기가 되어 가급적 빨리 집을 비워 달라는 임대인 조연철 씨의 말에 세입자 함세준 씨는 가능한 한 빨리 비워주겠다는 약속을 했다. 하지만 한 달이 지나도 함세준으로부터 아무 연락이 없자, 믿고 기다리던 조연철은 화가 나기 시작했다.

"도대체 어떻게 된 겁니까! 빨리 구하겠다던 사람이…"

대뜸 야단치듯 나오는 조연철의 태도에 함세준도 기분이 상했다.

"알아보고 있습니다. 주말마다 쉬지도 못하고 이리저리 알아보러 다니고 있는데 다짜고짜 화부터 내시는 건 너무하신 것 아닙니까? 저도 빨리 나가고 싶다고요!"

조연철은 함세준에게 '가급적 빨리' 집을 비워달라고 요청했고, 함세준도 '가능한 한 빨리' 집을 구해 나가겠다고 대답했다. 이 두 사람의 대화엔 정확한 마감 시한이 없었다. 그랬기 때문에 서로의 '빨리'는 차이가 날 수밖에 없는 것이다. 조연철 입장에서 '빨리'는 '한 달 이내'였지만, 함세준 입장에서 그렇게 빨리는 곤란한 지경이다.

이처럼 우리가 일상에서 흔히 쓰는 '조만간' '되는 대로' '가능한 한'과 같은 단어는 완결성이 없다. 따라서 상대에게 책임추궁을 할 수도 없다.

# 압박 수위를 높여라

마감시간에 양보의 대부분이 일어나지만, 시간이 흐르다 어느 일정 시점인 마감시간에 한꺼번에 양보가 자연적으로 일어나는 것은 아니다. 양 당사자가 시간의 압박을 받고 수위가 올라가면서 둘 중 누군가가 이 압박을 벗어나기 위해 양보를 시작하며, 쌍방은 양보의 교환 횟수가 잦아지고 압박의 수위가 최고조에 이를 때 가장 진실된 양보가 나온다. 그 최고점이 마감 시한이다.

일례로, 경매낙찰에서 일어나는 명도 협상과정을 한 번 보자. 대부분의 낙찰자는 낙찰받자마자 채무자의 집으로 가서 이사합의금으로 원만히 해결할 의향이 있는지 타진하러 간다. 이때 채무자도 대부분 강하게 나오며 과도한 이사비용과 넉넉한 시간을 요구한다. 첫 번째 방문에서 합의가 이루어지는 경우가 거의 없는 이유이다. 낙찰자가 잔금을 납부하고 난 뒤 다시 찾아왔을 때에도 채무자는 다소 기가 죽어있지만 여전히 무리한 금액을 요구한다. 합의는 이루어지지 못하고 서로 간에 앙금만 쌓인 채 돌아선다. 이때까지는 힘의 균형이 대부분 평형을 유지한다.

하지만 그때까지 합의에 도달하지 못하고 강제집행 전 단계인 인도명령이 양 당사자에게 송달이 되면, 힘의 우위는 급격히 낙찰자에게 기운다. 이때부터 낙찰자와 채무자는 현실적인 금액에서 합의를 이룰 가능성이 높다. 여기서 합의를 이루지 못하면 낙찰자는 강제집행을 신청하게 되는데 시간이 흐를수록 압박의 강도가 높아지며, 채무자에게 선택권이 좁아지는 상황으로 가기 때문이다. 따라서 채무자 입장에서는 힘의 균형이 균등하다고 느끼는 시점에 빨리 합의를 보는 것이 현명하다.

# 마감시간에 대안을 밝힐 것인가

마감시간에는 대안을 밝혀야 한다. 그 목적이 상대에게 압박용이든 내가 선택하는 차선책이든 말이다. 원래 대안이라는 것은 마주하고 있는 상대와 운명을 같이 하는 것이다. 거래 협상이 결렬되고 나면 그 대안은 다른 사람과의 협상용으로 남는 것이 아니라, 그 상대와 더 이상 만날 필요가 없는 만큼 폐기 처분된다. 아래 사례를 한 번 보자.

서울 도봉구 ○○동의 ○○아파트 45m²(13평) ○○동 ○○○호 매도자 오정식 씨와 매수자 최은영 씨의 흥정을 통해 양 당사자가 합의할 가능성이 높은 금액까지 좁혀졌다. 오정식이 희망하는 금액은 4억5,000만원, 최은영이 희망하는 금액은 4억4,000만원이다. 대안 물건인 ○○동 ○○○호 매매가는 4억4,400만원이다. 같은 금액이면 조망권이 확보된 오정식의 집을 사고 싶은 것이 최은영의 숨은 마음이다.

**최은영**　① 선생님의 집이 마음에 듭니다. 저는 그 집을 사고 싶습니다.

② 남편은 다른 동에 4억 4,000만원에 나온 13평을 사자고 합니다.

**오정식** 다른 동이라면 몇 동, 몇 호를 얘기하는 겁니까?

**최은영** ③ 그것을 꼭 알고 싶으세요? 남편한테 한 번 물어볼까요?

**오정식** 뭐 그럴 것까지야 있겠습니까?

**최은영** ④ 그 집보다는 선생님 집이 아늑하고 분위기가 좋더라고요.

**오정식** …

**최은영** ⑤ 4억 4,000만원에 해주시면 지금 계약하고 후련하게 쉬고 싶네요. 너무 피곤했어요.


위의 ①에서 상대에게 호감을 주는 말로 협상 테이블에 오래 머물게 한다. 이때 구매 예정 부동산의 지저분함이나 기타 하자를 트집 잡는 것은 삼가야 한다. 그런 방법을 사용하려면 처음에 해야지 마지막에 사용하면 상대의 감정만 유발한다.

② 가격 차나 비교 대상이 너무 차이가 크면 상대가 인식하는데 어려움이 있다. 그리고 이 대안 물건이 막판에 제시되지 않으면 상대가 이쪽의 진실 유무를 확인할 시간을 주므로 위험할 수 있다.

③ 상대가 진실을 물어보기 어려운 답변으로 역질문한다.

④ 상대에게 칭찬을 해줌으로써 그 칭찬을 받은 상대의 미안함을 유발한다. 호의를 받으면 그 답례를 하고 싶은 게 인간의 기본심리다.

⑤ 마지막에, 협상을 원점으로 되돌리는 것보다 마무리하는 것이 서로에게 유리함을 언급한다.

부동산 거래에 있어 가장 난처한 경우는 주택 매매나 임대차 중개의 특성상 어느 한 쪽이 계약의 파기나 지연으로 이어질 때는 연쇄반응을 일으킨다는 점이다. 임대인과 임차인 양 당사자만의 문제가 아니라 이것과 관계있는 사람 전부가 영향을 받는다.

다음의 사례는 이 연쇄반응과 일정 부분 연관성이 있으면서, 사건이 발생했을 때 하나씩 풀어가는 침착함을 이야기하고 있다. 등장인물의 면면을 살펴보자.

60대 초반의 매도인 정인숙 여사, 매도인의 사위 강칠구 씨, 매도인의 딸 임유리 씨, 매수인 박매수 씨, 들어올 세입자 한임차 씨, 그리고 중개사 등 6명이 등장한다.

### 1) 도입 단계

시세 1억5,000만원 하는 재건축 단지의 빌라를 1억7,000만원에 매물로 내놓은 정인숙. 한참이나 집 자랑에 열을 올린다.

"우리 집은 위치가 좋아 다른 집보다 훨씬 비싸게 주고 들어왔어. 그리고 확장공사하는데 상당히 많은 돈을 들였다니까. 이 가격에 팔기에는 정말 아까운 집이야."

**중개사**  아무리 그래도 시세와 너무 차이가 나는데요.

**정인숙**  중개사 양반이 뭘 모르는 게야, 집이 다르다니까.

**중개사**  시설을 얼마나 잘해놓았길래 그러십니까? 어디 한 번 보러 가시죠.

**정인숙**  아니 꼭 가볼 것까지야…

**중개사**  시세보다 높은 가격에 팔려면 제가 확신을 갖고 소개해야 할 것 아닙니까? 얼마나 잘 꾸며 놓았는지 구경도 할 겸 제 눈으로 확인을 해야지요.

내켜 하지 않는 정인숙을 채근해 빌라를 방문한 중개사. 정인숙이 왜 보여주지 않으려 했는지 한눈에 알 수 있었다. 수리를 했다는 것은 완전히 거짓말이었고 도배, 장판, 싱크대 등도 얼마나 오래 사용했는지 모를 만큼 낡아 있다. 어린 손주들이 있어서인지 벽과 방문들이 긁히고 부서져 더욱 엉망이다.

하지만 매물이 귀한 관계로 무조건 처음부터 값을 깎는 작업을 할 필요는 없었다. 한두 달이 지나 다른 매물들이 팔리며 가장 마지막에 거래된 것과 정인숙이 내놓은 물건과의 차이는 1,000만원이다. 이 정도면 흥정 막판에 반반씩 양보 전략으로 몰아가면 타협할 수 있는 차이이다. 결국 약간의 시간이 흘러 정인숙은 매도호가를 1억7,500만원으로 상향했지만 박매수와 약간의 흥정을 통해 1억6,600만원에 매매계약이 체결된다.

## 2) 매매계약에 대한 조건들

박매수는 투자용으로 사놓았기에 누군가 임대차로 들어와야 하는 상황이라 잔금일자는 자신이 지정하는 자가 들어올 때를 잔금일로 하기로 한다.

총 매매대금 1억6,600만원

계약금 2,000만원

중도금 5,600만원

잔금 9,000만원


　박매수의 잔금이행을 빨리 매듭짓기 위하여 중개사가 새로 들어올 예비임차인과 함께 해당 빌라를 방문했을 때, 정인숙이 집을 보여주기를 꺼려한다. 통상의 매도인이라면 잔금을 빨리 받기 위해 집을 잘 보여주는데, 그렇지 않다. 왠지 초조해 보이는 정인숙에게서 계약 당시와는 상당히 다른 느낌을 감지한다.


**정인숙**　빨리 보세요. 곧 나가야 됩니다.


　빌라나 아파트는 대부분의 사람들이 대충의 구조만 본다. 즉 둘러보는데 채 2~3분을 소요하지 않는다. 2번째 예비임차인에게 집 내부를 보여주기 위해 사전 전화를 건다.


**중개사**　손님과 함께 집 좀 보러 가겠습니다.

**정인숙**　집을 보기 전에 집 앞에서 나 좀 만납시다.


　집 앞에서 예비임차인을 뒤로 한 채 정인숙과 중개사가 잠시 얘기를 나눈다.

**정인숙** 이 집을 팔았다는 걸 사위가 알면 안 돼. 싸게 팔았다고 트집 잡을지도 모르니 사위 모르게 진행해 줘요. 사위에게는 내가 전세 놓는다고만 했으니까.

**중개사** 그렇게까지 할 필요가 있습니까? 시간이 지나면 당연히 알 텐데.

**정인숙** 중개사 양반, 일단 잔금기일까지는 내가 시킨 대로 해줘요!

**중개사** 알겠습니다.

이때까지만 해도 중개사는 정인숙의 태도를 대수롭지 않게 생각했다. 집을 보고 온 예비임차인 한임차는 집이 마음에 들어 부동산중개소에서 보증금 1억원에 전세임대차 계약서를 작성한다.

보증금 1억원

계약금 1,000만원

잔금 9,000만원

당시 한임차는 부동산중개소에서 보여준 매매계약서로 박매수가 이 집을 산 것을 확인하고는 정인숙이 아닌 박매수와 전세계약을 체결한다. 여기에서 매수인이자 임대인인 박매수와 임차인 한임차 간의 계약에 대한 부연설명이 필요하다. 매매 도중의 임대차 체결방식에는 두 가지가 있다. 현재 등기부상 소유주인 정인숙과 한임차의 임대차 계약과, 매수인인 박매수와 한임차의 임대차 계약이 그것이다.

가장 안전한 방법은 현재 등기부상 소유주인 정인숙과 하고, 등기이전되고 난 후 새로운 주인인 박매수와 다시 임대차 계약서를 작성하면 된다. 하지만 매도인인 정인숙은 자기 부동산을 팔면 그만이지 새로 들어올 임차인 한임차와 계약하는 부담을 가지려 하지 않는다. 한임차를 임차인으로 입주시키는 것이 필요한 사람은 매수인인 박매수이기 때문이다. 따라서 잔금지급 전 새로운 매수인과 임대차 계약서를 작성하는 경우가 흔한 이유다.

이제 다시 본 얘기로 돌아가자. 한임차가 큰방에 장롱을 들여놓기 위해 해당 빌라의 큰방 크기를 알려 달라 한다. 중개사는 정인숙에게 전화를 걸어보았으나 핸드폰이 꺼져 있다. 중개사는 혹시나 하여 빌라로 가 보니 창문 밖으로 아이들의 목소리가 흘러나온다.

### 3) 문제 발생

**중개사** 할머니 계시니?

**아이들** 안 계시는데요.

**중개사** 할머니께서 허락하셨으니 집 좀 볼게.

집 안을 둘러보고 있는 도중에 매도인의 사위 강칠구가 들어와 기분 나쁜 시선으로 중개사를 훑어본다.

**중개사** 집 좀 보려고 합니다.

**강칠구** 전세 안 놓습니다. 그만 나가 주시죠.

**중개사** 장모님이 아무 말씀 안 하던가요? 이 집 매매되었다고…

**강칠구** 뭐요? 당신이 이 집을 중개했소?

**중개사** 우리 부동산에서 매매를 하셨습니다.

강칠구의 얼굴이 벌겋게 달아오르며 감정이 폭발할 듯 보인다.

**강칠구** 당신, 이 집에 대해 잘 알아보고 거래한 거요?

**중개사** 등기부상 장모님이 소유자로 기재되어 있더군요.

**강칠구** 장모님은 무슨 얼어 죽을 장모님! 사기꾼이지.

하자다! 이런 순간이면 중개사들은 갑자기 식은땀이 흐른다. 맞닥뜨리고 싶지 않은 상황이지만 중개사라면 꼭 한 번은 이런 경험을 하게 된다.

### 4) 일단 상황을 점검해보자

첫째, 강칠구가 등기부상 소유주가 아니면서도 집에 대한 절대적인 권한이 있는 것처럼 발언한다. 그리고 장모와 사위 간에 드러나지 않은 심각한 문제가 있다. 장모를 사기꾼이라고 표현할 정도면 감정적인 대립과 돈이 연관되어 있음이 쉽게 추측된다.

둘째, 강칠구를 명도하지 못하면 들어올 세입자는 원점에서 다시 전셋집을 알아보아야 한다. 시간이 너무 촉박하고, 세입자가 반대하면 다른 대안 물건을 찾아주는 것도 어렵다. 게다가 계약서에 적혀 있는 전화번호와 주소지만 알 뿐 들어올 세입자에 대한 정보가 전혀 없다.

셋째, 정인숙은 사위의 이런 행동에 어떤 대책을 강구해 놓았을까?

의심과 의문이 꼬리를 문다. 퍼즐 조각을 맞추어나가듯 맞닥뜨리면서 하나하나 대응할 수밖에 없다.

## 5) 문제의 원인은 무엇인가

문제가 발생할 때는 어떤 상황이든 이유가 있다. 그 이유를 밝혀내기 위해서는 가급적 당사자와 만나 얘기를 나누는 게 가장 좋다. 하지만 강칠구는 대화를 거부하고 있고, 정인숙은 처음부터 정상적이지 않은 행동과 언행을 보여왔다. 이들 두 사람 외에 객관적인 정보를 제공해줄 사람이 필요하다. 그것은 당연히 정인숙의 딸이며 강칠구의 아내인 임유리이다. 하지만 그녀는 남편과 어머니 사이에서 어느 누구 편을 들 수 없는 난처한 입장에 놓여 있다.

일단 세 사람을 차례로 만나보기로 한다.

**중개사** 장모님이 소유권자로 되어있던데, 제가 모르는 부분이 있습니까?

**강칠구** 등기부상으로야 장모 앞으로 되어있지요.

**중개사** 그리고요?

**강칠구** 하지만 그 집을 살 때 내 돈으로 산 것이고, 장모는 명의만 가지고 있을 뿐이오.

**중개사** 입증할 수 있습니까?

**강칠구** 물론이죠. 영수증도 다 보관하고 있소.

**중개사** 이 매매 자체를 무산시키실 겁니까?

**강칠구** 당연한 사실 아니오? 그것도 변호사를 선임해서 제대로 할 거요. 소송으로 지더라도 일 년은 족히 끌 수 있소.

강칠구의 태도는 완강했다. 이번엔 정인숙의 이야기를 들어볼 차례다. 여러 차례의 시도 끝에 어렵사리 통화가 되었다.

**중개사** 정 여사님, 사위가 이상한 말씀을 하시는데 이해가 안 가는 부분이 있습니다. 만나 뵙고 얘기를 나누었으면 합니다.

**정인숙** 어쩌나, 지금 지방에 내려와 있는데… 사위하고 무슨 얘길 했는데?

**중개사** 세입자하고 찾아갔더니 자신의 집이라며 절대 비워줄 수 없다고 하는데요?

**정인숙** (목소리를 높인다) 그렇기에 내가 사위 모르게 진행해 달라고 일부러 부탁까지 하지 않았소!

**중개사** 그것이 숨긴다고 숨겨집니까? 그리고 제가 사위를 일부러 만나러 간 게 아니고 그 날 우연히 만난 겁니다.

**정인숙** 자세한 얘기는 내일 올라가서 얘기합시다.

마지막으로, 임유리와 통화했을 때 전화상이지만 목소리가 차분하고 이성적인 느낌인 것이 뭔가 심도 있는 대화가 가능할 것 같았다.

**중개사** 부동산을 매매하면서 모친과 남편분께서 문제가 있으신가 봅니다.

**임유리** 제가 개입할 수 없는 입장이에요. 남편도, 엄마도 제 얘기는 듣지를 않아요.

**중개사** 왜 이런 일이 생긴 건지 알고 계십니까?

**임유리** 남편이 재건축추진위원으로 있거든요. 재건축을 위해 준비한 지 1년이 넘는데, 그 시간과 노력이 날아가게 생긴 거잖아요.

**중개사** 그것 말고 더는 없나요? 일반적인 사람들이라면 그런 경우라 하더라도 사위와 장모 간에 분위기가 이렇게까지 험하진 않을 텐데…

**임유리** 글쎄요, 더 이상은 전화상으로 얘기해 드리기 곤란해요. 제가 좀 바빠서 이만.

문제가 생각보다 심각한 상황인 것이 해결될 기미가 보이지 않는다. 자칫 새로운 임자인이 늘어갈 수 없는 상황이 발생할 수도 있다는 생각에 중개사는 마음이 급해진다.

**중개사** 한 선생님, 우리가 계약한 빌라에 문제가 생겼습니다. 잔금일자에 입주가 불가능할지도 모르겠습니다. 바로 옆 동에 도배 장판이 깨끗한 전세 1억원짜리 빌라가 비어 있는데 한 번 보시겠습니까?

**한임차** 필요 없습니다. 저는 꼭 그 집에 들어가야겠습니다.

**중개사** 굳이 그 집을 고집할 이유가 있습니까? 더 좋은 집이 있는데.

**한임차** 그것은 내가 알 바 없습니다. 모레 들어가지 못하면 계약금 1,000만원의 배액인 2,000만원만 주시면 될 것 아닙니까?

**중개사** 계약금의 배액 받는 게 목적이십니까?

**한임차** 더 이상 묻지 마십시오. 이만 전화 끊습니다.

## 6) 상대방의 파악

정인숙과 그의 딸 임유리를 통해, 그리고 당사자들과 이야기를 나누는 동안 이들 3인 각각의 스타일을 파악한다.

### · 강칠구

첫째, 현재 중국집 배달원이다. 그리고 재건축추진위원이다.

둘째, 40대의, 두 자녀를 책임지는 가장이며 부동산에 대한 일반적인 지식을 겸비하고 있다.

셋째, 말투는 경상도 억양으로 투박하다. 담배를 연거푸 피는 골초에 집에는 소주병이 나뒹군다.

넷째, 재건축추진위원이 되면서 이권에 개입하려는 것보다 인맥과 자기과시가 주목적이다.

다섯째, 승용차 대신 오토바이를 소유하고 있다. 장모와 아내, 아이 둘의 5인 가족이면 자동차 하나쯤은 있을 법하지만 그렇지 못하다. 경제적으로 궁핍한 상태이다.

- 정인숙

첫째, 과거에 돼지나 소를 키우는 목장을 운영하였고, 사업을 크게 했지만 부도로 모든 것을 날린 경험이 있다.

둘째, 지금 지방에 내려간 것도 목장을 운영해보기 위한 부동산 답사였다.

셋째, 언변이 좋다. 그리고 남의 말을 듣기보다는 자신이 말하는 비율이 높다.

넷째, 사위나 손자에게 따뜻한 말 한마디 없고, 집이 엉망이지만 크게 관여치 않는다. 실질적인 가족의 장악력이 떨어진다.

- 임유리

첫째, 현재 직장에 다니고 있다. 4세, 6세의 아이들을 유치원에 보낼 수 없는 처지이다. 가족의 기본적인 의식주를 책임지고 있다.

둘째. 예의가 바르고, 남들과의 대화를 차분히 이끌어가는 전형적인 주부의 모습이다.

위와 같이 상대의 대략적인 스타일만이라도 파악하고 나면 문제를 풀어가는 데 있어 큰 힘이 된다. 첩보영화나 TV드라마에 나오는 변호사들처럼 예리함을 갖출 필요는 없다. 보이는 대로의 분석만으로도 많은 것을 알 수 있다. 간단하게 요약해보자.

강칠구는 이성적인 스타일보다는 감성적인 스타일의 인물로, 논리적인 입장이나 법 운운하는 것보다는 인간관계로 접근이 필요하다. 따라서 그의 억울한 사연을 들어주며 공감대를 형성해 나가고 다독거려야 한다.

정인숙은 과거 사업을 해본 경험과 부동산에 매물 내놓을 때부터 중개사를 휘어잡는 발언, 그리고 집이 매매되었음에도 끝까지 자신의 사위에게 숨기려 하는 의도는 주위에서 흔히 보는 사기꾼 냄새가 나는 스타일이다. 일의 추진력은 있으나 진실성은 없다. 따라서 대화 도중 상대가 주도하는 대화보다는 내 쪽에서 질문을 던지며 상대의 반응을 읽어 나가야 한다.

임유리는 논리정연하며, 일이 평화롭고 정직하게 매듭지어져야 한다는 스타일이다. 가족 간에도 설득력이 있을 것이라 보이며, 가족 중 유일하게 이번 사태에 대해 미안함을 가지고 있다.

이를 종합해보면, 문제 해결을 위해 중개사는 임유리를 적극적으로 이용해야 한다는 점을 알 수 있다.

### 7) 의사소통 라인은 어떻게 구성되어 있나

세상의 모든 사람을 설득할 수 있다고 판단하지는 말자. 당신이 설득하는 것보다 다른 사람이 개입되면 문제가 쉽게 풀릴 수 있으며, 당신이 의도적으로 문제에 개입되지 말아야 할 순간도 있다.

정인숙은 현재 딸과는 모든 얘기를 나누고 있으나 사위와는 서로 얼굴만 보면 복장 터지는 관계다. 그리고 중개사와는 일반적인 의사를 소통한다.

강칠구는 장모와의 대화를 거부하고, 어차피 서로 얘기해 봐야 피곤한 얘기뿐이니 아내와도 대화가 없다. 그렇다고 중개사와 얘기를 나눌수도 없다. 그가 대화를 나누는 채널은 재건축추진위원회 멤버뿐이다.

임유리는 남편과 어머니, 중개사의 얘기를 다 들어주지만, 자신이 적극적으로 나서서 발언하지는 않는다.

이번 문제의 해결을 위해 중개사는 강칠구와 인간적인 대화가 필요하며, 정인숙과는 조속한 해결을 위해 조치를 취하라는 업무적인 얘기가 필요하고, 임유리에게는 남편과 어머니의 문제가 해결되지 않으면 계약위반도 문제이지만 가족 간의 신의가 땅바닥으로 떨어질 수 있으니 적극적인 해결자로 나서줄 것을 설득하려 한다.

## 8) 요구의 핵심은 무엇인가

이 문제의 핵심은 두 가지이다. 첫째, 강칠구는 재건축추진위원으로 남고 싶어 하지만 빌라를 장모가 매도했기 때문에 조합원 자격이 되지 못한다. 따라서 그 목표는 받아들여질 수 없는 사안이다. 두 번째는 잔금 9,000만원을 강칠구 자신이 받아야 한다. 이것은 사위와 장모의 타협이 필요한 부분이며, 중개사나 제3자가 개입될 여지가 없다. 두 사람 간의 타협에는 딸의 개입이 절대적으로 필요하다.

### 9) 마감 시한은 언제인가

강칠구의 마감 시한은 3일 후, 즉 임대차 잔금일이면서 매매 잔금일이다. 그는 이 시간을 버티면 자기의 감정적인 욕구는 충족되나 가족 간의 책임 문제는 더 커진다. 따라서 가족 간의 불행에 사위가 책임질 수밖에 없다는 쪽으로 몰고 간다.

한편, 정인숙의 입장에서 마감 시한은 사위와의 불편한 관계를 청산할 수 있는 시간이다. 따라서 시간이 빨리 흘러가기를 원한다. 그리고 지방의 목장용지를 보며 사업 부활을 꿈꾸고 있다. 사흘 후면 모든 것을 다시 시작할 수 있다. 하지만 사위와의 문제가 해결되지 않으면 잔금이 지급되지 못하는 상황과 매매계약에 대한 손해배상까지 책임져야 한다는 쪽으로 얘기를 몰고가 문제 회피보다는 적극적인 타결을 주문한다.

중개사 역시 3일 후가 되면, 매수인의 입장에서 매도인에게 손해배상을 청구하는 업무뿐만 아니라 임차인에게 손해배상을 질 임대인의 업무와 관여되어 있기에 직간접적으로 소송에 휘말리게 된다.

이런 상황에서 문제 해결을 위해 협상자는 장모와 사위, 그리고 딸을 최대한 압박해야 한다. 중개사는 임유리에게 전화통화를 시도한다.

**중개사** 사태가 심각합니다. 가족사에 관여하고 싶지는 않겠지만 남편분과 어머님을 설득해주셔야겠습니다.

**임유리** 만일 두 사람이 타협되지 못하면 어떻게 되나요?

**중개사** 그런 생각은 하지 마십시오. 무조건 타협돼야 합니다. 만일 타협되지 못하면 집을 산 매수인은 잔금을 공탁하고 소유권 이전 및 명도에 대한 소송을 할 것입니다.

## 10) 대안은 무엇인가

강칠구의 1차적인 대안은 부동산 매매에 대한 명의신탁을 근거로 매매무효 확인소송을 제기하는 것이다. 하지만 지금의 경제 상황으로는 하루하루 벌어 먹고살기에도 어려운데 소송까지 뒷받침해줄 여력이 없다. 따라서 현실성이 떨어진다. 2차적인 대안은 임대차와 매매에 대한 잔금일에 장모 대신, 혹은 장모와 함께 입회하여 자신이 매매 잔금을 갖는다. 3차적인 대안은 장모가 그 잔금마저 다 가지고 가면 이미 오갈 데도 없는 몸이기에 매수인의 명도소송을 버틸 때까지 버티는 것이다. 이것은 모두에게 불행이다.

그렇다면 정인숙의 대안은 무엇인가? 잔금으로 딸과 사위의 월세집 계약을 지원해줄 요량이면 서두를 이유는 없다. 일단 중도금까지 받았으므로, 그가 시간끌기로 나오면 이 일은 수습이 어려워진다. 그리고 매수인의 손해배상 청구가 들어오면 잔금에서 공제하게 하고, 그러고도 남는 금액이 있으면 자신의 딸에게 주라고 하고도 남을 사람이다. 따라서 협상자는 이 점을 분명히 인지하고 그에게 시간을 끌면 상상 이상의 손해배상 청구가 가능함을 주지시켜야 한다.

마지막으로, 중개사 입장에서는 강칠구에 대한 임유리의 설득이 좌절되면 강칠구를 향해 써먹을 카드 한 장쯤은 가지고 있어야 한다. 압박용 카드가 필요하다. 결국 누군가를 인질로 삼아야 하는데, 바로 강칠구의 아내이자 정인숙의 딸 임유리이다.

**중개사** 급히 의논할 일이 있으니 좀 와주셔야겠습니다.

**임유리** 꼭 가야 하나요? 전화로 말씀하시면 안 되나요?

**중개사**  만나뵙고 해야 하는 이야깁니다. 기다리겠습니다.


임유리와 중개사가 부동산중개소에서 만나 얘기를 나눈다.


**중개사**  시간이 없습니다.

**임유리**  제가 뭘 어떻게 해야 하나요?

**중개사**  사모님의 결정에 따라 일이 원만히 풀릴 수도 있고, 그 반대가 될 수도 있습니다.

**임유리**  무슨 말씀이신지 쉽게 얘기해 주세요.

**중개사**  현재의 상황을 매수인이 알게 되었습니다. 지금 법무사 사무실이나 변호사 사무실에서 모레 일어날 일에 대해 구체적인 상담을 받는 걸로 알고 있습니다.

**임유리**  그 정도까지 가면 서로 안 좋을 텐데…

**중개사**  그러게 말입니다. 하지만 사모님이 의지를 보여준다면 일이 잘 마무리될 수 있다고 봅니다.

**임유리**  말씀해 보세요.

**중개사**  어머님이 빌라를 팔고 월세로 들어가려고 계약한 것으로 들었습니다. 어떤 집인가요?

**임유리**  여기서 멀지 않고, 신축 빌라라 깨끗해요. 하지만 월세라 보증금이 적은 데다 매달 월세를 부담해야 하기에 남편의 반대가 심합니다. 엄마가 기껏 해줘 봐야 보증금 1,000만원뿐이니…

**중개사**  식구가 많은데 방이 두 개군요.

**임유리**  엄마는 고향으로 내려가실 거예요.

**중개사** 그렇군요. 오히려 남편분과 어머님이 떨어져 사는 것이 좋을 법도 하군요.

**임유리** 저나 남편이나 그렇게 생각하고 있습니다.

**중개사** 작은방은 애들 주고, 이제 가족이 오붓하게 살 수 있겠군요. 어머님은 예전의 경험을 살려 사업에 재도전하시고.

이런 대화에서는 상대의 희망을 잘 묘사해줘야 한다. 일이 마무리되면 그 희망이 실현되는 것을 암시해줄 때 상대는 그 희망을 잃지 않기 위해 적극적인 노력을 한다. 상대가 가진 희망이 문제해결의 돌파구이다. 따라서 상대의 머릿속에 들어가 그가 희망하는 게 무엇인지를 꼭 찾아내야 한다.

**임유리** 그렇게 되면 오죽 좋겠어요.

**중개사** 그렇게 되게끔 도와드리겠습니다. 우선 이 확인서면에 자필 서명해 주십시오. 안 하셔도 상관없습니다. 그러면 저는 사모님 역시 남편분과 똑같이 문제해결 의지가 없는 것으로 이해하겠습니다.

**임유리** 이게 뭔데요?

**중개사** 간단한 내용입니다. 모레까지 어머님과 함께 이 집을 비워주겠다는 확인서이며, 그렇지 않을 경우 민형사상의 책임을 지겠다는 것입니다.

**임유리** 남편은 어떻게 하구요?

**중개사** 제가 사모님을 부른 이유는 사모님의 의지를 확인하기 위해서입니다. 이 확인서에 도장만 찍어주시면 적어도 소송까지는 가지 않을 것이라 약속드립니다.

임유리　…

중개사　모레 어머님은 고향으로 가시고, 사모님이 새로운 집에 둥지를 트시면
　　　　남편분도 따라갈 것이라 생각됩니다. 그리고 이유 불문하고 집을 매매
　　　　했으니 비워주는 게 도리 아닙니까? 다른 사람한테 고통을 안겨주며
　　　　그 집에 버티고 있다 한들 무슨 즐거움이 있겠습니까?

임유리　조금 생각을 해보고 싶은데… 내일 다시 말씀 드리면 안 될까요?

중개사　안 됩니다. 내일이면 매수인이나 들어올 세입자나 다른 방법을 강구할
　　　　시간이 없습니다. 혹시 사모님도 집을 비워주기 싫다고 생각하시는 겁
　　　　니까?

임유리　알겠어요. 그렇게 하죠. 남편이야 어떻게 나오든 엄마와 애들이 사용하
　　　　던 방은 모두 빼드릴 게요.

중개사　잘 생각하신 겁니다. 여기 서명하시면 됩니다.


　상대를 압박할 카드 하나를 가지면서 협상에 탄력이 붙는다. 남편에
게 압박을 가할, 집을 비워주겠다는 아내의 확인서를 받아냈다. 남편과
의 직접적인 대화에서 압박용으로 사용할 중요한 카드이다.


　다음은, 정인숙이 계약금 및 중도금만 받고 물러선다면 강칠구를 설
득할 수도 있겠다. 정인숙의 의도는 잔금 9,000만원을 받아서 딸과 사위
가 보증금 1,000만원에 월세를 살고, 자신은 그 나머지인 8,000만원을
챙겨 고향으로 가서 다시 사업을 해볼 생각이다. 그리고 사위와 딸에게
는 사업에서 벌어들이는 수익으로 월세를 대신 내줄 생각이지만, 어디
까지나 사업에서 수익이 발생했을 때의 해법이다.

잔금 9,000만원이라도 받으면 타협이 될 수 있는 사위 강칠구와 단돈 1,000만원만 주고 떠나려는 장모 정인숙. 잔금일자가 3일밖에 남지 않았으므로 정인숙과의 담판이 필요하다.

**중개사** 고향에 가서 보고 온 땅은 마음에 듭니까?

**정인숙** 좋더군. 땅만 사둬도 큰돈이 되겠어. 빨리 끝내고 내려가야지, 그래. 잔금은 이상 없이 진행되겠지?

**중개사** 지금 상황을 잘 알고 있는 분께서 어찌 그렇게 태연하게 말씀하십니까? 매수인은 손해배상 청구를 위해 변호사를 선임하기 직전이고, 들어올 세입자는 계약위반으로 계약금의 배액을 달라고 하고, 사위는 저렇게 안 나간다고 떼쓰고 있는데…

**정인숙** 변호사는 무슨 얼어 죽을 놈의 변호사. 모레까지 비워주면 되잖아.

**중개사** 사위는 어떻게 하실 작정입니까?

**정인숙** 이미 갈 집 계약해 놓았어. 변변치 못한 사위한테 집까지 구해줬으면 나머지는 자기가 알아서 해야지.

**중개사** 보증금 1,000만원짜리 월세집요?

**정인숙** 당신이 그것을 어떻게 알아?

**중개사** 다 들었습니다. 내가 사위라도 안 나가겠습니다.

**정인숙** 아니, 이 사람이 못하는 얘기가 없네. 당신 누구 편이야?

**중개사** 누구 편일 것 같습니까? 이런 소모적인 얘기는 그만하고 담판을 지읍시다. 모레까지 집을 비워주셔야겠습니다.

**정인숙** 못하겠다면?

**중개사** 정 여사님에게 계약위반에 대한 손해배상을 들어갈 수밖에 없습니다.

그리고 따님께서 명도각서를 써주셨는데, 그날까지 비우지 않으면 민

형사상 책임을 지겠다는 각서 내용입니다. 자, 보세요.

**정인숙** 이 미친년은 왜 시키지도 않은 짓을 해가지고…

**중개사** 정 여사님, 멀리 고향에 내려가시면 더 이상 따님과 볼 일이 별로 없지

않습니까? 그렇게 떠나고 마음이 편하겠습니까?

**정인숙** 나도 알아. 그만해. 나도 사위에게 절반은 줄 생각까지도 하고 있었어.

그런데 하는 일마다 사사건건 트집을 잡고, 이 집 매매할 때도 매일 술만

퍼마셔 대고… 그래도 장모인데 장모 대우는커녕 저리 행패를 부리니…

**중개사** 절반이나 줄 생각을 하셨군요! 그러면 그렇게 얘기해 주시지.

**정인숙** 당신도 봐서 알 것 아냐! 말도 하기 싫어 집에도 안 들어오는 놈한테 무

슨 얘기를 해!

**중개사** 시간이 얼마 안 남았으니 정 여사님은 여기 계시고 제가 사위분과 얘기

를 마무리 짓고 오겠습니다.

**정인숙** 차라리 그렇게 해. 이미 남남보다도 못한 사이인지라 내 얘기는 듣지도

않을 것이고… 우리 딸아이가 써준 각서는 나한테 줘.

**중개사** 사위분과 얘기 잘 끝내고 드릴 테니 걱정 마십시오. 어차피 보여 드린

것은 복사본입니다. 원본은 매수인에게 있습니다.

**정인숙** 미련한 것 감언이설로 꼬드겨 받아냈구만. 쯧쯧!

**중개사** 아닙니다. 따님은 정 여사님이나 사위 같지 않고 당연히 비워드려야 한

다고 써주셨습니다. 따님이 참 친절하고 교양 있더군요.

**정인숙** 세상물정 모르는 순둥이일 뿐이지. 알았어. 나는 여기서 기다릴 테니

그 놈하고나 잘 얘기해봐.

난공불락인 강칠구를 제외하고, 그의 아내와 장모에게 양보를 받아냈다. 3명 중 2명에게 양보를 받아냈으니 이제 1명만 설득하면 된다.

## 11) 최종 설득 단계

임유리에게 받은 명도각서를 지참한 후 장모가 양보해준 안건을 밝히지 않은 채 문제의 강칠구를 만나야 한다. 지금껏 봐온 강칠구의 모습은 흔히 말하는 '욱' 하는 기질이 있다. 그리고 감정적으로 격해 있는 그에게 명도각서 같은 협박성 문서는 오히려 화가 될 수도 있다. 따라서 최후의 순간 필요할 때 꺼내리라 계획하고 수박 1통과 소주 2병을 사 들고 집을 방문한다. 거듭 명심할 것은 감성적인 스타일을 파악했으니 논리적인 설득보다는 그의 마음에 호소하는 것밖에 없다.

마침 임유리는 아직 퇴근하지 않아 집에 없었다. 시큰둥한 표정으로 앉아있는 강칠구, 앉으라는 얘기도 없다.

중개사  마음이 편하지 않으리라고 봅니다. 지금 심정을 충분히 이해합니다.

강칠구  뭘 충분히 안다는 것이오?

중개사  아내 되시는 분께 얘기 다 들었습니다.

강칠구  다 필요 없소. 난 나대로 할 테니.

중개사  알아서 하시죠. 제가 어떤 권한이 있는 것도 아니고… 매수인이 변호사 선임했으니 저도 어쩔 도리가 없습니다. 단지 그 상황까지 가지 않아야 할 상황 같은데 아쉬울 뿐입니다.

강칠구  그럼, 당신은 여기 왜 온 거요?

중개사  사모님 얘기를 들어보니 참 억울하겠다는 생각이 들더군요. 만일 저라

도 지금 이렇게 행동할 겁니다. 그나저나 이것도 인연인데 소주나 한잔
합시다.

강칠구는 재떨이 하나를 갖다 놓으며 소주잔을 채운다.

**강칠구**  내가 왜 이런 행동을 한다고 생각하시오. 중개사 양반.

**중개사**  글쎄요, 억울해서인가요?

**강칠구**  억울한 것도 있지만 이런 얘기를 꺼내놓을 사람이 없소. 마음은 억울해
서 복장이 터지는데 아내와 장모만 있고, 이런 얘기를 밖에 나가서 얘
기하면 가족 흉보는 것밖에 안 되니 가슴이 터질 것 같소.

**중개사**  이해합니다. 술 한잔합시다.

**강칠구**  담배 가지고 있는 것 있소?

둘은 그렇게 소주잔을 비우며 서로를 위로해준다. 강칠구는 술기운도
있겠지만, 속에 있는 얘기를 쏟아내고 나니 기분이 후련한 모양이다. 말
투와 표정이 한결 부드러워졌다.

**강칠구**  언제까지 비워주면 되겠소?

**중개사**  모레까지입니다.

**강칠구**  그건 너무 빠르지 않소?

**중개사**  계약한 빌라가 신축이니 비어 있지 않습니까?

**강칠구**  그깟 놈의 월세 빌라!

**중개사**  얘기를 들어보니 좀 억울한 것 같아 보입니다. 내가 정 여사를 설득하

여 전세로 돌려보도록 하겠습니다.

**강칠구** 어려울 겁니다. 욕심이 얼마나 많은 양반인데…

**중개사** 약 9,000만원 정도의 전세를 구해주는 것을 설득하면 만족하시겠습니까?

**강칠구** 성에 차진 않아도 괜찮은 편이지…

**중개사** 확인서면을 받아 매매 잔금은 강 선생이 직접 받도록 하겠습니다. 그 잔금을 받기 위해서라도 이사하는 날 차질없이 비워주셔야 합니다.

**강칠구** 그렇게 할 수 있다면 더 좋지. 돈 받으러 갈 때 장모를 보지 않아도 되니.


이렇게 마감 시한인 이사 하루 전날 모든 합의를 이루었고, 정인숙은 등기 이전에 필요한 서류와 잔금을 사위에게 지급하라는 확인서를 써주고 그날 고향으로 떠났다. 강칠구와의 명도 문제는 술이 매개가 되어 생각보다 쉽게 마무리가 되었다. 인간적인 접촉이 계산적인 협상보다 더 효과가 있었던 경우이다.

제8장

# 시간의 흐름을 이해하라

# 시작 신호를 울리는 자는 누구인가

일반적으로 대부분의 협상은 어느 일방이 문제에 대해 통지를 하고, 그 통지를 받은 상대가 대응할 때 시작된다. 따라서 동일한 사안을 대하면서도 한 사람은 해결해야 할 문제라고 생각하는 반면, 다른 사람은 문제가 끝날 때까지 그것이 문제였는지 느끼지 못하는 수도 있다.

한편, 협상에서 시작이라는 부분은 상당히 중요하다. 협상에서 시작 신호를 울리는 자는 누구인가? 그는 ① 문제가 발생된 것을 감지하며, ② 그 문제를 해결해야겠다고 작심한 후, ③ 문제해결을 위한 계획에 착수한 사람이다. 따라서 협상을 먼저 인식하는 자와 그러하지 않은 자는 분명히 결과에 영향을 미친다. 아래의 사례를 한 번 보자.

㉮ 살고 있는 빌라가 여름이면 베란다 천정에서 물이 떨어져 빨래를 건조하지 못할 뿐만 아니라, 살림살이들이 젖을까봐 그냥 둘 수가 없다. 우리 집도 아니고, 전세 만기되어 나가면 되니 불편하지만 참고 지낸다.

㉯ 베란다 천정에 누수가 생겼다. 그로 인해 빨래를 건조하지도 못하며, 베란다

공간을 사용하지 못한다. 전세 만기까지 1년이나 남았기 때문에 이대로 살수는 없다고 생각한다. 하지만 집 주인에게 직접 와서 보고 고쳐달라고 해야 할지, 아니면 일단 고치고 나서 수리비를 청구할 것인지 상황을 원만하게 해결하기 위해 고민 중이다.

위의 사례처럼 문제가 발생해 불편함을 느꼈다면 그것을 해결해야 하는데, 그 문제를 자신이 해결해야 하는가 주인이 해결해야 하는가, 주인한테 얘기를 할 것인가 말 것인가, 말할 때는 어떻게 조리 있게 해야 할까? 다른 세입자들은 어떻게 살았을까? 참으로 많은 생각을 하게 된다. 집 주인과 편하게 잘 지낸다든지 같은 건물에 살아 수시로 들여다볼 수 있는 상황이 아니라면, 이런 문제로 연락을 했을 때 서로 불편하게 될 것을 걱정하지 않을 수 없는 것이 세입자의 입장이다.

현재 ㉮와 ㉯에게 세들어 살고 있는 집의 천정 누수 사건은 똑같이 발생하였다. 하지만 ㉮는 그저 참고 살기로 한다. 다시 말해 협상의 시작 단계에도 접어들지 못하고, 자신의 양보가 상대에게 전달되지도 못한 경우다. 후에 이사를 하거나 집 주인에게 아쉬운 소리를 하게 되었을 때 '내가 이러한 상황에서도 참고 살았는데…'라는 말을 꺼내봤자 의미가 없다. 결코 바람직하지 못한 태도이지만 안타깝게도 대부분의 사람들이 이런 선택을 하며 산다. 이 상황을 협상 사안으로 느끼는 것이 아니라 자칫 골치 아픈 문제를 일으키는 일로 보는 것이다.

반면 ㉯는 더 이상 불편해서 못살겠다고 느끼며 해결책에 대해 생각을 해본다. 이 시점이 바로 협상의 시작 단계인 것이다. 원만한 협상을 위해 충분히 생각하고 조사한다. 협상 상대인 집 주인에게 통보를 하는 순간, 훨씬 유리한 위치에 놓일 수 있다. 문제점과 요구할 사항, 주인의 반응에 따른 대응법 등을 머릿속에서 대부분 한 번 이상으로 그려본 후 접촉하기 때문이다.

그리면 상대방인 집 주인은 인제가 협상의 시작일까? 바로 세입자로부터 누수에 대해 통보를 받는 순간이다. 세입자가 집 주인보다 시차적으로 빠를 수밖에 없다. 여기서 중요한 것은 세입자는 이미 문제의 원인과 대책에 대해 계획을 수립한 상태이지만, 집 주인은 전혀 무방비 상태라는 것이다.

문제해결 과정에서 미리 준비된 자와 준비하지 못한 자 간에는 당연히 준비하지 못한 자가 불리하다. 따라서 집 주인 입장에서는 즉각적인 답변과 해결보다는 생각할 시간을 벌어야 한다. 당신이 집 주인이라면 "잠시 통화 중이니 조금 있다가 전화드리겠습니다" 혹은 "다른 일이 있어서 그러니 한가할 때 다시 얘기합시다"라는 정도의 답변을 함으로써 일단 그 상황에서 벗어나야 한다. 그리고 시간을 두고 협상에 대응할 준비를 한다. 그러면 적어도 경솔한 답변을 던져 분란을 일으키거나, 너무 양보를 해버려 나중에 후회를 하게 되는 것을 어느 정도 예방할 수 있다. 한 발 앞선 문제인식이 상대방과의 문제해결에 중요한 역할을 한다.

## 1) 교착 단계

하지만 현실에서는 어떤 문제가 시작된 후 종결로 가지 못하고 상대와 끊임없는 줄다리기로 지쳐갈 때가 있다. 특별한 해결책이 나오지 않고 서로 상대방 책임으로 돌려 문제해결 의지가 전혀 보이지 않을 때를 교착상태라 보면 된다. 이런 교착상태에 처해 있을 때 협상 시간은 길어지며, 문제해결 방식이 처음과 전혀 다른 길로 접어들 수도 있다.

아래의 사례를 통해 자연적인 교착상태와, 상대와의 신뢰성보다는 교착 유발자의 이익이 우선하는 의도적인 교착상태에 대해 짚고 넘어가 보자.

빌라를 1억원에 팔기로 하고, 계약금 1,000만원, 다음 달에 중도금 2,000만원, 그 다음 달에 잔금 7,000만원을 받는 조건으로 계약했다. 그런데 빌라 단지가 갑자기 재개발 뉴타운 소문에 휩싸이면서 가격이 급등한다. 1억원 하던 빌라가 갑자기 1억5,000만원, 2억원의 호가를 부르는 상황이 연출되니 이미 나왔던 매물들이 싹 들어가 버렸다. 이 사실을 알아챈 매수인은 매도인의 계좌로 약속한 중도금 날짜 전이지만 잽싸게 중도금을 이체한다.

가격 오름세가 심상치 않음을 느낀 매도인 역시 매수인에게 계약해지에 대한 내용증명을 보내면서 계약금의 배액인 2,000만원을 지급하겠다는 내용을 기재한다. 하지만 발 빠른 선택이었다고 흐뭇해하는 매도인에게 5일 후 내용증명이 날아온다. 매도인이 내용증명을 보내기 전에 이미 중도금이 매도인 계좌로 이체되었으며, 따라서 매도인의 일방적 해지는 불가능하다는 매수인의 반대 내용증명이었다.

결국 매수인의 발 빠른 행동에 불만을 가진 매도인은 매매계약의 해약에 대한 소송을 택하고, 매수인은 잔금을 공탁한 후 소유권이전 청구 소송 절차를 밟겠다며 쌍방이 대치한다. 하지만 어느 누구도 법적 절차에는 착수하지 않으며, 각자의 유리한 상황만 언급하며 상대가 굴복하기를 기다리는 단계다.

실무에서 일어난 또 다른 예를 살펴보자. 매수인과 중개업자가 공모하여 시골의 땅 주인에게 구사하였던 방법이다.

땅 매매가격은 1억원. 통상 계약금은 매매대금의 10% 정도이지만 매수인과 중개업자는 2,000만원을 들고 와 계약금 1,000만원, 중도금 1,000만원으로 하자는 계약 내용을 작성한다. 특이한 점이라면 계약내용에 다음과 같은 몇 가지 특약사항이 들어있다는 점이다.

1. 계약서상의 매수인은 홍길동 외 1인이며,
2. 잔금 시 매수인이 지정하는 자에게 매도인은 등기이전을 해주기로 한다.
3. 잔금 시기는 양 당사자 합의 하에 별도로 정하기로 한다.

부동산 업무를 하는 사람들이라면 이 정도만 봐도 무슨 내용인지 알수 있을 것이다. 전형적인 부동산 미등기 전매방식이다. 매수인과 중개업자는 계약금으로 1,000만원을 준비하면 되는 줄 알면서도 의도적으로 2,000만원을 가져와 나머지 금액을 중도금으로 해야 한다고 회유한 것이다. 이 계약서의 의도는 뻔하다. 제3자에게 미등기 전매를 하려는 전형적인 수법이며, 실수 없는 전매를 위해서는 잔금시간을 길게 잡는 것이 공모자 측에게 유리하다. 따라서 특약사항 3번처럼 분쟁이 생길 수밖에 없는 당사자 합의라는 문구를 삽입한 것이다.

결국 이 계약은 공모자 측의 의도대로 부동산 전매가 이루어졌고, 매도인은 상당히 긴 시간을 상대와 싸우며 잔금을 받을 수밖에 없었다. 잔금지체 기간이 무려 8개월이나 흘렀던 것이다.

이것 역시 어느 일방이 자신의 최대 이익을 위해 의도적인 교착상태를 만들어 놓은 것이다. 하지만 이러한 의도적인 교착상태와 자연적인 교착상태는 구분이 필요하겠다. 아래 두 사례는 양 당사자 간의 개인적인 사정과는 상관없이 정부의 정책 변화로 인한 교착상태이다.

경기도 ○○시의 땅을 매매하면서 중도금을 지급하고, 나머지 잔금을 지급하려는데 정부의 부동산 규제정책으로 그 땅이 토지거래 허가구역으로 발표되었다. 당시 잔금까지의 기간이 3달 정도였고, 매수인은 외국에 있어 이 소식을 접할 수 없었던 단계였다.

토지거래 허가구역으로 지정되면서 매수인이 외지인이라 땅을 구입할 수 있는 요건을 구비하지 못하여 소유권이전 절차를 밟지 못하는 와중에, 무슨 호재가 있는지 땅값이 폭등한다. 매도인은 자신이 매매한 땅값보다 오른 부분은 자신이 가져야 한다고 주장한다. 매수인은 그럴 수 없다고 항변하면서도 토지거래 허가요건을 위한 전 세대원 전입은 하지 않고 있는 상태이다. 양쪽 모두 이럴 수도 저럴 수도 없는 상황에서 협상이 마무리 되지 못하고 시간만 흐르고 있다.

아파트를 7억원에 구입하기로 하고, 계약금 7,000만원, 중도금 3억원, 잔금 3억3,000만원으로 계약했고, 특약조건으로 매수인이 그 아파트를 담보로 융자받는 조건 하에 매수하기로 했다. 하지만 정부의 대출 규제정책으로 매수인은 융자를 받을 수 없는 상황에 놓이게 된다.

설상가상으로 아파트 가격이 5억8,000만원 대로 떨어지자 매수인은 더 이상 그 아파트에 미련을 갖지 않는다. 따라서 융자를 조건으로 매수하기로 했던 약속을 빌미로 계약을 무효화시키려고 한다. 하지만 매도인은 융자 문제는 매수인의 개인 문제이기 때문에 이 매매건의 무효 사유로는 정당치 못하다며 계약을 파기할 경우 계약금을 포기하라고 한다. 매수인은 계약금 반환 소송을 준비하기 시작한다.

위의 사례들에서 알 수 있는 것처럼 어느 일방이 의도적인 교착상태를 유발하면 나머지 상대방은 그 교착상태의 중심에서 피해를 볼 수밖에 없다. 실무에서 자연적인 교착상태는 이해와 협상을 통해 일정한 합의점에 도달할 확률이 높으나, 의도적인 교착 단계에서는 이 사실을 안 피해 당사자는 이해보다는 법에 호소하거나 타협이 어려운 감정상의 싸움으로 변질될 수가 있다. 따라서 자신이 자연적인 교착상태에 빠져 있을 때는 상대가 의도적인 교착상태로 보지 않게 할 신뢰형성이 필요하다.

## 2) 최종 결정 단계

거래 협상이 교착 단계를 지나 최종 결정을 해야 할 마지막 단계에 이르면 경험이 적은 협상자라면 상당한 주의가 필요하다. 시작과 교착 단계를 지나 마지막 순간까지 오는 길은 때론 순탄하기도 하지만 어떤 경우는 몇 년의 시간과 분쟁이 있었을 수도 있다. 결국 시간과 감정적 에너지, 그리고 비용이 자신의 생각보다 많이 소모되었을 때 마지막 단계에서 일정한 선택을 하게 된다. 즉, 마지막 단계까지 오면서 소요된 비용과 에너지를 충분히 요구하거나 적당한 선에서 타협 또는 양보를 하게 된다.

실무에서 자주 보는 현상은 거래 협상 경험이 많은 자는 요구 및 타협을, 경험이 미숙한 자는 타협 및 양보를 택하는 비율이 높다는 점이다.

다시 말해 공통적으로 타협을 원하는 한편, 경험이 많은 자는 막판에 요구하는 수위가 높아지고, 경험이 미숙한 자는 양보 비율이 높아진다는 차이를 보인다.

아래에서 협상을 처음 진행할 때는 검투사 같은 의지와 행동으로 나서는 경험이 미숙한 자와 마지막에 되로 주고 말로 받는 경험이 많은 협상자의 사례를 한 번 보자.

서울 강북구 ○○동에서 지분이 많고 허름한 빌라가 매물로 나왔다. 뉴타운 개발 호재를 믿고 그 빌라를 1억2,000만원에 산 주부 양미란 씨. 빌라에는 현재 전세 세입자가 5,500만원에 살고 있다.

양미란은 계약금 1,200만원, 중도금 5,500만원, 잔금 5,300만원으로 하는 계약서를 작성하면서 한 가지 조건을 달았다.

"중도금 5,500만원을 지급한 후 세입자를 미리 내보내 주세요. 여유를 가지고 집수리를 하려고요."

별다른 문제없이 원만하게 계약서가 작성되었고, 중도금을 지불한 양미란은 세입자가 나간 집을 방문해 도배, 장판, 씽크대를 교체해 집을 완전히 새집처럼 꾸몄다. 그 깨끗한 모습에 양미란은 몸과 마음까지 상쾌해지는 것 같았다.

하지만 며칠이 지나고 다시 방문했을 때 양미란은 그 자리에 주저앉고 말았다. 며칠 전 내린 비에 천정과 벽면에 얼룩이 가득하고, 거실 바닥에는 빗물이 고여 있었다. 누수다! 벽면 어딘가로 흘러 들어온 빗물 자국이 한두 군데가 아니다.

결국 양미란은 매도인에게 매도인 하자담보 책임을 물어 방수공사를 요청한다. 양미란이 알아본 바에 따르면 방수공사 비용만 대략 270만원이다. 하지만 매도인은 그 요구에 응할 수 없다고 한다. 방수를 해주는 조건이었다면 1억3,000만원은 받아야 한다며 억지 주장을 한다.

뚜렷한 진전이 없는 상황에서 양미란은 잘 알아보지도 않고 덜컹 빌라를 사버렸다는 남편의 구박까지 감수해야 했다. 억울하고 분한 감정을 주체할 수 없었던 양미란은 꿈쩍도 않는 매도인을 향해 거창하게 선전포고용으로 내용증명을 발송한다.

방수비 270만원, 인테리어 훼손비 330만원, 정신적 고통에 대한 위자료 500만원, 총 손해배상 1,100만원

실제 그녀가 원하는 것은 방수비 270만원과 적절한 사과 정도였다. 하지만 내용증명을 보내도 매도인은 아무런 답변이 없다. 그러다가 어렵게 연결된 통화에서 매도인은 잔금도 안 낸 상태에서 공사하도록 은혜를 베푼 사람에게 억지를 쓴다며 오히려 큰소리를 낸다. 양미란은 복수의 심정으로 잔금 지급을 차일피일 미룬다.

잔금 지급이 두 달 정도 지체되는 동안 갑자기 주변의 재개발 움직임이 빨라진다. 양미란이 산 빌라도 값이 많이 올랐다. 양미란은 급등하는 가격 시세를 듣자 그냥 잔금을 지급해 버리자고 마음먹는다. 이대로라면 방수 공사를 하기도 전에 재개발이 시작될 것 같았고, 조금 늦어져 방수를 자신이 해야 한다 해도 오른 집값은 그것보다 몇 배는 많은 금액일 것이다.

이렇게 마음먹으니 오히려 매도인이 안 됐다는 생각까지 든다. 하지

만 쉽게 잔금을 치러줄 생각은 없다. 상대가 자신을 그렇게 무시하고 고생시켰으니, 그쪽도 고생을 좀 해야 한다는 오기였다. 정말 마지막에 잔금을 건네주리라! 양미란은 주먹을 불끈 쥐고 다짐했다.

그런데 그 날 밤, 매도인이 양미란을 찾아왔다.

"이 거래 없었던 것으로 합시다. 이미 받은 계약금과 중도금, 그리고 공사비 전액을 돌려드리겠습니다."

갑자기 계약을 취소하겠다는 통보를 받고 황당한 양미란. 성질 같아서는 당장 그렇게 하고 싶지만 전셋집에서 나가야 하는 날이 7일밖에 남지 않았기 때문에 성질을 부릴 수도 없었다. 게다가 지금 빌라 값이 뛰고 있다지 않는가! 매도인이 계약을 취소하자고 온 것을 보면 소문은 사실임이 틀림없다. 양미란은 나름대로 머릿속으로 계산을 하느라 분주하다. 내일 부동산을 돌며 시세를 정확히 알아봐야겠다. 그 후에 결정을 내려도 늦지 않아!

양미란이 명확한 답변 없이 미적거리자 매도인은 몹시 못마땅한 표정이었지만 더 이상 채근하지 않고 돌아섰다.

다음 날 근처의 부동산중개소 직원이 양미란의 전셋집을 방문한다.

"○○동 ○○○번지 빌라 사신 분이죠? 전에 매도인이 저희 사무실에 매물로 내놓았었는데 아주머니가 사셨다는군요."

"그래서요?"

"그 빌라 1억5,000만원에 바로 살 사람이 있는데 파시겠습니까?"

"아니오, 그럴 생각 없습니다."

양미란은 1억5,000만원에 그 빌라를 사겠다는 매수인이 있다는 말을 듣고, 잔금도 치르기 전에 3,000만원이나 올랐다는 사실에 기분이 날아갈 것만 같다. 양미란은 곧바로 매도인에게 전화를 걸어 개선장군처럼 선언한다.

"잔금 준비되었으니 등기권리증과 매도용 인감이나 챙겨 가지고 오세요."

부동산중개소의 소파에 앉아 빙그레 웃으며 전화를 끊는 매도인. 아침에 양미란을 방문했던 부동산중개소 직원이 그런 모습을 흥미로운 표정으로 지켜보고 있다. 이윽고 매도인이 부동산중개소 직원에게 고개를 끄덕이며 말한다.

"이 아줌마 엄청 질기게 버티더니… 자네 덕분에 홀가분하게 일을 처리했으니 내 오늘 크게 한턱 쏘지!"

"제가 뭐라고 했습니까? 돈 앞에 장사 없다니까요."


대부분의 거래 협상 막판은 양보의 기술이 적용되지만, 위의 사례처럼 압박의 기술이 적용되기도 한다. 압박의 기술이 사용되는 이유는 정상적이고 신사적인 방법으로 상대와 협상 태도를 취했을 때 상대가 물러터질 정도로 시간을 끌며 약속을 번복하고, 문제해결 의지를 전혀 보이지 않기 때문이다. 아니면 협상자 자신이 더 이상 협상 테이블에 머무를 시간이 없거나, 인내력이 한계에 달했을 때 사용된다.

대표적인 압박의 기술로는 최후통첩과 마감 시한이 있다. 결국 이 시점에서 당신이 압박의 기술을 사용할 때에는 압박의 강도에 비례하여 상대는 그에 상응하는 심리적 압박을 받는다. 따라서 상대의 감정을 완화시켜 주려는 아주 작은 당신의 배려가 추가된다면 상대를 움직이는데 큰 작용을 할 것이다.

# 마감 시한 및 최후통첩

마감 시한과 최후통첩은 별개의 문제가 아니다. 이 두 가지는 연관성을 가지며, 대부분 함께 사용된다. 즉, 최후통첩으로 마감 시한을 제시하게 되는 것이다. 특히 부동산 문제에 있어서는 더욱 그렇다. 최후통첩과 마감 시한을 협상의 마지막 카드로 내놓을 때의 중요한 내용을 아래 다섯 가지로 요약해볼 수 있겠다.

**첫째, 최후통첩 및 마감 시한 설정자는 누구인가?** 이것은 '나'일 수도 있고, '상대'일 수도 있다. 협상의 교착상태가 너무 오래 지속되면 그 중 더 큰 힘을 가졌던 자나, 시간을 끌면 현 상황보다 더 불리할 수도 있는 자이다. 참고로, 더 큰 힘을 가졌던 자라는 것은 마주하고 있는 상대와 결론을 내지 않고도 다른 대안을 선택할 수 있는 자이다.

**둘째, 사용하는 동기는 무엇인가?** 빠르고 원만한 합의점을 찾기 위한 최후의 방법이다. 좋은 말로 협상이 불가능하다고 느끼는 상대에게 자신의 요구조건을 관철시키기 위해 사용한다.

**셋째, 마감 시한 및 최후통첩은 협상이 가능한 부분이다.** 상대편이 이쪽에서 제시한 강력한 최후통첩에도 해결되지 못하는 사정이라는 것이 있을 수 있다. 만약 그런 상황을 파악하게 되면 한 발 물러설 수도 있다는 것이다. 상대를 너무 궁지에 몰게 되면 오히려 역효과가 날 수도 있다.

**넷째, 상대편이 마감 시한과 최후통첩을 어겼을 경우, 내가 취할 수 있는 구체적인 행동을 밝혀야 한다.** 막연하게 '이대로 가만있지 않겠다'라든가 '크게 고생할 것 같다'는 정도의 추상적인 협박은 그저 협박일 뿐이다. 상대가 받을 수 있는 경제적, 법률적 타격에 대해 충분히 조사하고 제시해야 효과를 거둘 수 있다. 그리고 그 행동이 실제 일어날 수 있고, 상대 역시 그것을 느낄 수 있을 정도면 된다.

**다섯째, 마감 시한은 구체적이어야 한다.** 일상에서 흔히 말하는 '가급적 빨리' '최대한 빨리' 등의 막연한 시한을 제시해선 절대 효과를 볼 수 없다. 타당한 날짜를 정해 그 데드라인을 맞추도록 요구해야 상대방에게 긴장감을 줄 수 있다.

위의 다섯 가지를 기억하며 다음 사례를 살펴보자.


마용성은 집 주인으로부터 전세 보증금을 제때에 받지 못하고 있다. 지방으로 발령이 나 빠른 시일 내에 이사를 가야 하지만 주인이 돈을 내주지 않고 있다. 충분히 전세금을 빼줄 능력이 되는 데도 집이 나가야 줄 수 있다는 말뿐이다. 부동산에 내놓은 지 오래도록 집은 나갈 생각을 안 하고, 이사를 해야 하는 시점은 시시각각 다가오고 있다. 더 이상 앉아서 기다릴 수만은 없는 노릇이다. 뭔가 결단을 내려야 한다. 마용성은 집 주인에게 통보했다.

"9월 30일까지 시간을 주었는데도 약속을 지키지 않았습니다. 만약

10월 31일까지 보증금을 반환해주지 않으면 경매신청을 하겠습니다."

첫째, 최후통첩과 마감 시한 설정자는 누구인가? 바로 '나'인 마용성이다.

둘째, 보증금의 빠른 반환이 목적이다. 빠른 해결책을 위하여 내용증명 아니면 조정절차, 그것도 아니면 보증금 반환 청구소송을 정말 실행할 의지가 있는가? 그리고 그 실행을 위하여 법무사나 경매전문가의 도움을 적절히 받을 수 있는가?

셋째, 상대가 보증금 반환을 위해 백방으로 뛰어다니는 것을 당신이 알고 있다면 마감 시한의 변경을 고려해볼 수도 있다. 하지만 간단하게 임대인이 자신의 집을 담보로 융자를 빼서 보증금을 반환해줘도 되는데 그렇게 하지 않는다면 집 주인의 보증금 반환 노력을 어디까지 믿어줘야 할지 의심해볼 만하다. 실무에서 가장 많이 나타나는 마감 시한의 변경 사유는 임대인이 "여러 사람이 집을 보고 갔는데 곧 계약이 체결될 것 같으니 조금만 기다려보자"는 회유책으로 마감 시한을 넘기는 경우가 상당하다. 이때 임차인 역시 여러 사람이 보고 갔으니 계약이 될 수도 있겠다는 막연한 믿음을 가진다. 이런 믿음이 자신이 설정한 마감 시한을 스스로 어기게 만드는 원인이 된다.

넷째, 당신이 임대인에게 보내는 메시지 즉, 경매 실행까지 가는 당신의 모습을 보며 정말 경매까지 갈 것이라고 상대가 겁을 먹고 있는가? 만남 요구에서 내용증명, 조정절차, 보증금 반환 청구소송으로 강도가 높아지고 있음으로 상대가 당신이 허풍이 아니라고 믿고 있는 상태인가? 이때 상대가 문제의 심각성을 인식하지 못하고 너무 안일하게 대처

해오는 것이 명백해 보인다면 일정 부분까지는 구체적인 행동을 보여줘야 한다.

다섯째, 10월 31일까지 문제해결을 해주지 않으면 지금의 집은 경매처분까시 살 수노 있으며, 시간을 끌면서 해결할 때는 경매신청비용 및 법무사 선임비용, 기타 부대비용이 얼마가 증가되는지 상대에게 정확히 알려줄 수 있는가?

위의 다섯 가지의 질문에 명확하게 "Yes"라고 답할 수 있다면 최후통첩과 마감 시한을 사용할 준비가 되어있는 것이다. Yes라고 대답할 수 없으면 어느 부분에서 그러한지 확인한 후 그 부분을 즉시 보완해야 한다.

# 급매 사유는 마감 시한 노출이다

급매만 노리는 부동산 투자자들이 있다. 여기서 '급매'란 말 그대로 급히 매매해야 할 물건을 말한다. 따라서 급매를 시세보다 낮은 가격이라고 정의를 할 수는 없다. 그럼에도 실무에서는 급매가 시세보다 싸다는 인식이 강하다.

원칙적으로 급매란 '급히 팔기 위해서 금액을 낮춘 매물'이 정확한 용어이다. 분명 저평가된 물건과는 다르다. 빨리 팔지 않아도 되는 시세보다 낮은 물건, 이것은 저평가된 것이지 급매물이라고 할 수는 없다.

이를 구분하는 이유는 가격 협상에서 실무를 담당하는 부동산업자들이 시세보다 낮은 매물을 급매라고 알선하는 경우가 많기 때문이다. 그들이 저평가된 매물과 급매물의 차이를 명확히 하지 않는 이유는 '시세보다 싼 가격이면 매수자 입장에서는 기회가 아닌가'라고 생각하기 때문이다.

일례로, 필자와 함께 일하는 실장조차도 "사장님, 땅이 급매물로 나왔습니다. 시세가 평당 20만원인데 평당 17만원에 나왔습니다"라고 말한다. 그에게 급매 사유가 무엇이냐고 물어보면 말문이 흐려진다.

"급하니까 싸게 내놓았겠지요."

일리 있는 말이다. 게다가 고객들에게 브리핑할 때는 여기에서 한술 더 떠 이렇게 말한다.

"급매로 싸게 나온 매물입니다. 빨리 사셔야 합니다."

그 말을 들은 고객은 시세보다 얼마나 싼가가 중요하지 급매 이유는 묻지 않는 경우가 대부분이다. 급매와 저평가 물건에 대한 인식이 부족한 때문이다. 저평가된 물건에서는 이유보다는 분석력이 필요하지만, 급매에서는 분명한 사유가 있어야 한다. 그 사유가 나중에 거래 협상을 하는데 중요한 역할을 한다. 거래 협상에서 상대방의 마감 시한이 노출되는 결정적인 정보이기 때문이다.

실무에서 상대가 급매라고 할 때는 아래의 4가지만 물어보면 되겠다.

첫째, 급매 사유가 무엇인가? 그리고 그 사유가 현실성이 있는가?

둘째, 언제까지 팔아야 하는가? 여기에서 상대가 '가능한 한 빨리'나 '되도록 빨리'와 같은 구체적이지 못한 용어로 답변해올 때는 그 급매를 의심해봐야 한다. 그리고 질문자는 당연히 질문을 통해 구체적인 날짜까지 알아내야 한다.

셋째, 급매 가격은 얼마인가? 시장에서 거래되는 금액이 평당 20만원인 땅을 급매라며 19만원에 거래해 달라고 하는데 매도자가 알고 있는 시세가 평당 23만원이었다면 급매라고 할 수 있겠는가?

넷째, 일시불 잔금처리 조건이면 더 싸게 해줄 수 있는지 물어본다. 시간이 급한 사람이 추가적인 DC를 안 해준다면 과연 급한 상황인가 의심이 필요하다.

만약 매도자의 급매 사유가 공장을 운영하는데 더 이상 현금자본이 없고, 부동산을 담보로 대출받은 것도 만기 독촉이 임박해서라고 한다. 그 최종기한이 10월 1일이며, 이 날짜까지 상환하지 않으면 은행에서 공동 담보설정된 지금 살고 있는 아파트며 전세 놓은 빌라, 지방에 있는 토지, 그리고 전원주택을 경매 처리한다는 최종 통지서가 날아왔다 한다.

등기부를 확인해 보니 정말 융자가 설정되어 있고, 공동 담보설정도 확인 결과 사실이라면 이 급매 정보는 부동산업자에게 협상에서 상당히 유리한 입장에 설 수 있게 한다. 결국 매도인의 마감 시한, 즉 10월 1일을 최대한 활용하여 매매가격을 시세보다 싸게 거래될 수 있게 거래 협상을 주도해갈 것이다. 따라서 급매 사유를 누설하는 것은 매도인의 마감 시한을 노출하는 것으로 보면 된다.

아래는 일상적인 곳에서 마감 시한을 알아내는 질문들이다.

Q 전셋집을 내놓는 임대인에게 "전세 만기가 언제인가요?"

Q 전셋집을 구하려는 세입자에게 "언제까지 입주해야 하나요?"

Q "급히 팔아야 하는 이유가 있습니까?"

경기도 ○○군의 전원주택이 건축주의 자금이 달려 짓다가 만 상태에서 급매로 나왔다. 주택은 농지와 일부 임야를 훼손한 자리에 썰렁하게 서 있었다. 이 지역의 전원주택지는 평당 50만원이 시세다. 매도인은 변태식 씨, 매수인은 오광찬 씨였고, 또 한 사람의 관련 인물이 있었으니 변태식에게 먼저 위의 부동산을 판 강대근 씨가 등장한다.

매수인 변태식은 서울에 거주하고 있었기 때문에 ○○군의 수질 1권역에서는 농지전용 및 산림훼손 절차가 전 세대원이 사전에 거주를 하는 상황이 아니면 나올 수 없었다. 따라서 원래 매도인 강대근은 현지거주 주민이므로 변태식에게 매매를 하면서 자신이 직접 건축허가를 위한 농지전용 및 산림훼손 허가를 받아주기로 했다. 그것이 이 매매가 이루어지는 조건이었기에 계약금과 중도금이 건네지고, 건물이 완공되면서 잔금을 치르기로 한 상태였다. 물론 건축 완공까지 들어가는 모든 비용은 변태식의 몫이다.

그런데 변태식이 사업의 부도로 더 이상 건축을 하지 못하는 상황에서 다른 매수인 오광찬에게 매매를 한 것이다. 오광찬 입장에서는 건물을 어떻게든 완공해 건물 등기를 내어 토지를 대지로 전환할 수만 있다면 땅값이 평당 80만원은 무난히 넘을 것임을 알고 산 것이다. 돈이 급했던 변태식은 오광찬에게 평당 20만원에 매매를 합의했고, 중도금까지만 건너간 상태였다.

오광찬은 빠른 준공을 위해 건축업자들을 다그쳐 건물을 올리는 데 여념이 없었다. 그런데 어느 날 관할 관청에서 오광찬을 찾아와 건축설계도에 나타난 산림훼손 면적 이상을 훼손하였으니 원상복구하라고 통지한다. 운이 나쁘게도 초과 훼손 부분이 암벽이라 원상복구가 불가능하거나 과도한 비용이 들어가야 할 상황이었다. 건물을 매도할 당시에 변태식은 이 부분을 전혀 모르고 있었다. 결국 이 부분의 책임 소재를 두고 변태식과 오광찬 사이에 분쟁이 일어났고, 서로에게 책임을 떠넘기며 시간만 흐르고 있었다.

그런데 변태식과 오광찬 사이의 매매계약에서 계약금과 중도금이 이미 건네졌으나 그 금액은 총 매매대금의 10% 정도에 불과했다. 다른 일반 계약의 계약금 정도인 것이다. 따라서 중도금까지 넘어갔지만 오광찬이 시간을 끌어도 불리할 것 같지 않지만, 건물 준공에 많은 비용이 투자된 상태이므로 빨리 일을 마무리하고 싶은 심정이다.

한편, 변태식과 오광찬이 산림훼손에 대한 책임을 서로 미루며 감정 대립하는 사이 건축 준공 신고기간인 3년이 점점 다가오고 있었다. 그 기간에 건물을 완공하지 않으면 원래의 매도인 강대근에게 건축신고 취소 및 원상복구 명령이 떨어진다. 그리고 농지 및 산림의 훼손된 부분이 원상 복구되지 못하면 농지 및 산림법 위반으로 형사 처벌까지 받아야 한다.

문제는 그렇게 된다면 현재 건물이 70% 완공된 상태라 원상복구를 위해서는 건물을 철거해야 하는데, 이 손실비용이 매매된 토지대금보다 더 많아 철거까지 갈 수도 없는 상황이다. 게다가 건물 건축은 변태식과 오광찬이 진행한 것이기에 원 매도인인 강대근이 혼자 결정할 사안도 아니다.

이들 세 사람의 협상에서 마감 시한은 건축신고 취소처분이 되는 날이다. 이 마감 시한은 앞의 마용성 사례(292페이지)처럼 협상의 이해당사자가 임의로 설정한 것이 아니라 당사자들의 의지와는 무관하게 설정된 것이다. 따라서 마감 시한을 앞에 두고 이해당사자들은 똑같이 마감 시한의 압박을 받고 있으나 그 강도는 서로 다르다. 그 압박 강도가 가장 큰 사람부터 양보가 이루어지기 시작한다.

이들 세 사람 각각의 입장이 되어 다시 이야기를 이어가 보자.

먼저, 첫 매도인 강대근은 변태식과 오광찬이 더 이상의 건축 준공을 위한 행위를 하지 않으면 자신의 명의로 건축신고가 들어가 있으므로 1

차적으로 행정처분을 받는다. 하지만 그가 입은 행정처분 및 손해에 상당하는 벌금들은 아직 소유권이 넘어간 상태가 아니므로 변태식과 오광찬에게 요구하게 된다. 즉 자신이 입게 될 손해 이상을 원 계약과 무관하게 니 챙겨주지 않는다면 소유권 이전은 해줄 수 없나는 입상이다.

첫 매수인이자 둘째 매도인 변태식은 실제적인 건축 행위의 당사자였으나 건축 신고권자가 아니었으므로 행정처분은 피해갈 수 있으나 강대근이 입은 손해에 대해 일정 부분 책임을 져야 한다. 그렇지 않고서는 오광찬에게 소유권을 이전해줄 수 없는 상황에 놓인다. 즉 오광찬에게는 계약 위반 상황에 빠진다.

마지막 매수인 오광찬은 형사 처벌 및 행정처분은 피해갈 수 있으나 이미 건넨 계약금 및 중도금, 그리고 건축비용에 투자된 금액을 민사소송을 통해 받을 수밖에 없다. 그것도 일단 승소했을 경우에 한한다. 그리고 건축 취소가 될 수 있는 마감 시한을 넘기는 것에 대해 일정 부분 책임을 져야 한다. 변태식이 가만히 있을 리 없기 때문이다(변태식이 시세보다 싸게 판 이유가 이런 건축신고 기간이 지나면 나타날 불이익 때문이었는데, 새로운 매수인인 오광찬이 건축신고 기간을 넘기면 싸게 팔아야 할 이유가 없어지는 것이다).

이처럼 마감 시한이 각각의 이해당사자들에게 여러 가지 형태로 영향을 미친다. 하지만 세 사람 모두 자신은 피해가 덜하다며 상대방이 양보하기를 요구하고 있다. 게다가 자신들이 입을 손해는 함구한 채 양보가 이루어지지 않을 경우의 피해를 역설하기만 한다.

결국 이 사건은 마감 시한을 넘겼다. 즉 건축허가 취소 기준일을 넘긴 것이다. 하지만 위에서 열거한 사태는 일어나지 않았다. 왜냐하면 부도로 인한 경제적 사정 때문에 잔금을 빨리 받아야 했던 변태식은 오광찬에게 잔금을 일찍 건네받는 조건으로 초과된 면적의 산림훼손 원상복구 부분에 들어갈 비용을 잔금에서 공제하기로 했고, 고위 공직자 신분의 강대근은 이미 변태식에게 매매대금의 70%에 해당하는 중도금을 받아 경제적인 부담은 없었으나 공직생활에 대한 불명예가 될 수도 있는 행정처분 및 형사 처벌 때문에 관할 관청에 로비해서 취소 유예기간을 1년 더 연장하는 조치를 취했다. 그리고 오광찬은 1년 이내에 건축을 완공한다는 확약서를 변태식과 강대근에게 교부하면서 일이 마무리되었기 때문이다.

이처럼 전혀 타협이 이루어지지 않을 것 같은 각각의 협상 당사자들에게 자신들의 의지와는 무관하게 설정된 마감 시한이 협상을 타결로 이끌게 하는 경우도 있다.

# 파생효과를 예측 못하면 불리하다

경기도 ○○시에 아파트를 분양받은 주부 이방자 씨. 입주일이 지났지만 지금 살고 있는 집의 전세가 나가지 않아 아직 입주를 못하고 있다. 집 주인과의 전세 만기가 아직 몇 달 남아있는 상황에서 자신이 들어올 때 전세금 1억2,000만원보다 3,000만원이나 많은 1억5,000만원에 전세를 내놓으라고 하니 전세가 나갈 리 없다.

이방자는 자신의 처지를 생각해주지 않는 집 주인이 야속하기만 했다. 전세시세가 1억2,000만원 밖에 하지 않는 것을 집 주인이 모를 리 없을 터인데, 무리하게 1억5,000만원에 내놓으라는 것은 만기가 아직 몇 달 남았기 때문에 자신은 급할 것 없다는 뜻 아닌가. 계약의무를 약점 잡아 집 주인의 권리를 남용하여 세입자에게 횡포를 부리는 것이다. 억울하지만 별다른 방법이 없다.

그런데 어느 날 집 주인이 찾아와 임대차 만기 한 달 전에 나갈 수 있겠느냐고 묻는다. 당연히 이방자는 그렇게 하겠다고 했다. 주인이 들어오는 것으로 생각한 것이다. 하지만 며칠이 지나 주변에서 소문을 들으니 집 주인이 들어오는 것이 아니라 다른 세입자를 찾았다는 것을 알게 되었다. 계약금과 중도금은 이미 상당 액수를 받았고, 잔금도 이방자와의 계약만기 한 달 전에 받기로 했다는 것이다.

이방자는 집 주인에게 전화를 걸어 보증금 1억2,000만원 중 절반 정도를 미리 줄 수 있느냐고 물어봤다. 융자금을 조금이라도 미리 갚고 싶었기 때문이다. 하지만 집 주인은 단칼에 거절하며 잔금날 한꺼번에 주겠다고 한다. 자신은 상당 액수를 받았으면서 그 정도의 편의도 봐주지 않는다니… 이방자는 또 한 번 집 주인의 이기심에 치를 떨었다.

그리고 보름 정도가 지나, 집 주인이 찾아와서 누가 집을 보러오면 집 좀 보여주라고 부탁한다. 이방자는 새로 들어올 세입자가 보려고 한다는 것으로 짐작했다. 아파트는 구조가 똑같아 잘 보지 않은 상태에서 계약하는 경우가 많으니 당연히 그럴 수도 있을 것이라 생각했다.

하지만 생각해 보면 억울한 점이 한두 가지가 아니다. 집 주인이 그동안 자신에게 어떻게 했었던가? 이제 아쉬운 것은 집 주인이고, 자신이 처음으로 유리한 위치에 섰다고 생각한 이방자는 집을 보여주지 않겠다고 단호하게 말한다. 보증금 중 절반 이상을 먼저 주지 않으면 집을 보여주는 것은 물론 구두상으로 약속한 임대차 만기 한 달 전에 집을 비워주는 것도 없었던 것으로 하겠다고 으름장을 났다. 그동안의 분풀이라도 하는 양 이방자의 말투가 매섭다. 황당해하는 집 주인을 향해 만약 자신의 요구를 들어주지 않으면 계약서대로 임대차 만기 때 나갈 것이란 말로 쐐기를 박았다.

이방자는 자신의 협조가 없으면 집을 볼 수도 없고, 잔금 날 세입자 명도를 못하면 집 주인이 계약 위반 상황에 놓이니 자신의 요청을 들어줄 수밖에 없다고 계산한 것이다. 속이 다 후련했다. 집 주인을 보내놓고 이방자는 그날 오랜만에 다리를 쭉 펴고 단잠을 잤다. 하지만 그것은 이방자의 오판이었다.

첫째, 이방자는 분양받은 아파트의 융자금을 자신이 보증금을 돌려받을 때까지 내야 한다.

둘째, 집 주인은 임대차 만기 두 달 전까지 이방자가 계약거절 의사가 없는 것으로 알고 재계약된 것으로 본다고 주장한다. 하지만 이방자는 분명히 집 주인과 임대차 만기 날짜에 꼭 맞추어서 나간다고 하였다. 단지 증거가 없을 뿐이다. 소송으로 가면 분명히 이길 수 있다. 하지만 그 소송기간 동안 분양받은 아파트의 융자금 이자는 매월 통장에서 빠져나간다.

셋째, 당연히 임대차 만기 때 줘야 할 임대차 보증금을 집 주인이 주지도 않을 뿐더러 임대차 만기 며칠 전부터 연락이 되지 않는다.

넷째, 보증금 반환 청구소송을 제기 중인데 이미 자신이 전세 살고 있는 집은 다른 제3자에게 소유권이 이전되었다. 집을 다시 전세 놓은 것이 아니라 아예 팔아 버린 것이다. 생각해 보니 임대차라면 통상 계약금과 잔금만 넘어가는데 중도금까지 넘어가는 경우는 거의 없다. 미처 생각하지 못하였다. 그리고 계약이 된 후 집을 보여 달라고 주인이 요청했을 때는 그 집을 산 사람이 한 번도 보지 않아 내부만 한 번 보겠다는 의도였다. 새로 산 사람은 투자용으로 사놓은 것이기에 굳이 들어올 이유도 없었고, 세입자가 보증금 반환을 요청하면 현찰이 충분히 준비되어 있으니 바로 지급할 생각이었다.

다섯째, 새로 산 사람의 등기부상 주소와 현재 거주하고 있는 주소가 달라 보증금 반환의사를 전하는데 상당한 시일이 걸렸다.

　이렇듯 임차인 이방자는 전 주인에 대한 분풀이에 급급해 돌아가는 상황에 대한 파악을 제대로 하지 못했다. 한 번의 화풀이로 오랫동안 심한 마음고생은 물론, 분양받은 새 아파트에 입주도 못하면서 융자금만 계속 내야 하는 상황이 벌어진 것이다.

# 세입자가 집을 비워줄 수밖에 없는 상황

경매로 빌라를 낙찰받은 문이군 씨. 채무자와 80만원의 이사합의금으로 타협을 이루었고, 명도하는 날 이사합의금을 주고받으면서 집을 비워주기로 약속했다.

약속시간은 오전 11시. 하지만 문이군은 의도적으로 2시간을 넘겨 도착할 생각이다.

"급한 일이 있어 제가 조금 늦겠습니다. 옆 동으로 이사 간다고 하셨죠? 그쪽으로 직접 가서 이사합의금을 전해드릴 테니 걱정 마시고 이사부터 하시죠. 오후 1시쯤이면 도착할 것 같습니다."

채무자가 새로 들어가야 할 집에 잔금을 치러야 하는 것과 이삿짐업체를 마냥 기다리게 할 수는 없다는 것을 알고 있었기에 그는 더욱 느긋했다. 뒤늦게 낙찰받은 빌라에 도착해 보니 이미 이사를 나갔는지 조용하다. 그제야 채무자에게 연락한다.

"이사합의금 드리기 전에 짐이 다 빠졌나 확인해야 하니 빌라로 오세요."

"아닙니다. 열쇠 잠그지 않고 왔으니 확인해 보세요."

손잡이를 당기니 문이 열린다. 짐은 다 빠졌다. 그런데 거실 중간에 치우다 만 잡동사니가 탑을 이루고 있다. 그리고 왠지 허전한 것을 느낀 문이군. 짐만 빠져나간 게 아니라 씽크대, 주방 수도꼭지, 화장실 선반, 그리고 방과 거실의 등까지 떼어갈 수 있는 것은 다 떼어가고 남은 것은 거실의 잡동사니뿐이다. 채무자와 문이군이 약속한 이사합의금은 80만원인데, 그걸 새로 설치하려면 200만원은 족히 넘는 견적이 나올 듯하다.

그때 뻔뻔하게도 채무자의 재촉하는 전화가 걸려온다

"1시쯤 이쪽으로 오신다더니 왜 아직 안 옵니까?"

"씽크대, 샤워 부스, 수도꼭지, 전등은 왜 떼어간 것입니까?"

"그것은 친구가 빌려준 것들입니다. 문제가 되나요?"

"당연히 문제가 됩니다. 제가 드리기로 한 이사합의금은 드릴 수 없습니다. 더 이상 연락하지 마십시오."

화가 난 채무자는 당장 예전의 자신의 집이었던 빌라로 뛰어왔다. 받기로 한 이사비를 받지 못하고 이사를 나온 것과 문이군이 일방적으로 전화를 끊고 다시 받지 않자 화가 나서 참을 수 없었던 것이다.

하지만 그곳에는 아무도 없고, 자신이 몇 시간 전에 나올 때와 달리 현관 열쇠가 튼튼한 열쇠 뭉치로 교체되어 있고, 현관문 앞 A4용지에 적혀 있는 문구가 보인다.


무단 침입 시 즉시 형사 고발 조치함 -주인백-


채무자는 이사합의금을 받기 전까지는 그 빌라에서 더 버틸 수도 있었다. 그리고 문이군은 소송으로 몰아내는 것보다 이사합의금으로 해결하는 것이 시간적으로나 비용적으로 더 유리했기 때문에 합의를 한 것이다. 하지만 문이군은 채무자가 옆 동으로 이사 나가는 것과 그 시간을 정확히 알고 있었기에 일부러 시간약속을 어겼다. 옆 동에 잔금을 치러야 한다는 것을 충분히 짐작한 것이다.

일단 채무자가 짐을 싸서 밖으로 나간 이상 주도권은 자신이 쥐게 된다. 채무자가 마지막 짐을 싸서 나가는 그 순간은 더 이상 낙찰자에게 대항할 수 없는 시간이 되는 것이다. 그 점을 문이군은 잘 알고 있었다.

정보와 시간을 교묘하게 사용한 낙찰자와 이에 대한 대비책이 전혀 이루어지지 못한 채무자 간의 협상 결과는 이미 예정된 승패였다. 물론 채무자가 뜯어간 실내 시설들을 새로 설치하는 데는 비용이 들겠지만, 채무자가 작심하고 한 행위인 만큼 그것 또한 문이군이 받아들여야 할 부분이었다.

부동산을 경매로 낙찰받았다면 우선 점유자를 만나게 되는데, 그는 낙찰자인 당신에게 이런 얘기를 할 것이다. 현재의 상태로 오기까지 자신들의 집안은 풍비박산되어 가족 모두 길거리로 나앉게 되었으니 당신의 선처를 바란다면서, "그래서 말인데 어느 정도의 이사비를 주실 수 있겠습니까?"라고 분명히 물어온다.

여기서 '분명히'라고 표현하였다. 즉 절대 예외가 없다는 뜻이므로 낙찰자는 미리 이 질문에 답변할 준비가 되어있어야 한다. 그런데도 상당수의 낙찰자는 이 부분에 대하여 깊은 생각을 하지 않고 일단 상대를 만나본 후 그때부터 답변을 준비하려 한다. 피할 수 없는 상황이라면 미리 준비하는 것이 좋다.

위의 질문에 대한 준비로, 첫 제안이 갖고 있는 특징에 대해 한 번 살펴보자.

첫째, 첫 제안을 먼저 제시하는 자는 '닻의 효과'를 발휘한다. 즉 처음 제시된 금액과 이사기간이 앞으로 상대와 있을 협상에서 기준점으로 작용하게 된다. 따라서 낙찰자라면 먼저 낮은 금액을 제시하는 것이 좋다. 낙찰자가 제시하는 낮은 금액이란 강제집행비용보다 낮은 포장 이사비 정도가 될 것이다. 역으로, 점유자라면 높은 금액을 먼저 제시하면 된다. 이사합의비용보다 단위가 훨씬 큰 보증금으로 "이사하는데 월세 보증금이 필요합니다. 1,000만원!"이라고 얘기한다.

둘째, 상대보다 나중에 첫 제안을 하는 것은 '1/2, 즉 반반씩 양보'를 요구하기 위함이다. 타협전략의 가장 기본이다. 따라서 타협전략을 구사하려는 사람은 상대에게 먼저 금액과 기한을 제시하라고 요구하게 된다.

셋째, 그래도 대부분의 사람들이 먼저 제안하는 것보다 나중에 제안을 하려는 것은 상대로부터 거절을 당하기 싫어하는 본능이 작용되기 때문이다. 낙찰자나 점유자 모두 상대로부터 자신의 요구사항이 터무니없다는 평가를 받고 싶어하지 않기 때문에 상대가 먼저 제시하기를 바란다.

넷째, 경우에 따라서는 상대방이 생각지도 않은 좋은 조건을 내세울 가능성도 있다. 가령 당신이 점유자에게 지급하고자 하는 금액은 200만 원 정도였지만, 점유자는 돈은 필요 없고 명도를 하는데 소문만 나지 않기를 바란다고 하는 경우를 생각해볼 수 있다.

위의 네 가지를 낙찰자 입장에서 다시 해석해본다면 ① 집행비용보다 낮은 금액을 제안하면서 상대의 기선을 제압하거나, ② 빠르고 쉬운 합의를 위하여 공평한 반반씩을 요구하거나, ③ 점유자가 첫 제안을 꺼리게 될 때 그것은 본능이 작용하는 것이므로 충분히 이해를 하고, ④ 상대가 어리숙하다고 느껴진다면 의외의 결과물을 기대하면서 상대에게 먼저 얘기해 보라고 주장할 수 있다.

이런 부분을 언급하는 이유는 만일 여러분이 경매로 물건을 낙찰받았다면 명도대상자와 낙찰자가 첫 제안을 누가 먼저 할 것인지에 대해 대단히 신경질에 가까울 정도로 상대에게 떠넘기는 상황이 아주 빈번하기 때문이다. 무조건 상대가 먼저 첫 제안을 해야 한다고만 생각한다면 서로 첫 제안을 한 번 못해 보고 강제집행까지 갈 수도 있다.

그렇다고 '선한 사람 콤플렉스'를 가질 필요는 없다. 다시 말해, 명도 단계에서 상대에게 필요 이상으로 좋은 인상을 줄 필요는 없다. 그렇다고 양아치 건달처럼 행동하라는 얘기는 아니다. 상대에게 좋은 인상을 주기 위해서는 그에 따른 행위가 필요하게 된다. 우리가 일상생활 속에서 좋은 인상을 가진 사람들이라는 특징은 어떠할까? 아마 ① 외형상의 호감, ② 언어표현 및 언어사용기술, ③ 약속, ④ 양보, ⑤ 매너, ⑥ 진실 등에 대해 상대가 우호적으로 받아들이는 감정 정도이다. 이런 일상생활 속에서의 좋은 인상의 역할은 상대를 심리적으로 안정시키며 지속적인 만남을 기대하게 만드는 역할을 한다.

비즈니스 세계에서 좋은 인상의 목적은 신뢰의 기반 형성이며, 신뢰는 일회성 거래보다는 장기적인 관계에서 필요로 하는 요소이다. 그런데 과연 경매 명도는 점유자와 지속적인 만남을 필요로 하는가? 그리고 장기적인 관점을 고려해야 하는가? 물론 그렇지 않다. 좋은 인상을 보여주고자 하는 점은 명도 과정에는 전혀 도움이 되지 않는 낙찰자 개인 차원의 욕구이다.

이런 욕구의 충족은 반드시 비용을 수반하게 되는데, 가령 타인으로부터 부자로 인정받고 싶다면 비싼 집과 고급 차, 값비싼 액세서리, 접대비용 등을 지불해야 한다. 즉 큰 부자로 보이고 싶은 자는 큰 낭비를 하면 되는 것이다.

마찬가지로, 명도 과정에서 좋은 인상으로 남고자 한다면 그에 수반되는 행동을 해야 한다. 즉 충분한 이사시간과 충분한 이사합의금 등을 준비해야 하며, 상대가 신뢰에 반하는 행위를 해도 어느 정도 용인해줘야 하며, 먼저 양보하는 행위까지 필요하다. 점유자에게 좋은 인상을 주려는 욕구가 명도 과정에 개입되는 순간부터 상대에게 풀어줘야 할 낙찰자의 돈보따리는 커질 수밖에 없다.

하지만 낙찰자가 상대에게 비쳐질 자신의 인상에 대해 크게 신경 쓰지 않는다면 점유자를 위해 양보해줄 것이 별로 없다. 따라서 명도 과정에서 낙찰자는 자신의 욕구는 철저히 통제하되 상대의 욕구는 최고로 표출시킬 줄 아는 심리적 전술이 필요하다. 낙찰자가 점유자의 욕구를 표출시키는 행위, 즉 점유자가 신사다운 사람, 약속을 잘 지키는 사람, 양심이 있는 사람 등으로 자신을 소개하게끔 만들어 놓아야 한다.

점유자가 그렇게 자신을 소개한다면 행동도 그렇게 해야 한다. 그렇게 행동하지 않는다면 말과 행동이 달라지는 자신의 모습을 보며 일관성이 없다고 판단하게 된다. 따라서 인간이 가진 욕구의 단계 표출은 낙찰자 자신이 필요한 것이 아니라 점유자가 표출하게 만들어야 한다.

당신이 아래 사례와 같은 상황을 마주했다면 어떻게 행동했을까?

점유자가 낙찰자에게 너무 잘해준다. 집에서 협상을 하면 커피와 과일을 내오고, 집안 구석구석을 구경시켜 주는데 낙찰자가 미안함을 가질 정도다. 처지는 딱한데 낙찰자에게는 과분할 정도로 친절하다. 그러면서 이사합의비용에 대한 선처를 호소한다. 어찌 보면 아주 깨끗하게 승복을 한 것이다.

이런 태도에 낙찰자는 그에 따른 보답을 해주어야겠다는 부담을 가진다. 넉넉한 이사비용과 충분한 이사기간을 주었다. 어쩐지 그렇게 해야만 할 것 같았다. 그런데 나중에 알게 된 사실이지만 점유자가 고급 외제차를 몰고 다닌다. 비록 그 차에 압류 등이 되어있을 수는 있겠으나 그런 좋은 차를 타고 다니는 점유자에 비해 낙찰자는 10년도 더 된 낡은 소형차를 타고 다닌다면 어떤 심정이 될까.

처한 속사정과는 상관없이 이런 대비되는 눈앞의 현실은 사람을 허무

하게 만든다. 낙찰자는 자신의 차에 앉아 한동안 움직일 줄 몰랐다. 당연한 말이지만, 상대의 친절한 태도와 양보를 요구하는 분위기에 휘말려 필요 이상의 양보를 하면서 착하게 보일 필요는 없다.

아래 사례를 한 번 들여다보자

경매를 통해 낙찰받은 빌라를 명도하기 위해 방문한 낙찰자. 하지만 현재 전세 1억8,000만원에 거주중인 세입자가 임대차 보증금을 거의 못 받게 되어 막무가내로 나오며, 낙찰자와 일체의 만남을 회피하고 있다. 따라서 낙찰자는 3월 20일 점유이전금지 가처분을 신청하면서 내부를 확인한 상태이며, 세입자가 우려한 바와는 달리 평범한 가구인 듯 보여 그나마 안심이 되었다.

한편, 세입자는 이제 더 이상 피한다고 해서 해결될 수 있는 사안이 아니란 현실을 받아들이고 어떻게 대처해야 할지를 로스쿨에 재학 중인 아들과 얘기 나눈다. 그는 집안의 자랑이며 희망으로서, 아직 세상 물정을 다 알 나이는 아니지만 현재의 상황과 앞으로 일어날 상황은 어느 정도 예측 가능하였다. 자신이 알고 있는 법의 상식 테두리 내에서 경매절차에 대한 여러 사항을 부모님에게 얘기하고 있다.

4월 13일. 낙찰자와 세입자는 처음으로 커피숍에서 만나기로 약속했다. 50대의 세입자(여자)가 먼저 들어와 기다리고 있었고, 얼마 안 되어 40대의 낙찰자(남자)가 들어왔다. 둘은 서로 인사를 나눈 후 본론으로 들어간다.

**낙찰자** 융자가 그렇게 많이 설정된 집을 왜 들어갔는지 이해가 안 됩니다

**세입자** 시골에서 올라와 아무것도 몰랐습니다. 확정일자만 받았어도… 확정일자 제도라는 것도 이번에 알았어요. 거래한 부동산에서 알려만 주었어도…

**낙찰자** 4월 3일에 법원 서류를 열람한 기록이 있던데… 배당기일이라서 간 모양이죠?

**세입자** 예. 확정일자는 못 받아도 구제될 수 있는 길이 있다고 판단을 했지요. 하지만 아무리 판사한테 하소연해도 안 된다는 얘기만 하대요(눈시울이 젖는다).

**낙찰자** 경매가 시작된 날로부터 현재까지 상당히 많은 시간이 지났는데, 구체적인 이사 계획은요?

**세입자** 몰라요. 배당기일에 가서 보니 우리가 찾을 권리가 없다는 것을 확인했고, 이제부터 어떻게 해야 할지 고민입니다.

**낙찰자** 이제부터 방법을 찾겠다뇨? 강제집행하는데 20일이면 끝나요.

**세입자** 그러면 얼마의 시간을 줄 수 있나요?

**낙찰자** 15일.

**세입자** 15일요? 너무 빠릅니다. 아무리 그래도…

**낙찰자** 15일입니다. 단 이사 일정이 빨라지면 집행비용보다는 좀 더 챙겨 드리지요. 만일 합의가 안 되어 집행을 하면 물건들이 깨질 수 있으니 중요한 물건은 미리 챙겨 옮겨놓는 게 좋습니다.

**점유자** 무슨 그런 삭막한 말씀을 하십니까? 일단 알겠습니다. 내일 저녁 최종적인 연락을 드리겠습니다. 많은 선처바랍니다.


당시 낙찰자는 상대인 세입자가 계속 만나기를 거부하고 근저당보다 후순위이면서 고액으로 들어온 것이 경매로 큰돈을 날렸다고 하면서 이사비를 뜯으러 들어온 경매 브로커들의 짓일 것이라 생각했었다. 하지만 만나보니 그런 것 같지는 않았다. 추가적으로 세입자에게 들은 정보로는 부동산 계약은 남편이 하였고, 아직 남편은 경매로 전세보증금을 다 잃게 된 것에 대해 실감을 못하고 있으며 잘될 것이란 얘기만 하고 있다는 것이다.

낙찰자는 처음해본 점유이전금지 가처분으로 집 내부도 볼 수 있었으며, 또한 세입자가 이제 막바지까지 왔다는 압박을 가지게 만든 그런 효과를 경험한다. 처음 경매를 시작하기 전에는 강제집행비용만큼의 이사비 정도로 협상하면 될 것이라고 경험자들에게 들었는데, 지금 심정은 그렇지 않다. 지금 낙찰자는 집행비용의 두 배가 되더라도 상대와 원만한 합의로 마무리하고 싶어한다. 명도가 이렇게 만만치 않음을 느끼면서 과연 경매가 자신의 적성에 맞는지 다시 한번 생각해본다. 이번 일만 잘 처리되고 나면 다음부터는 경매로 집을 사는 방식을 그만둘 생각이다. 시세보다 아주 낮게 사지도 않으면서 마음고생은 생각보다 더 심하다고 느끼기 때문이다

한편, 세입자는 이 사람 저 사람 얘기를 들어보면 명도에 대해 시간을 끌거나 악착같이 버티면 좀 더 높은 이사비를 받을 수 있을 것이라는 코치들을 하지만, 로스쿨을 졸업하고 법관이 될지도 모를 아들과 곧 시집을 가야 할 나이의 딸을 생각하면 빨리 합의를 하는 게 낫다고 판단한다.

며칠 후에 세입자한테서 만나자는 전화가 걸려왔다. 낙찰자는 약속 시간에 커피숍에서 만나 세입자의 요구사항을 듣는다. 세입자의 요구는

아래와 같다.

첫째, 이사기간 한 달

둘째, 넉넉한 이사비

위의 세입자 요구사항에 대해 낙찰자가 제시한 내용은 이렇다.

첫째, 보름에서 20일 내에 이사하면 집행비의 두 배를 이사비로 주겠다. 하지만 한 달에 맞추면 이사비는 조정된다.

둘째, 경매 피해 사례가 구제방법이 있을 듯하다. 협조적으로 나오면 피해대책에 대해 구체적인 조언을 해주겠다.

셋째, 조속한 시일 내에 이사 날짜가 잡히면 계약금조로 100만원을 주겠다. 단 명도각서를 받아야 할 것이고, 현관 열쇠를 낙찰자 쪽에서 교체한다.

잠시 생각에 잠겨 있던 세입자는 이윽고 낙찰자의 제안에 동의한다. 그렇게 짧은 만남은 끝이 나고, 낙찰자는 세입자의 표정에서 약간 밝은 기운을 느끼고 그제서야 안도한다. 세입자는 만족하는 것으로 보인다. 변수가 생기지 않는 한 일은 쉽게 마무리가 될 듯하다.


다음날 오전에 세입자로부터 낙찰자에게 다시 한번 전화가 걸려왔다. 지난번 만남에서 한 달의 시간을 달라고 했으나 오늘 전화에서는 20일 정도면 나갈 수 있을 것이며, 잘하면 더 빨라질 수 있을 것이라는 친절한 전화 내용이다. 낙찰자는 생각보다 일이 잘 풀리고 있다고 생각하면서 변수만 나타나지 않기를 바라고 있었다.

그런데 세입자가 이사 나가기로 약속한 날을 일주일쯤 앞두고, 세입자에게서 걸려온 전화를 받게 되는 낙찰자.

| | |
|---|---|
| **세입자** | 세입자인데요. 약속시간을 맞추려고 노력하는데 너무 힘드네요. |
| **낙찰자** | ⋯ ( 일주일 앞으로 다가온 D-day인데 불안한 느낌이다) 무슨 말씀이신지요? |
| **세입자** | 큰 짐들은 폐기처분하고 있는데 짐이 너무 많아서⋯ 있으신 분이 좀 양보해주면 안 될까요? |
| **낙찰자** | ⋯ (무슨 양보?) 무슨 말뜻인지 모르겠습니다. |
| **세입자** | 5월 4일 집수리공사를 꼭 해야 한다면서요? |
| **낙찰자** | 예. 일꾼들 다 맞추어 놓았습니다. |
| **세입자** | 큰 짐들은 미리 빼놓겠지만 작은 짐 몇 가지는 집에다 두고, 다음날 빼면 안 될까요? 수리는 5월 4일 하시고⋯ |
| **낙찰차** | 왜 그렇게 해야만 합니까? 당일 짐을 다 뺄 수 있지 않나요? |
| **세입자** | 이사 들어갈 집에 짐이 다 못 들어갈 것 같아서⋯ 다음날은 꼭 다 빼드릴 게요. |
| **낙찰자** | 그럼 5월 5일 오전에 다 빼는 걸로 합시다. 가능합니까? |
| **세입자** | 그렇게 해주시면 감사하고요. 현관 열쇠는 5월 4일 넘겨 드리겠습니다. 5월 4일에 미리 뵈었으면⋯ |
| **낙찰자** | 알겠습니다. 시간을 내지요. |

그렇게 통화가 끝난 후, 낙찰자는 자신이 방금 세입자와 나눈 통화 내용을 제대로 이해하지 못한 것은 아닌가 하는 마음이 들었다. '핸드폰에 녹음 기능이 있었다면 반복해서 들어도 되었을 텐데'라고 생각하며 대화 내용을 곰곰이 되짚어본다.

그는 5월 5일에 이사합의금 전부를 주고 세입자가 그날 모든 짐을 빼는 것으로 이해했는데, 세입자가 마지막 통화에서 너무 밝은 목소리로 끝맺음을 한 것이 왠지 마음에 걸렸다. 자신의 의사와 달리 전해진 것이라도 있는지 확인차 다시 세입자에게 전화를 건다.

**낙찰자** 이까 얘기에서 한 가지 확인하고 싶은 게 있어 다시 전화를 드렸습니다. 5월 5일 이사합의금을 모두 드리는 것입니다. 그리고 사모님은 5월 4일 저한테 열쇠를 주기로 했구요. 맞지요?

**세입자** 아니요. 5월 4일 이사비를 받았으면 좋겠습니다. 들어가야 할 집에 보증금을 주고 하루 일찍 도배 장판을 해야 하거든요.

**낙찰자** 그런 뜻이었군요. 그럼 5월 4일 절반을 드리고, 열쇠 교체와 명도각서를 받겠습니다. 그리고 5월 5일 짐이 다 빠지면 나머지를 드리겠습니다.

**세입자** 있는 사람이 없는 사람 살펴준다고 생각하시고 미리 주시면…

**낙찰자** 5월 4일 뵙겠습니다. 지금 손님과 얘기 중이라 나중에 다시 얘기합시다.

한편, 전화를 끝낸 세입자는 낙찰자의 태도가 의심스러웠다. 처음에는 분명히 5월 4일 돈을 준비해 준다고 했으면서 얼마 안 있어 바로 5월 5일 한꺼번에 준다고 한다. 이렇게 금방 변덕이 생기는 사람에게 과연 나가는 날 이사짐은 다 싸두었는데 안 나타나거나 약속한 금액을 안 준다고 하면 어떡하는가로 걱정이 쌓여만 간다. 서울에서는 잠시 방심하면 코 베어 간다는 것을 실감하는 요즘이다.

이런 염려가 남편에게 전달되고, 남편은 가뜩이나 자신이 임대차 계약을 작성하는데 주도적인 역할을 하여 이런 사태가 벌어진 상태라 아내를 볼 면목이 없는 상태였었다. 그런 아내가 지금 또 한 번의 걱정을 하고 있다.

다음날, 낙찰자 앞으로 한 통의 전화가 갑자기 걸려온다.

**세입자 남편**  초록빌라입니다. 제 아내와 무슨 얘기를 나눈 것입니까?

**낙찰자**  무슨 얘기입니까? 천천히 말씀해 보시죠.

**세입자 남편**  초록빌라 세입자 남편되는 사람인데, 내 아내에게 어떻게 해주기
로 얘기됐습니까?

**낙찰자**  ○○○만원 이사합의금을 주기로 했는데 못 들었나요?

**세입자 남편**  그 금액이면 차라리 이 집을 불태워버리겠어! 당신 이 일 때문에
내가 얼마나 스트레스를 받았는지 알어?

**낙찰자**  … 뭘 요구하시고 싶습니까?

**세입자 남편**  그 금액은 너무 적어. 어디 가서 보증금도 못돼!

**낙찰자**  이러시면 곤란합니다. 제 마음 같아서는 그것보다 훨씬 더 주고
싶지요.

**세입자 남편**  말만 하지 말고 더 줘야 합니다.

**낙찰자**  안 됩니다. 저도 딱한 마음에 이사비 넉넉히 드리는데 이렇게 생
떼 쓰시면 어떡합니까? 사실 그 집은 전세 들어가면 안 되는 것이
었는데, 왜 들어가신 건가요?

낙찰자는 생떼를 쓰는 세입자의 잘못을 우회적으로 추궁하기 위하여
이야기의 방향을 튼 것이다.

**세입자 남편**  몰라. 부동산 자격증을 빌려서 하는 사람이 주인과 짜고 날 그렇
게 만든 거야.

| 낙찰자 | 참 안 됐습니다. 요즘도 그런 사람들이 있다니⋯ 조금만 주의하시면 되었을 것을⋯ |
|---|---|
| 세입자 남편 | 낸들 아나! 그놈의 복덕방 때문에 내가 일 년 넘게 노이로제 걸려서⋯ |
| 낙찰자 | 이해합니다. 하지만 저한테까지 이러시면 어떡합니까? |
| 세입자 남편 | 이해해주시오. 내가 오죽 화가 났으면 그러겠소. 정 그렇다면 아내와 약속한 이사금액을 약속 날짜에 꼭 부탁하오. 남자 대 남자로서 믿겠소. 약속 어기면 당신 송장 하나 치운다고 각오해야 할 것이오. |
| 낙찰자 | 걱정 마십시오. 남자 대 남자로서 내가 한 약속은 지킵니다. 이삿짐이나 빨리 빼주세요. 꼭 약속은 지킵니다. |
| 세입자 남편 | 알겠소. |

낙찰자는 그렇게 한 시름 놓는가 싶었는데, 갑자기 어젯밤에 세입자에게서 전화가 걸려와 5월 2일 오늘 아침 일찍 이사를 나간다는 것이다. 낙찰자가 아침 8시에 일어나 핸드폰을 켜니 벌써 음성 메시지가 몇 개나 녹음되어 있다. 바로 세입자에게 전화를 건다.

| 세입자 | 짐을 다 싸가니 빨리 와주셨으면 좋겠습니다. 이삿짐업체 직원분들이 예정보다 일찍 왔어요. |
|---|---|
| 낙찰자 | 알겠습니다. |

낙찰자의 집과 현장까지는 1시간 반 이상의 거리인데, 서둘러 집을 나

섰으나 그날따라 도로가 막혀 도착이 늦어진다. 세입자는 낙찰자가 안 온다고 연신 전화를 걸어 독촉한다. 그렇게 낙찰자가 현장에 도착해 이곳저곳을 둘러본다.

이삿짐 바구니가 여기저기 널려 있다. 이사한 흔적이 보인다. 하지만 큰 짐들이 빠지지 않았다. 방 3개 중 2개에 농과 침대들이 있는 것이 아닌가! 그리고 거실에는 일부 살림살이가 남아있다.

낙찰자는 당혹스러워한다. 깨끗하게 치워지고 방 하나에만 일부의 짐이 있을 줄 알았는데 생각보다 남아있는 짐이 많다. 잠시 밖으로 나와 담배 한 대를 피우며 어떻게 마무리를 지어야 할지 생각한다.

세입자의 남편도 이때 처음 대면한다. 50대 후반에서 60대쯤으로 보이는데, 인상이 생각보다 까탈스러워 보이진 않는다.

**낙찰자**      자, 앉아보시죠. 짐이 다 빠진 줄 알았는데 이렇게 많이 남아있으면 어떡합니까?

**세입자 남편**    짐은 거의 다 뺐어요. 몇 개 안 남았고, 내일모레까지 다 뺄 겁니다.

**낙찰자**      차라리 이 짐들을 이삿짐 보관업체에 보관합시다. 그리고 오늘 마무리 지읍시다.

**세입자 남편**    이삿짐업체에서 보관하는 데가 없대요.

**낙찰자**      좋습니다. 그럼 이렇게 합시다.

**세입자 남편**    어떻게요?

**낙찰자**      약속한 대로 이사합의금의 반을 지금 드리겠습니다. 단 지금 이 순간부터 현관 열쇠는 바로 교체할 것입니다. 지금 이 시간부로 약속한 5월 4일까지는 절대 이 집으로 들어올 수 없습니다. 그리고 이 각서에 서명해 주십시오. 5월 4일까지 가져 가지 않은 것은 임의로 폐기처분해도 좋다는 각서입니다.

**세입자 남편**  젊은 사람이 어떻게 그렇게 사람을 못 믿소. 내일모레까지 다 뺄 것이니 걱정하시 마시오.

**낙찰자**  압니다. 약속을 지킬 사람이라는 것을… 그래서 저도 이사합의금의 절반을 지금 드리겠다고 하지 않습니까?

부부는 그렇게 해주어야 한다는 얘기들을 잠시 나누더니, 경매로 넘어간 후의 심정을 넋두리처럼 토로한다. 낙찰자는 측은한 마음으로 달래주며 상대를 위로한다.

**세입자 남편**  알겠습니다. 그리 해주리다. 그런데 내가 갈 곳이 없어서 그러는데 5월 4일까지는 안방을 잠만 자는데 사용하고 싶은데, 그리 해주면 고맙겠는데…

**낙찰자**  안 됩니다. 오늘 저녁부터 대대적인 공사를 해야 합니다.

**세입자 남편**  그럼 여관에서 사나흘 있어야 하는데…

**낙찰자**  죄송합니다. 이해해주십시오.

**세입자 남편**  (잠시 머뭇거리다가) 그럽시다. 우리도 빨리 이 집을 벗어나야 새롭게 시작할 수 있겠어. 자 어디에다 서명하면 되겠소?

**낙찰자**  여기에다 서명해 주십시오.

세입자 남편은 이행각서에 자필로 서명한다. 그리고 약속한 이사합의금의 절반을 받는다. 낙찰자는 동행한 열쇠업자에게 현관 열쇠를 교체하라고 지시한다.

**낙찰자**    5월 4일 뵙겠습니다. 그날 남아있는 짐을 빼지 않으면 임의 폐기

        처분합니다.

**세입자 남편**    알겠소. 아침 7시에 이삿짐업체와 연락을 해놓았으니 오늘처럼

        늦진 마시오.

**낙찰자**    예, 알겠습니다. 그리고 사용하고 계신 열쇠는 이제 저에게 주시죠.

열쇠를 건넨 부부는 해당 주택을 나가버린다. 낙찰자는 새로 교체한
디지털 열쇠로 시험조작을 해본 후에 해당 주택을 나온다. 그리고 약속한
대로 부부는 5월 4일에 일찍 짐을 싸서 나간다. 그렇게 명도가 끝이 난다.

# 우리가 부동산 거래를 공부해야 하는 이유

서울 서초구 ○○동에 빌라를 소유한 박성배 교수. 평소 부동산 투자와
는 거리가 먼 사람인지라 융자를 내어 부동산 투자하는 것은 있을 수 없
는 일이고, 남이야 어떻게 투자를 하든 자신의 방법대로 한 푼 두 푼 모
아 장만한 빌라다.

지방으로 학교를 옮기게 된 박 교수는 살 집을 알아보다가 지방 부동
산시장이 워낙 저가인지라 아파트를 사서 들어가기로 마음먹고 계약을
했고, 대신 자신이 살던 서울 집은 전세 놓기로 했다. 부동산사무소에
물어보니 전세 가격은 2억5,000만원 정도였다. 자신이 들어가야 할 지
방의 아파트는 매매가 그보다 훨씬 낮은 1억6,000만원이다. 그것도 지
은 지 5년 미만의 새 아파트인데, 골라잡을 수 있었다. 1가구 2주택이다.

남의 빚을 얻는 것을 좋아하지 않던 박 교수는 주변 전세 시세와는 상
관없이 자신이 들어갈 아파트 매매대금과 같은 금액인 1억6,000만원에
전세를 내놓았다. 내놓은 지 이틀 만에 40대 여성 오금자 씨와 계약을
체결한다. 전세보증금 1억6,000만원이다.

**박 교수**  내 집이라 생각하고 깨끗이 사용해주길 바랍니다.

**오금자**  당연하지요.

**박 교수**  그런데 무슨 일을 하시나요?

**오금자**  작은 가게를 운영하고 있어요.


그렇게 전세를 놓고 난 뒤부터 집값이 뛰기 시작한다. 박 교수는 내심 부자가 된듯 기분이 좋은 한편으론 이제 집없는 사람들은 서울에서 집을 사기가 무척 힘들어질 것이라는 걱정 아닌 걱정까지 한다.

지방에 거주하는 박 교수는 나름대로 그곳 생활에 익숙해지면서 한동안 잊어버리고 있었는데, 아내가 먼저 서울의 전세 놓은 집을 팔자고 했다. 시간이 흘러 세입자와의 임대차 만기가 얼마 남지 않은 상태이니 팔더라도 별로 신경쓸 일이 없을 것 같았다.

임대차 만기 3개월을 남기고 박 교수는 오금자에게 전화를 걸어 집을 팔려고 하니 비워달라고 전했다.


**박 교수**  집 주인입니다. 별일 없으셨지요?

**오금자**  예, 덕택에 잘 지내고 있습니다.

**박 교수**  세 달 후면 임대차 만기입니다. 집을 매매해야 하니 그때는 비워주셔야
　　　　　겠습니다.

**오금자**  알겠습니다. 그럼 보증금은 언제 돌려주실 건가요?

**박 교수**  집이 팔리는 대로 바로 드리지요.


박 교수는 지방에 새로 산 아파트 때문에 현재 1가구 2주택자다. 서울

의 집을 팔려고 근처 부동산에 알아보니 세를 놓고 간 2년 전에 비해 집값이 많이 올랐다. 부동산에 매매가 4억원에 내놓았는데 바로 전화가 온다. 계약을 하자는 것이다. 너무 빨리 연락이 와 당황스러운 박 교수는 일단 한발 물러선다.

**박 교수** 미안합니다. 급히 팔려고 했는데 일이 잘 해결되어 팔 이유가 없어졌습니다. 죄송합니다.

**중개사** 알겠습니다.

그런데 오금자와의 임대차 만기일이 다가오는데 불과 3달 전과 전혀 다른 부동산시장이 형성된다. 정부의 집값을 잡기 위한 특단의 대책과 분양가 인하를 위한 조치들이 잇달아 발표되면서 박 교수에게 집을 팔아주겠다고 걸려오던 부동산의 전화가 일시에 뚝 끊어졌다.

그러는 사이에 오금자의 임대차 만기일이 되었다.

**박 교수** 집이 팔리는 대로 보증금 내줄 테니 한 두어 달만 더 기다려 봅시다.

**오금자** 예, 알겠습니다.

오금자는 한두 달 후에는 집을 빼주어야 하니 근처의 부동산을 들러 시세를 알아보러 다녔다. 그런데 지금 자신은 전세 1억6,000만원에 살고 있는데, 3억원이 시세라니 갑자기 당황스러워진다. 이곳저곳을 다 둘러보아도 전세가격이 2억5,000만원 이상이다. 결국 지금 살고 있는 집과 같은 평수로 이사를 가려면 보증금 1억원에 월 80만원의 월세로 이동

해야 한다. 요즘 장사도 잘 안 되는데 월 80만원은 감당하기 어렵다. 뾰족한 묘수가 떠오르지 않는다.

답답한 마음을 동거남에게 얘기한다. 오금자의 동거남은 주류유통업을 하는 양흥구 씨로, 한눈에 보기에도 양아치 스타일이다.

**오금자** 어떡하지? 주인이 집을 빼라는데 주변에 알아보니 우리가 들어온 금액에 두 배인데… 아무리 찾아봐도 2억원 미만이 없네. 게다가 매물도 없고…

**양흥구** 내가 아는 부동산업자들이 있으니 나도 알아보지. 너무 걱정하지 마.

오금자의 가게에 손님 일행이 들어왔다. 부동산업자들이다. 오금자가 운영하는 가게는 단란주점이다. 이런 자신의 고민을 안주 삼아 손님들에게 얘기한다.

**손님** 아, 그것은 묵시적 갱신이 될 수 있겠네.

**오금자** 묵시적 갱신요?

**손님** 임대차 만기일이 언제였소?

**오금자** 벌써 한 달 정도 지났지요.

**손님** 그럼 묵시적 갱신 맞네. 안 나가도 돼요. 나가라고 하면 이사비 달라고 하세요.

**오금자** 얼마나요?

**손님** 그거야 사장님이 부르는 게 값이지.

**오금자** 어머나! 정말 감사해요. 좋은 얘기 들었으니 안주는 서비스로 드릴게요.

가게 손님이 언급한 '묵시적 갱신'이란 임대인이 임대차 계약만료 전에 계약해지 의사를 통보하지 않으면 전 임대차와 동일한 조건으로 재임대한 것으로 보는 것이다. 임대차 분쟁 중 가장 많은 부분을 차지할 정도로 분쟁의 빈도수가 높다. 특히 전세금이 갑자기 오를 경우 임차인 입장에서는 묵시적 갱신을 주장할 기회를 갖기를 원하기 때문에 임대인은 유념해야 한다.

따라서 임대인 입장에서는 보증금을 올리거나 현재 세입자를 나가게 하기 위해서는 임대차 만기의사를 분명히 전하여야 하며, 다툼의 여지를 없애기 위하여 미리 내용증명이나 보증금 중 일부를 반환하면서 임차인이 묵시적 갱신을 주장하지 못하게 해야 한다. 실무에서는 대개 선의를 베풀어 주었는데 이렇게 나올 줄 몰랐다거나 주지 않아도 될 이사비와 중개수수료, 기타 합의금 명목의 비용을 주면서 임차인과 합의 하에 내보낼 수밖에 없는 상황을 자주 목격한다. 물론 임차인이 합의를 거절할 때 임대인이 취할 방법은 극히 제한적이다.


손님들의 조언을 듣고 조금은 안심이 되지만 오금자는 확신에 차지 않는다. 손님 중에 법무사 사무장이 생각난다. 전화를 해보니 그도 역시 묵시적 갱신이니 집을 비워주지 않아도 된다고 한다. 그제야 오금자는 마음이 홀가분해진다. 마지막으로, 내일 출근하면서 집 앞에 있는 젊은 공인중개사가 운영하는 부동산사무소를 들러보기로 했다.


**오금자**  이런 상황이면 전부 묵시적 갱신이라는데 맞나요?

**중개사**  혹시 주인분이 처음 전화를 한 때가 언제인가요?

| 오금자 | 임대차 만기 3달 전쯤일 겁니다. |
| --- | --- |
| 중개사 | 안 됩니다. 묵시적 갱신이 인정되지 않습니다. 이미 서로 임대차 만기에 집을 비워주기로 약속하지 않았습니까? 보증금을 만기일에 빼주고 안 빼주고는 별개의 문제입니다. |
| 오금자 | 확실한가요? |
| 중개사 | 아마 그럴 겁니다. 자세한 것은 법률 상담을 받아보십시오. |

오금자는 다시 법무사 사무장한테 이런 얘기를 전한다. 그는 젊은 중개사의 얘기가 옳으나 입증자료가 없으면 임차인을 내보내기 힘들다고 한다. 오금자는 생각한다.

'그래! 입증자료는 없어. 세 달 전 얘기할 때 매매되면 그때 비워 달라는 두리뭉실한 얘기뿐이었잖아? 묵시적 갱신이 맞아. 호호호…'

오금자는 다시 기분이 날아갈 것처럼 가벼워졌다.

한편, 양흥구는 현재 집을 비워주어야 하는 상황을 동종업계 사장들한테 얘기한다.

| 사장 | 천하의 양 사장이 그런 것 때문에 고민하나! |
| --- | --- |
| 양흥구 | 무슨 좋은 생각이 있나? |
| 사장 | 나도 지난번에 그런 일이 있었는데 주인한테 이사비로 5,000만원을 뜯어냈어. 내가 도와주면 한 턱 쏠 텐가? |
| 양흥구 | 지금 한 턱이 문제야? 두 턱도 쏠 테니 어디 얘기해봐. |

한편, 박 교수는 일시적인 2주택자라 지금 집을 팔지 못하면 양도세

가 많이 나오니 빨리 처분해야 하는 상황이다. 노심초사하는 중에 부동산에서 전화가 걸려왔다. 빌라를 사겠다는 사람이 나온 것이다. 매매 금액은 지난번 계약하려다 취소한 것보다 500만원이나 낮은 수준이다. 하지만 이써겠는가? 양도세 내는 것에 비하면 싼 편이니 팔아야 할 상황이다.

매매대금 3억9,500만원

계약금 4,000만원

중도금 1억원

잔금 2억5,500만원

**특약사항**  현 임차인의 명도는 임대인이 부담한다.

**중개사**  잔금날짜까지 임차인이 집을 비우게 해줘야 합니다.

**박 교수**  예, 일주일 전에도 통화 나누었습니다.

**중개사**  임차인이 집을 구하게 보증금 중 일부를 반환해주시죠. 그리고 영수증도 받을 겸.

**박 교수**  아닙니다. 계약금은 내가 잠시 사용할 데가 있으니 잔금 때 한꺼번에 드리죠.

매수인은 계약한 집을 공사하기 위해 부동산중개소에 들러 임차인에게 열쇠를 받아 달라고 한다. 어디를 공사해야 할지 인테리어 업자와 같이 방문하여 견적을 받아볼 작정이라고 했다. 중개사는 임차인이 집에 있는지 전화를 걸어본다.

**중개사** 부동산입니다. 집을 새로 산 사람이 공사하기 위해 집을 보러 가려고 합니다. 지금 가도 괜찮겠습니까?

**오금자** 어머나! 무슨 말씀이세요? 저희는 이사 가지 않을 건데요?

**중개사** 예? 주인분과 얘기되지 않으셨나요?

**오금자** 저는 모르는 일이에요.


중개사는 박 교수에게 급히 이 내용을 전달한다. 지방에 있는 박 교수가 다음날 부동산중개소를 방문한다. 이런 일에 익숙하지 않은 박 교수의 얼굴이 많이 상기되었으며 손발이 떨리는 것을 감추지 못한다.


**박 교수** 아니, 이럴 수가 있는 겁니까?

**중개사** 그러게 말입니다. 임차인과 어떻게 얘기된 것입니까?

**박 교수** 분명히 집이 매매되면 나가기로 했고, 계약한 날 바로 통화를 하려 했더니 하루종일 핸드폰이 꺼져 있어 이제 전화할 참이었지요. 기다려 보세요. 내가 전화를 해볼 테니…


**박 교수** 안녕하세요? 집 주인입니다.

**오금자** 어머! 오랜만이시네요. 별일 없으시죠?

**박 교수** 예, 덕택에. 그런데 어제 부동산을 통해 전화를 받았는데 이사를 안 가겠다고 했다면서요?

**오금자** 예, 그랬지요.

**박 교수** 그랬지요라니요? 집이 매매되면 비워주기로 했지 않습니까?

**오금자** 알아보니 비워주지 않아도 된다고 하더라고요. 묵시적 갱신이라나 뭐라나…

**박 교수** 대체 누가 그런 소리를 합니까?

**오금자** 누군지 이름을 대면 교수님이 아세요? 아무튼 저는 이만 바빠서…

**박 교수** 여보세요? 여보세요?


박 교수의 손발이 더 떨려온다. 담배를 한 대 피우며 마음을 진정시켜 보지만 쉽게 가라앉지 않는다. 매매 잔금일자가 3주 남았는데 뾰족한 생각이 들지 않는다. 박 교수는 같은 대학 법학과 교수에게 이런 사정을 얘기한다. 동료 교수는 오금자의 행동이 이해할 수 없는 행동이라며, 소송을 하라고 권유한다.

일단 소송을 하면 이길 수도 있다고 하니 잠시 위안은 되었으나, 문제는 3주일 후 매수인에게 계약위반으로 계약금의 배액인 8,000만원을 물어줘야 한다는 점이다. 지난 계약 때 받은 계약금 4,000만원은 이미 다 사용했다. 그리고 소송으로 들어갔을 때 학교 내에서 보는 시선이 고울리 없다. 가뜩이나 학생 정원 미달로, 재단 이사장에게서 학과 통폐합 축소에 눈치를 볼 수밖에 없는 실정이다. 더 큰 문제는 소송으로 갔을 때 언제까지 판결이 나서 세입자를 명도할지 기약이 없다는 점이다.

게다가 소송 때문에 일시적인 1가구 2주택 비과세 기간을 지나버리면 문제가 복잡해진다. 소송으로 해결하려는 방법은 현실적으로 너무 큰 손해를 발생시킨다. 따라서 이사비를 주고 오금자를 설득하는 것이 제일 빠르고 손해를 줄일 수 있다는 계산이 선다.

이사비를 한 번도 줘본 적이 없는 박 교수. 포장 이사비와 중개수수료 정도만 부담하면 될 것으로 생각한다. 약 100만원 수준이다. 아깝지만 별수 없지 않은가.

**박 교수** 한 번 만나고 싶습니다.

**오금자** 어떡하지요. 제가 시간이 별로 나지 않아서 그러는데 전화로 하면 안 될까요?

**박 교수** 좋습니다. 내가 양보해서 이사 나갈 때 이사비 챙겨 드릴 테니 도와주 세요.

**오금자** 이사비를 받으려고 그러는 게 아니에요. 제가 어찌 집 주인한테 이사비 를 받아요? 저는 다만 법에서 정한 대로 묵시적 갱신을 따라 2년 더 살 고 싶을 뿐이에요.

**박 교수** 제 사정 잘 알지 않습니까? 이사비 넉넉히 드릴게요.

**오금자** 정 그러시다면 얘기나 한 번 들어보지요. 넉넉한 이사비가 얼만데요?

**박 교수** 내가 100만원 드릴게요. 이것도 생각지 않은 돈이라…

**오금자** 100만원요? 안 들은 걸로 할게요. 이만 끊습니다.


박 교수는 오금자의 어이없는 태도에 기가 막힌다. 갑자기 죽이고 싶은 분노가 일어선다. 2년 전, 집에 들어올 때 다른 집보다 아주 싸게 전세를 주었는데 고맙다고 인사하고 나가야 사람 도리가 아닌가? 2년 전 그때를 다시 생각하니 순하게만 보였던 오금자의 얼굴이 위선이었다고 느껴진다. 전화통화에서 들려오는 목소리도 이제 생각해보니 전형적인 사기꾼 냄새가 나는 것 같다. 이런 배반적인 상황을 마주하니 오금자에게 가지고 있던 모든 생각들이 부정적으로 다가오기 시작했다. 그때 내가 사람을 잘못 보았다고 반성하며, 지금 자신이 보고 있는 것이 오금자의 진정한 모습이라고 상황을 합리화해 나간다.

한편, 일을 마치고 돌아온 오금자는 양홍구와 거실에서 맥주 잔을 비우며 얘기를 나눈다.

**오금자**  오늘 주인한테서 전화가 왔는데 이사비로 100만원을 주겠다고 하네.

**양홍구**  그래서?

**오금자**  말도 안 되는 일이라고 대꾸도 안 하고 끊어 버렸지.

**양홍구**  잘 했어. 기다려 봐, 좋은 생각이 있어.

어느 정도 시간이 흐르면서 흥분을 가라앉힌 박 교수는 아내에게 오늘 세입자와 있었던 얘기를 나눈다.

**아내**  세상에! 그런 말도 안 되는 일이… 한 푼도 주지 마세요. 목에 칼이 들어와도 이건 아니에요.

**박 교수**  다른 방법이 있을까?

**아내**  안 돼요, 그런 사람들에게 놀아나면 안 돼요!

아내의 화내는 모습을 본 박 교수는 차라리 얘기하지 말고 혼자 해결할 걸 하는 아쉬움만 남는다. 타협은 절대 불가능하다는 아내의 말에 박 교수의 마음속에 자리 잡았던 타협의 공간은 더욱 작아져 간다. 밤잠을 설치며 박 교수의 하루는 그렇게 가버린다.

다음날, 아침에 일어났으나 아직 해결책을 찾지 못해 다른 일이 손에 잡히지 않는다. 오전 강의만 마치고, 저녁에 거래를 알선한 부동산중개소를 방문한다.

중개사 　어떤 해결책이 떠올랐나요?

박 교수 　모르겠어요. 도저히 방법이 없겠어요. 이사비를 올려주는 수밖에…

중개사 　얼마를 얘기했는데요?

박 교수 　100만원 준다고 하니 그냥 일방적으로 전화를 끊어버리더군요. 좀 더
　　　　 줘야 할까 봐요.


박 교수 　안녕하세요? 집 주인입니다. 어제 이야기한 이사비를 섭섭해하는 것 같
　　　　 아 더 올려주려고 합니다. 옛정을 생각해서 이 정도에서 마무리합시다.

오금자 　얼마인데요?

박 교수 　500만원 드릴게요. 이 정도면 어떻소?

오금자 　그 정도라면 차라리 안 받고 말겠어요.

박 교수 　아니, 돈 500만원이 애 이름이오? 이런 경우가 어디 있습니까? 보자
　　　　 보자 하니까…

오금자 　저는 바빠서 이만 전화 끊을게요.


중개사 　뭐라고 합니까?

박 교수 　500만원을 준다 해도 아무 답이 없네요.

중개사 　아니, 뭐 그런 사람들이 다 있습니까? 한몫 단단히 챙기려 하는군요.

박 교수 　그러게 말입니다. 중개사 양반, 어찌하면 좋겠소? 이 계약 없었던 걸로
　　　　 하면 안 될까?

중개사 　안 될 겁니다. 이미 이런 일이 발생하여 계약 취소할 생각이 없느냐 물

었더니 전혀 그럴 일 없답니다.


**오금자**  주인한테서 전화가 왔네. 이사비를 500만원으로 올려준다고…

**양흥구**  내가 얘기했지, 저렇게 나올 줄 알았어. 거래처 김 사장도 이런 일이 있었는데 5,000만원 뜯어냈대. 가만히 있어 봐. 3,000만원이든 5,000만원이든 부르는 대로 줄 수밖에 없을 거야.

**오금자**  그건 좀 심한 거 아닐까? 양심에 좀 찔리네.

**양흥구**  아니, 이런 기회가 자주 오나? 눈 딱 감고 내가 시키는 대로 해봐. 돈은 이렇게 버는 거야. 사실 나도 처음엔 한 500만원만 받으려고 했는데, 100만원에서 한 번 거절했는데 벌써 500만원 준다잖아. 딱 두 번만 더 거절하면 1,500만원은 받아낼 수 있을 거야.

**오금자**  하긴, 지금 형태로 봐선 그것도 가능해 보여.


잔금날짜가 다가오자 이런 긴장 상황에 익숙하지 못한 박 교수의 판단력이 서서히 흐려진다. 이 일에 너무 많은 신경을 써서 몸도 마음도 지쳐갔다. 만사 제쳐놓고라도 빨리 끝내고 싶은 마음뿐이다. 이런 일을 친구나 동료 교수한테 자문받으려고 얘기를 꺼내보았자 돌아오는 것은 자신에 대한 뒷말과 조소뿐이요, 실질적인 도움은 전혀 못 주고 있다. 그래도 딱 한 사람, 얘기가 되는 곳이 부동산중개소 사장님이다.


**중개사**  어서 오세요, 교수님. 요즘 마음고생이 심하시죠?

**박 교수**  태어나서 이런 일은 처음입니다. 남한테 악한 짓이라고는 해본 적이 없는데… 도대체 세입자는 무슨 생각으로 저러는 것일까요?

**중개사** 제가 보기에도 정상적인 사람은 아닙니다. 양심이라곤 털끝만큼도 없네요.

**박 교수** 사장님이 이런 경우라면 어떻게 하겠습니까?

**중개사** 글쎄요, 저라고 무슨 뾰족한 방법이 있겠습니까? 상대가 작정하고 나왔으니… 그러나 소송으로 가면 이길 수는 있을 텐데…

**박 교수** 이길 수 있을까요? 계약할 때와 세입자에게 통화 나눌 때 사장님도 옆에서 들으셨으니 법정에서 증언해주실 수 있으시죠?

**중개사** 해드릴 수는 있지만…

**박 교수** 왜 걱정스러운 이유가 있습니까?

**중개사** 걱정스러운 것은 없습니다. 하지만…

**박 교수** 하지만?

**중개사** 매수인에게 계약금 4,000만원 손해배상해주고, 게다가 2달 이내에 매각하지 못하면 양도소득세가 7,000~8,000만원이 나올 텐데… 이것저것 합하면 손해가 약 1억2,000만원이 나오는데 과연 소송으로 가는 게 옳은지 저도 모르겠습니다.

**박 교수** 성질 같아서는 돈이고 뭐고 다 때려치우고 끝까지 소송으로 가고 싶네요.

**중개사** 교수님이 선택하셔야지요. 저는 뭐라 할 말이 없네요.


중개사와 얘기를 나누어보니 소송으로 가봐야 손해만 난다. 차라리 이 순간이 꿈이었으면 좋겠다는 생각도 든다. 어디서부터가 문제인지 생각해 보지만, 순간순간 억울한 감정이 북받쳐 올라 생각을 더 이어갈 수가 없다.

"남들보다 더 싸게 전세를 주었고, 전세 기간 내내 한 번도 귀찮게 전화한 적 없고, 이사비로 500만원을 준다는데 도대체 무엇을 더 원하는 것일까?"

결국 잔금일이 다가오자 박 교수는 모든 것을 체념하고 상대가 원하는 대로 해주기로 마음먹는다. 500만원 양보했는데 1,000만원까지 양보가 뭐 어렵겠는가.

**박 교수** 집 주인입니다. 얼마면 되겠습니까?

**오금자** 글쎄요, 저는 이사해 드리고 싶은데 남편이 돈도 필요 없다고 하네요.

**박 교수** 이러지 맙시다. 이미 다 끝난 일인 것 알고 있지 않소. 원하는 대로 드리지요.

**오금자** 왜 자꾸 그러세요. 우리는 돈을 원하는 게 아니라 2년 더 살고 싶어요.

**박 교수** 자꾸 피곤하게 이러지 말고 금액이나 말해보시오.

**오금자** 제가 뭘 아는 것이 있어야지요. 교수님이 말씀하시면 제가 남편에게 전할게요. 얼마 주실 건데요?

**박 교수** 얼마를 원하십니까?

**오금자** 저는 원하는 것이 없다니까요. 그냥 이대로 살고 싶고, 그럴 권리가 있는데 교수님이 나가라고 하신 걸로 알고 있는데요. 나가라고 하시는 분이 금액을 얘기해야 하는 것 아니에요?

**박 교수** 알겠소. 1,000만원 드리리다. 더 이상은 제발 얘기하지 맙시다!

**오금자** 교수님, 뭘 잘못 아시는가 보는데요. 저희가 다른 집에 세를 구하려면 보증금 1억원에 월 80만원 정도이니 2년이면 월세만 거의 2,000만원이에요. 그리고 이사하려면 이사비와 중개수수료에다 그날 가게를 못

여니 3,000만원 정도는 주셔야지요.

**박 교수**  뭐요, 3,000만원?

**오금자**  예, 3,000만원요!

**박 교수**  당신, 대체 날 뭘로 보는 거요? 여보세요! 여보세요!


오금자의 핸드폰은 꺼져버렸다. 100만원, 500만원 양보할 때는 그럴 수도 있다고 생각했지만 이제 금액이 3,000만원이란다. 이 정도 금액이면 혼자 결정할 수 있는 금액이 아니다. 아내와 당연히 의견을 나누어야 한다. 하지만 아내가 이 사실을 알면 절대 타협하지 말라고 할 것은 뻔한 일이다. 도움도 안 되는 아내와 얘기를 나누느니 먼저 혼자 결정하고 나중에 통보하는 것이 낫다고 생각한다.

오금자가 3,000만원을 달라고 했으니 한 2,000만원에 합의를 시도해보기로 한다. 안 되면 최후에 3,000만원 주면 되는 것이다. 집값 오른 것에 비하면 그래도 손해는 아니라고 스스로를 위로한다. 한 번의 실수치고는 너무나 큰 대가이다. 시간도 없고, 더 이상의 정신적 스트레스도 감내할 자신이 없다. 빨리 끝내고 싶다.

한편, 오금자는 그날 저녁 양흥구에게 집 주인과 있었던 통화를 얘기한다.


**오금자**  오늘 오후에 집 주인한테서 전화가 왔는데 이사비로 1,000만원을 주겠다네.

**양흥구**  그래서?

**오금자**  1,000만원 받고 이사 가겠다고 하려다가 한 번 더 튕겼지. 3,000만원을 주셔야 이사 나가겠다고 했지. 혹시 우리가 너무 튕긴 것 아냐? 이러다 한 푼도 못 받지는 않을까?

**양흥구** 그럴 리야 있겠어. 나도 알아보니까 그가 2달 이내에 이 집을 팔지 못하면 양도세 8,000만원에다 계약금 배상 4,000만원 해서 1억2,000만원을 물어야 한다는데 3,000만원까지는 지불하지 않을까.

**오금자** 그럴까?

**양흥구** 정히 안 되면 분위기 봐서 1,000만원만 달라고 하든지… 그런데 3,000만원 달라고 했는데 다시 1,000만원 달라고 하면 우습지 않아? 모양새도 좋지 않고. 알아서 적당한 타이밍에 1,000만원에서 1,500만원 사이에서 받아내 봐.

박 교수는 이제 선택해야 할 순간이 왔다고 마음을 굳힌다. 막바지까지 오니 몸에 살기가 흐른다. 멱살을 틀어잡고 머리끝을 쥐고 흔들고 싶지만 신분이 교수인지라 그것도 어렵고, 털면 먼지 안 나는 사람 없듯 단란주점을 운영하는 오금자를 국세청에 고발하면 하나는 걸려들 것인데 이리저리 불려 다니는 것도 만만치 않다. 이대로 당하기엔 너무 억울하고, 당한 만큼 갚아주려니 내 시간과 에너지가 투자되어야 한다.

"미친개한테 물렸다고 생각하자."

잔금날짜 보름 전이다. 이제 더 이상 미루면 오금자가 집을 구할 시간마저도 없어진다. 부동산 매매를 알선한 부동산중개소에서 오금자에게 전화한다.

**박 교수** 집 주인입니다. 집 앞 부동산으로 오십시오. 제가 거기 있습니다.

오금자   저는 출근해야 하는데, 전화로 하면 안 될까요?

박 교수   오십시오. 난 멀리서 오지 않았소. 오늘 마무리 지읍시다.

오금자   알았어요. 잠깐 들를게요.


오금자   박 교수가 집 앞 부동산에 와 있대. 아마 이사비에 대해 마무리를 지을 건가 봐.

양흥구   절대 밀리지 마. 그리고 한두 번은 팅겨봐. 그래도 안 되면 1,000만원에서 1,500만원 사이에서 합의해줘.


오금자는 박 교수를 만나고 바로 가게로 가려고 멋지게 차려입고 부동산중개소를 방문한다.


오금자   안녕하세요, 교수님. 예전보다 얼굴이 더 좋아지셨어요.

박 교수   …

중개사   두 분이 나눌 얘기라 저는 빠져 있겠습니다. 좋은 결론 나기를 바랍니다.

박 교수   지난 얘기는 하지 않겠소. 나도 이 일 때문에 너무 지쳐 있소.

오금자   그러신 것 같아요. 계약할 때 잘 좀 알아보시고 하셨으면 좋았을걸…

박 교수   얼마면 되겠소?

오금자   뭐 말입니까? 아, 이사요? 저는 지난번에 말씀드린 것 같은데요.

박 교수   3,000만원은 너무 많습니다. 2,000만원 드리리다. 이쯤에서 끝냅시다.

오금자   (합의하려다 한 번 팅겨 보는 오금자) 그 정도면 저희 남편이 저한테 구박할 텐데요.

박 교수   남편은 얼마를 원하는 것이오?

**오금자** 남편은 이사비보다 그냥 살기를 더 원하는 걸 누차 말씀드렸잖아요. 하지만 교수님이 이렇게 부탁하시니 제가 설득은 하고 있는 상황이지요. 남편은 받으려면 5,000만원 정도는 받아야 마음에 들어할 거예요. 그래서 제가 그러면 안 된다고 얘기했지요. 사람이 양심이 있어야지, 안 그래요?

**박 교수** (어이가 없어 말문이 막힌다) … 그래서 뭡니까? 확실히 말해보세요? 5,000만원 달라는 거요?

**오금자** 교수님, 왜 화를 내고 그러세요. 남편에 대해 묻기에 답변해 드린 것뿐인데…

**박 교수** 당신 같으면 이 상태에서 제정신으로 말할 수 있겠소?

**오금자** 교수님! 저를 보자고 한 이유가 뭐예요?

**박 교수** 아니, 가뜩이나 심란한 나에게 자꾸 억지 주장을 하니 그러지 않소?

**오금자** 말씀 다하셨나요? 저 일어나도 되죠?

**박 교수** …

**오금자** 바쁜 사람 불러서 뭐하시는 거예요? 저도 나름대로 생각해서 비워주려고 마음먹고 왔는데…

**박 교수** 자, 진정하고 일단 앉아보시오.


둘은 냉수 한 모금을 마시고, 다시 이야기를 이어간다. 박 교수의 이마에 땀이 맺혀 있다. 중개사는 분위기가 너무 냉랭해 개입할 생각을 못 한다.


**박 교수** 좋습니다. 그럼 이사는 15일 내로 해주시오.

**오금자** 교수님 같으면 보름 이내에 집을 구하실 수 있겠어요?

**박 교수** 여러 부동산 찾아다니면 있을 수도 있을 것 아니오.

**오금자** 한 번 찾아보세요, 있나. 그리고 내가 그렇게 한가한 사람으로 보이세요?

**박 교수** 2,500만원 드리다. 15일 내로 비워주시오.

**오금자** 그럼, 2,500만원은 언제 주실 건데요?

**박 교수** 이사 나갈 때 드리다.

**오금자** 이보세요, 교수님! 제게 무슨 전세 구할 돈이 있겠어요. 돈을 마련해서 연락주시면 그때부터 찾아볼게요.

**박 교수** 알았소, 기다리시오. 내가 은행에 갔다 오리다.


10분 후, 박 교수는 은행에서 2,500만원을 수표 한 장으로 찾아와 오금자에게 건넨다.


**박 교수** 영수증 써주시오.

**오금자** 무슨 영수증요?

**박 교수** 돈 받았다는 것.

**오금자** 교수님, 자꾸 이렇게 조건을 달 것이면 이 돈 가져가세요.


오금자는 2,500만원 자기앞 수표를 테이블 위에서 박 교수 앞으로 밀어낸다.


**박 교수** 알았소. 성질 한 번 급하긴… 그렇게 합시다.

보름 후, 두 사람은 이사할 때 온라인으로 보증금을 반환하고 서로 얼굴도 보지 않은 채 임차인과 임대인으로서의 인연을 끝맺는다.

위의 부동산 거래는 실제로 있었던 사례다. 어떻게 저렇게밖에 대처하지 못할까 하는 답답하고 안타까운 마음과 함께 당사자가 바보 같고 우습게 느껴지겠지만, 누구나 한 번쯤 겪을 수 있는 흔한 일이다. 앞의 사례에서 박 교수의 행동에는 여러 가지 문제가 있었다. 이제 그 문제를 하나씩 점검해보자.

첫째, 박 교수가 양보할수록 박 교수와 오금자 사이의 신뢰감은 멀어진다. 박 교수는 양보의 양과 횟수를 더해주면서도 자신의 마음을 이해해주지 못하는 오금자가 이사비를 1,000만원 단위로 올리면서 사기꾼처럼 보이기 시작한다. 그리고 오금자는 박 교수에게 한두 번의 거절을 하니 나오는 판돈의 양이 생각보다 커진다. 한 번 더 거절하고 싶은 충동을 불러일으킨다. 박 교수의 양보 패턴이 친절한 오금자를 잔인한 오금자로 만들어간 것이다.

둘째, 박 교수가 가장 편안하게 마무리할 방법은 돈이었다. 그는 싸움도 싫고, 거래 협상의 줄다리기도 싫었다. 교수라는 품위에도 맞지 않는다고 생각했다. 거래 협상에서 목표 대신 당신의 품위가 우선시 될 때 생각보다 큰 비용이 지출된다. 박 교수는 돈으로 자신의 품위를 유지하려 한 것이다. 손상되지 않은 품위만큼 비례하여 이사합의금은 증가했다.

셋째, 박 교수의 데드라인이 오금자에게 노출된 상태이다. 잔금기일이 마감시간이며, 그 시간을 어겼을 경우 파급되는 효과를 오금자가 박 교수만큼 알고 있었다. 마감 시한이 노출되었을 경우 상당한 힘의 불균형을 초래하는 전형적인 사례다.

넷째, 마감 시한이 다가올수록 박 교수의 양보 폭이 커진다. 처음의 100만원에서 500만원. 그 다음은 1,000만원! 이러한 양보 패턴은 박 교수의 마음이 쫓기고 있음을 알리는 신호이다. 따라서 박 교수는 마지막 2,500만원을 제시할 때까지 시간을 끌면 안 되었다. 처음 100만을 제시했을 때 구체적인 합의까지 끌고 갔어야 했다. 그리고 오금자가 거절하는 사유를 집요하게 추궁해가며 오금자의 마음속에 숨겨둔 데드라인을 그녀 입으로 발설하게 했어야 했다.

다섯째, 박 교수의 낙천적인 생각이 주위 사람들에게는 좋은 사람이라고 칭찬들을 수 있을지언정 그와 직접적인 관계를 맺고 있는 가족들에게는 그만큼 값비싼 대가를 치르게 한다. 만일 박 교수가 단 한 푼도 주지 않을 생각으로 오금자를 대했다면 1,000만원 이상 지불하는 사태까지 가지 않았을 것이다. 하지만 박 교수에게는 계약금의 배액인 8,000만원과 양도세 8,000만원의 합인 1억6,000만원보다는 2,500만원이 더 적다는 낮은 목표의식이 문제였다.

여섯째, 품위도 좋지만 이 거래 협상에서는 시간이 흐를수록 박 교수가 불리한 상황에 직면한다. 그것을 그도 알고 있었을 것이다. 따라서 자신이 현재 불리한 입장에 놓여 있었으므로 전화상의 이사비 합의가 아니라 오금자와 얼굴을 마주하며 합의사항을 이끌어 갔어야 한다. 사람의 얼굴을 보면서 거절하기는 쉽지 않다. 따라서 박 교수는 오금자의 영업장을 찾아가거나 안방에 들어가 협상을 했어야 했다.

기본을 알면 부동산 거래는 그리 어렵지 않다. 하지만 대부분의 사람들은 어렵다고만 생각한다. 거의 전 재산이나 다름없는 거액의 돈이 오가는 데다가, 수시로 바뀌는 관련 법이나 대출은 물론 세금, 공과금을 비롯한 여러 해결해야 할 복잡한 문제들이 얽혀 있기 때문이다. 게다가 고액의 현금이 오가는 거래에 자신이 섣불리 나섰다가 자칫 큰 봉변을 당할 수도 있다는 생각이 크니 더욱 위축될 수밖에 없다. 그래서 대부분의 부동산 거래가 팔려는 사람과 사려는 사람 사이를 이어주는 중개사의 주도 아래 이루어지는 게 현실이다.

물론 전문가인 중개업자를 통하는 것이 가장 안전한 것은 사실이다. 하지만 내 재산을 관리하고 사용하는데 무조건 중개업자만을 믿어서는 안 될 것이다. 부동산 거래에 있어 우리가 자신은 물론 상대의 말 한마디에 정신을 집중해야 하는 것은 그것이 바로 돈과 직결되는 데다가 결과에 대한 책임은 오롯이 자신에게 귀결되기 때문이다.

사실 중개사는 일종의 서비스 업종으로 거래가 성사되어야 수수료를 받는 직업이다. 고객에게 조금 불이익이 떨어지더라도 일단 거래 성사가 목표라는 뜻이다. 물론 중개사들의 도덕성을 문제 삼는 것이 아니다. 누구나 그렇듯 직업이란 돈을 벌기 위한 목적이므로 그 목적을 이루기 위해 그들이 노력하는 것을 탓할 수는 없다.

그렇기 때문에 중개사가 진행하는 부동산 거래에서도 우리는 신경을 쓰지 않을 수 없다. 중개사의 말만 믿고 집을 샀다가 그 집이 누수되거나, 알고 보니 사고가 끊이지 않는 집이라면 어떻게 할 것인가? 급매로 싸게 내놨다고 해서 샀는데 주변 시세보다 비싸게 샀다는 것을 이사한 후에야 알았다면 어찌할 것인가?

뒤늦게서야 조금만 더 알아볼 걸 하며 후회하거나, 중개사를 찾아가 사기꾼이라고 악을 써봤자 소용이 없다. 도장을 찍고 돈을 건넨 이상 전세라면 2년, 집을 샀다면 다시 팔 때까지 울며 겨자 먹기로 살아야 한다. 금전적인 손실과 함께 정신적 고통도 이루 말할 수 없을 것이다. 그러한 나락에 빠져들지 않기 위해서라도 부동산은 더욱 치밀하게 분석하고 신중하게 거래해야 한다.

## 부동산 거래의 기술

지은이 | 임병혁
펴낸이 | 박영발
펴낸곳 | W미디어
등록 | 제2005-000030호
1쇄 발행 | 2023년 8월 31일
주소 | 서울 양천구 목동서로 77 현대월드타워 1905호
전화 | 02-6678-0708
E-mail | wmedia@naver.com

ISBN 979-11-89172-47-3 (03320)

값 18,000원